アダム・スミスの近代性の根源

市場はなぜ見出されたのか

野原慎司 著
Shinji Nohara

プリミエ・コレクションの創刊に際して

「プリミエ」とは、初演を意味するフランス語の「première」から転じた「初演する、主演する」を意味する英語です。本コレクションのタイトルには、初々しい若い知性のデビュー作という意味がこめられています。

いわゆる大学院重点化によって博士学位取得者を増強する計画が始まってから十数年になります。学界、産業界、政界、官界さらには国際機関等に博士学位取得者が歓迎される時代がやがて到来するという当初の見通しは、国内外の諸状況もあって未だ実現せず、そのため、長期の研鑽を積みながら厳しい日々を送っている若手研究者も少なくありません。

しかしながら、多くの優秀な人材を学界に迎えたことで学術研究は新しい活況を呈し、領域によっては、既存の研究には見られなかった溌剌とした視点や方法が、若い人々によってもたらされています。そうした優れた業績を広く公開することは、学界のみならず、歴史の転換点にある21世紀の社会全体にとっても、未来を拓く大きな資産になることは間違いありません。

このたび、京都大学では、常にフロンティアに挑戦することで我が国の教育・研究において誉れある幾多の成果をもたらしてきた百有余年の歴史の上に、若手研究者の優れた業績を世に出すための支援制度を設けることに致しました。本コレクションの各巻は、いずれもこの制度のもとに刊行されるモノグラフです。ここでデビューした研究者は、我が国のみならず、国際的な学界において、将来につながる学術研究のリーダーとして活躍が期待される人たちです。関係者、読者の方々共々、このコレクションが健やかに成長していくことを見守っていきたいと祈念します。

第25代　京都大学総長　松本　紘

目次

序

Ⅰ　なぜ市場は見出されたのか

市場とは不思議なものである。そこでは、誰か特定の統率者によってひきいられるわけでもないし、それぞれが自分の利益を追求することから成っているにも関わらず、結果として生活に必要なものを相互に手に入れることができ、社会資源が適切に配分されるというのである。なるほど、このような市場という考えはフィクションにすぎず、現実社会でそれがうまく働くようなたぐいのものではないとの批判も可能であろう。実際、経済学の分野では、市場の失敗が近年は強調される傾向にある。

市場が完全に働く状態というのはある意味では理念的なものであるということは確かに認められよう。現実社会では様々な要因で市場が完全に機能することが妨げられている。だが、逆に言うと、そのことは、経済学的な市場とは抽象的なモデルにすぎないということを、さらには現実社会そのものを観察することそれ自体から、市場という考えが自動的に出てくる訳ではないことを意味している。したがって、現実の経験的観察のみによって導かれない市場モデルは誰かの手によって案出されたはずとも推測しうる。むろん、現実の経済の観察も重要であるが、それを特定の方向から理論化することもまた、市場という考えの成立には不可欠なのである。

市場という観念は、特定の視座を前提としている。人はそれぞれ様々な感情や政治的地位や社会的属性を持っているが、それらのすべてを捨象し、経済行為に関して意志決定を行う主体という契機が抽出されない限り、十全な市場観念は得られない。なぜなら、市場は人と人が経済行為を通じて関わりあう空間を想定しているのであり、その場合の人とは経済行為を行うものとしての人だからである。

では、市場が前提とする社会とはどのようなものであろうか。そもそも、社会とは人と人が結びついた状態のことである。そのような状態を構成する空間は一つではない。家族も一つの社会とみなせよう。国家というもとでの人と人との結びつきも一つの社会であろう。それとは異なる、人と人が日々暮らしを営み、経済行為を行う者として結びつく空間、すなわち経済社会という空間も存在する。政治社会とは異なる、経済社会という「社会」の発見は、経済学の基礎ともなり、また近代における世界認識の一つの重要な基礎ともなっている。家族も国家も経済も、現実には同一の社会のうちに存在する以上、そこから経済社会という契機を引き出すのは、特定の抽象的視座による作業の産物である。そして経済社会の発見こそは、市場の発見を導くものでもあった。その「社会」の発見の物語は、長大であり、また一様ではないが、その一つの契機をアダム・スミスに求めることも可能である。本書では経済社会の語を、市場と内容的には重なりながらそれをより大きな視野から、すなわち政治社会と区別される人と人の結びつきという観点から捉えるために用いる。

そこで生じる疑問は、なぜ経済社会はスミスという特定の思想家によって見出されたのかということである。「なぜ」を問うことは、単に「どのようにして」を問うこととは異なる。「どのようにして」という問いであれば、特定の思想家の思想に類似した先行諸着想・思想を見出し、それと当該思想を結び合わせる形の叙述的思想史で良いのかもしれない。「なぜ」を問うということは、「どのようにして」を踏まえた上で、より根本的にはその思考に至らしめた思想家の問題意識と価値選択に迫るものである。思想家は、現実の諸問題や理念上・思想史上の諸問題によって示唆されつつ、何らかの問題意識を有し、特定の視座でもってある考えを形成する。その際の思考の材料のほとんどは、その思想家以前から存在していたものであろう。しかし、それら素材はその思想家により配置し直される必要があった。

スミスによる経済社会の発見というテーゼに対して、スミス以前にも、スミスの経済・社会理論の諸部分と似たものが見出されていたことを強調する向きもあるかもしれない。確かに、スミスの経済・社会理論を構成する諸部分には、ほとんどの場合先例があり、スミスはそれら先例を借用したと推測しても間違いではなかろう。しかし、それらスミス以前におけるスミスと似た諸理論は、スミスにおけるような市場や、政治社会とは区別される経済社会という視座を産み出すことはなかった。経済社会と市場の発見というスミスの近代性の根源はいったいどこにあるのだろうか。その「近代性」は、後世の観点からのものであって、スミス自身には自らの視座が「近代的」かどうかは与り知らぬものである。スミスの「近代的」視座は、スミス以前の諸思想の蓄積と思考の枠組みの上に成立しているものである。スミスの「近代性」を、スミス自身及びスミス以前から存在した思考の枠組みに沿って把握すること、それが本書の基本的な課題である。近代的な「自明性」は、その実近代によって埋もれた「自明ならざる」地層に依拠している。その地層を掘り出すことにより、近代的「自明性」の、自明ならざる根源を指し示すことは、近代をより客観的に見つめ直し、その中に含まれる可能性と限界をより十全に把握する道を開くものである。近代の経済社会は、人々の生活に「当たり前」とみなされる行動様式を定めている。「当たり前」のことに基づき、自由にふるまっているつもりのそれらの人々だが、その視座は、「自明ならざる」見えない視座でしばられ、一定の方向をむくようにされている（プラトンの洞窟の比喩を頭上はるかにここでは想起している）。スミスの近代性の「自明ならざる」地層の掘り起こしは、近代人を拘束する視座を発見することにつながりうる。

スミスの画期性は、経済社会あるいは市場と政治社会が、相互に密接に関連しつつも区別された社会であることを見出したこと、かつ経済主体の意志を基礎とした市場を見出したことにある。

Ⅱ　スミスにおける人間と社会

では、スミスにとって、そもそも社会とはどのように捉えられているのであろうか。社会は人と人の集合である以上、社会理論の前提にあるのは人間の理論でもある。本節では、以後の議論の前提として、まずは、スミスの人間と社会の理論を概括的に示しておきたい。

ここで、簡単に「社会 society」の言葉の意味を振り返っておくと、そもそも、「society」とは、ラテン語で「伴にする」や「交流する」を意味する socius の名詞形であり、「仲間、社会、結合、同盟」など人と人との結びつきを意味する societas を語源としている[1]。スミスと同時代に著され、スミスも高く評価したサミュエル・ジョンスンの英語辞書でも、「society」とは、「1、ある一般的利害 one general interest による多くの人の結合 union of many、2、ある利害 one interest で結合された多数の人、すなわち共同体 community、〔中略〕3、仲間 company、交流 converse、4、協同 partnership[2]」と定義されている。すなわち、それが大規模な社会にせよ、少人数による仲間にせよ人と人が結びついた状態を指しているのである。

では、人と人はどのようにして結びつくのであろうか。ジョンスンの辞書ではそれは共通した利害によるものとされているが、それ以上の詳しい理由は窺えない。スミスの『道徳感情論』は、ある一つの側面では、そもそも「社会」とはどのようにして形成されるのか、人と人はどのようにして結びつくのかという社会そのものの成立メカニズムを解明した書とも読みうる。このことが意味するのは、『国富論』における経済社会、およびそれを前提として市場という考えは、『道徳感情論』における人間相互の関係構築と社会の理論を踏まえたものであるという見方も可能だということである。(3)

スミスの『道徳感情論』の核は、人間には同感 sympathy という本性が宿っているということである。『道徳感情論』の第一編の冒頭は、「人間がどんなに利己的なものと想定されうるにしても、あきらかにかれの本性のなかには、いくつかの原理があって、それらは、かれに他の人びとの運不運に関心をもたせ、かれらの幸福を、それを見るという快楽のほかにはなにも、かれはそれからひきださないのに、かれにとって必要なものとするのである(4)」という有名な一節から始まっているが、直接の利害関係を持たないのに他人の運不運に一喜一憂するこの原理こそが、同感である。

ところが、スミスにとって、同感が存在することは、安易に自己と他者の主観を同一視することを意味しない。むしろ、スミスにとって、他者の内面は、根源的に理解不可能であることを前提としている。「われわれは、他の人びとの感じることについて、直接の経験をもたないのだから、かれがどのような感受作用をうけるかについては、われわれ自身が同様な境遇においてなにを感じるはずであるかを心にえがくよりほかに、観念を形成することができない(5)」。他者が何を考えているかは、理解することができない。にもかかわらず、人間は、他人の喜びをわが喜びとし、他人の悲しみをわが悲しみとするし、他人がわたしと同様に笑っているのを見てそれだけで嬉しくなるような、感情の共有（すなわち同感）を本源的に好む。他者の心の内は理解不可能であるが知りたいという矛盾を克服するものとして、人間は、知らず知らずのうちに、想像上の立場の交換により他人の相手の立場に立ってみることを行っている。

その場合の想像上の立場の交換とはどのようなものか。それは、「ある人のすべての能力は、それぞれ他人における類似の能力について、かれが判断する際の尺度である。私はあなたの視覚を、私の視覚によって、あなたの聴覚を私の聴覚によって、あなたの理性を私の理性によって、あなたの憤慨を私の憤慨によって、あなたの愛情を私の愛情によって、判断する」[6]といったように、徹底して他者の内面は理解し得ず、人は各人の主観に留まらざるを得ないということを前提としている。他者の内面とは本質的に不可知なものである。

各人は、自分が当事者ではない第三者間の出来事を見て、行為する人間と想像上の立場の交換をして、自分でもそうすると感じたならば彼の行為を適宜性があると判断し、そうでなければ不適宜性があると判断する（これが直接的同感である）。また、行為される人物と想像上の立場の交換をして、その感謝や憤慨が適宜性をもったものかどうかを判断する（これが間接的同感である）[7]。観察者として、見聞きし経験した事柄についての観察を積み重ねることから、人は自らの内面に公平な観察者を育てる。逆に自分が当事者である場合に、自分の当事者としての本能的反応の他に、自己の内面のその自己の公平な観察者は、他人から見て適宜性があるかどうかを気にし、観察者から同感を得られる行動・反応をとろうとすることへと導くものである。

他者は本源的に理解不可能であるにも関わらずその反応が気になるという人間の本性から、スミスは公平な観察者という、人間に他者と調和的な行動は何かを教える原理を導出する。そこから、他人から尊敬を得ようとして境遇改善のための努力をしたり（それが経済活動の原動力である）、慈恵的行為を行ったり、他人を不当に侵害したものへの処罰感情や正義の感覚が生じる。したがって、同感原理は、正義観念や道徳感情の基礎であるのみならず、人を経済活動へとかきたてる動機でもある。すなわち、「利己的」な経済活動は、純粋な生存欲求よりもはるかに、他人の歓心を買いたいという動機にかきたてられているのである。

さらに、同感から生じ、正義観念形成へと導くものである悪事への処罰要求は、「社会の一般的利害への関心からであるよりも、侵害をうけたまさにその個人への関心からである」。そもそも、ひとりの人の破壊または喪失、そして一ギニーの喪失のような場合における、関係する「諸個人にたいするわれわれの顧慮は、集団にたいするわれわれの顧慮から生じるのではなく、双方のばあいに、それを構成するさまざまな個人にたいしてわれわれが感じる個別的な顧慮から、集団にたいするわれわれの顧慮が合成され、つくりあげられる」のである。[8] こうして、スミスは正・不正という正義の観念が、個別の観察と経験の積み重ねから各人の内面に育つことを説明する。

では、人はなぜ自己が所属する社会により多くの関心を寄せ、同感を働かせるのであろうか。そもそも、同感は、社会存立のメカニズムを解く鍵にもなっている。考えてみれば、社会とは何であろうか。家族や少人数の仲間内という小規模の社会ですら、自己に直接的に関係のない行動であっても人はその善し悪しを評価し、相手の運不運に感情移入する。ましてや、国単位の社会のような大人数の社会ともなると、その国の隆盛や衰亡が自己の境遇の上昇や下降に影響を与えるいわば「利害共同体」としての一体感が存在するかもしれないとはいえ、厳密に考えれば、自己とは直接関係のない第三者、そして第三者間の行動がほぼすべてを占めている。単に利害を計測して、人は国単位の社会にくっついたり離れたりする以上に、自らが属する社会に何らかの愛着を感じている。それは一体なぜなのであろうか。第三者にも感情移入する原理として、したがって社会を可能にする原理として同感原理は機能している。第三者が多数であっても一つの「仲間」や「社会」の一員であるとの一体感を（それが擬制にすぎないかもしれないにせよ）有するのは、同感原理に拠っているのである。

しかし、その場合の同感とは、全人類への平等な配慮としては現れない。より交流や関係の密接な他者は、より強固な同感の対象となる。そもそも、同感は、自分とは、直接行為により作用したりされたりする関係にはない、第三者の行為を判断する際にも用いられるものである。まず、人は直接の行動の当事者として経験を積み、それに基づき、まずは卑近な第三者の行動を判断する。次第に人間は成長するにつれ、自分とは直接利害や関係のない第三者の行動や出来事であっても、評価したり非難したりして感情移入の対象とするようになる。むろん、この同感の対象は全人類にも拡大しうる。しかし、より自己に近しい仲間や社会ほど、より強固に同感は働くことになる。

スミスの同感原理による道徳は、人間本性の視野の現実的限界を前提としたものである。悪事への処罰要求ような正義の場合の他者への関心は、「かならずしもそのなかに、ふつうに愛情、尊敬、愛着とよばれ、それによってわれわれが自分たちの特定の友人知人を区別するあの精巧な諸感情を、どの程度にもふくむものではない、ということに注意すべきである。いま必要とされている関心は、われわれが各人にたいして、たんにかれがわれわれの同胞被造物であるという理由でもつ一般的同胞感情以上のものではない[9]」。友人知人のようなより近しい者へとより働くという偏りを、同感原理は有している。

この限界は、『道徳感情論』第六版でより明瞭に説明される。各人は、第一に自分自身を配慮する。第二に、「かれ自身については、かれとおなじ家で暮らすのがふつうである、かれ自身の家族の諸成員、すなわち、かれの両親、かれの子どもたち、かれの兄弟姉妹が、自然にかれのもっともあたたかい愛着の諸対象 warmest affections である[10]」。この「愛着とよばれるものは、じっさいには、慣行的な同感 habitual sympathy にほかならない[11]」。常日頃より見聞きし気をかけて、同感の対象としている対象であればこそ、愛着が生じる。

この愛着は、家族のみを対象とするのではない。人が属する自国への愛着も生じる。「国家あるいは主権は、通常のばあいには、われわれの善悪の行動がそれの幸福または悲惨に大きな影響を与えうる、最大の社会である。したがって、それは、自然によってひじょうに強く、われわれにゆだねられる」し、自分の家族や友人や知人すべてもその中に含まれるのが普通であり、かれらの繁栄と安全は、ある程度その国家の繁栄と安全に依存する。「したがって、自然によってそれは、われわれのすべての利己的な意向だけでなく、われわれのすべての私的な、仁愛的な意向からも、われわれにとって愛すべきものとされている[12]」。人は、自国を他の国と比べて繁栄したり優越したりしていることに、名誉感覚を持つであろう。同感には、近しきものへの偏りがある。それは、家族を超えて国家へも拡張する。スミスは、「われわれ自身の国民にたいする愛によって、われわれはしばしば、どこでも近隣の国民の繁栄と拡大を、もっとも悪意ある猜疑と嫉妬をもってながめたいという気持ちになる[13]」。他国の繁栄は、嫉妬の対象ではなく、「国民的競争の対象 national emulation」であるべきである[14]。自国の繁栄を願い、自国により愛着を有することがある有害性を持ちうることをスミスは指摘しつつも、それ自体を否定するのではない。人類の利益は、「それの特定の一部分にかれの主要な注意をむけることによって、もっともよく促進されるだろう[15]」。

このような自己に近しい者を優先しより愛着をもつ人間本性の限界は、人間が見聞きできる領域の限界である。そもそも、同感とは、観察者として見ることに基づいたものである。このことは、人間の視野の限界をも意味しているが、逆に言うと自己がよりよく知っている領域により没頭することを通じた改良をもたらす。スミスの同感理論は、普遍的道徳理論として構想されたというよりも、人間の視野の限界を前提とし、各人がそれぞれの領域に限定されるにも関わらず維持しうる社会システムを構想している。

Ⅲ　スミスの経済社会観

では、スミスの経済社会観はより具体的にはどのような特徴を有するものであろうか。自己に近しき社会を優先するというのは、個人の主観上、あるいは集合的意識に基づく出来事である。人は、他方で、物と物とを交換しあうことにより結びつき、それは独自の社会構造を形成する。それが経済社会である。その特徴は、国家という人と人の結びつきの空間とは区別される、人と人が生活様式と経済行為で結びつきあう「社会」を見出したという点である。統治のもとに存在しているものとして人間相互の結びつきが把握されている政治社会のみではなく、お互いに生活必需品を入手することで人と人が結びつく独自の過程も存在している。生活様式、すなわち人の生計の立て方という経済的範疇でもって人と人が結びつく社会状態は、その社会の中の大多数の人がどのような生活様式を採用しているかに応じて変化・発展する。それがスミスが提唱した、狩猟社会、遊牧社会、農業社会、商業社会の四段階の発展する社会という考え方（社会の発展段階論である四段階論[16]）である。この発展は、商品交換の輪の拡大と市場の拡大に連動している。貨幣と市場を媒介に結びつくことが全面化する商業社会では、経済交流という結びつきの輪が拡大する。分業により自己に近しき領域が狭まりつつ、市場の拡大により自己に近しき領域が拡大するという一見すると矛盾したメカニズムが、むしろ商業社会の原動力となっている。こうして経済社会は、固有の歴史過程を伴うものとして把握されている。

なお、「未開 savage」（あるいは「野蛮 barbarous」）－「文明 civilized, civilization」という二段階論も存在する。これはスミス自身の矛盾なのだろうか。未開（野蛮）－文明の二段階論とは、四段階論を簡略化したものと解釈できる。すなわち、狩猟、遊牧、農業の各社会を未開状態として、商業社会（分業の全面化した状態）を文明社会とする理論的な整理でよいであろう（なお、四段階論中の農業社会とは、スミスにおいては分業が発達していない半自給自足的な初期の発達段階の農業社会のことであり、スミスはそれを文明（商業）社会のなかに含めてはいない）。両者とも、文明社会を頂点とした社会の発展史を描く歴史観でありなおかつ社会認識の構図でもあるような視座である点で共通していることから、文明社会史観と呼びうるであろう。そして、文明社会史観の発見こそが、政治社会とは区分される経済社会の独自性の発見の根底をなすものである。

この社会区分の二段階論と四段階論の関係について、田中正司は次のように解釈する。すなわち、「『〔法学〕講義』は、もとより、法と「政府の起源」論として、四段階そのものの歴史的考察を基本としていたのに対し、『国富論』は、第四段階論であるため、四段階そのものの歴史的考察よりも、未開－文明の対比的考察による「文明社会」としての」経済分析が中心となっており、したがって、『国富論』においては、狩猟、牧畜、農耕の三段階を一括して未開とし、完全な分業が成立した商業社会との対比考察を行ったのだとする。[17] アンドルー・スキナーもほぼ同様の見解を採用している。[18] 筆者としてもその見解を肯定するものである。

そして、そのうちに商業社会という概念が含まれるものとしては、生活様式に基づく四段階論一般は、スミスがフランスのアンヌ・ロベール・ジャック・チュルゴとならんで（ただし、第八章で述べるようにチュルゴの商業社会認識は、スミスより不明瞭なものである）、西洋史上初めて導入したものであるとされる。[19] スミスにおける商業社会という認識は、スミスの経済学上の社会モデルであるとともに、その後の経済学上の社会モデルの原型とも、資本主義社会という社会認識の原型ともなったと考えることも可能である。同時に、未開－文明という社会認識の構図は、前近代－近代社会、発展途上国－先進国という認識図式の先駆ともなるものと考えることもできる。なぜなら、ある社会の通時的な発展を説明できると同時に、共時的な諸社会の発展度の相違をも説明できる社会認識の構図という点において、それらには共通性が存在するからである。

加えて、あらゆる社会に共通する未開から文明へと発展する社会の発展法則という認識図式は、歴史叙述の手法に、歴史哲学という新しいジャンルが付け加わったことをも意味するものであった。それまで、世俗の歴史について描く歴史家とは、ひとつには、「博識家 érudits」、すなわち歴史的事実と資料の蓄積と収集によって歴史を紡ぐ歴史家のことであった。[20] また、古典古代以来、傑出した人物の行動を中心に描く「叙述 narrative」

という手法も存在した。ルネサンス期およびその後の文献学者により、社会の過去の状態の考古学が発達するが、そこでは博識、叙述双方の歴史描写の形態が交じりあって影響を与えた(21)。

そこから、啓蒙主義の時代に、文明化と呼ばれるようになるものへの関心によって特徴付けられる歴史哲学という新たな学派が誕生した。彼らは、単なる事実の蓄積のみによって歴史は作られるものではなく、法や宗教や交易といった文明の構成要素が、外交条約や戦闘よりも重要であるとした(22)。歴史哲学という部門の誕生とは、社会に貫徹する法則を哲学的に抽出したものとしての歴史が誕生したということであり、フランス啓蒙とスコットランド啓蒙の知の精髄の一つを構成している。社会の法則のこの探究は、経済学・政治学・社会学をはじめ、近代社会科学の学問知の開花へとつながってゆく。

Ⅳ　正義と慈恵

このように、スミスは社会のメカニズムを、生活様式とその発展段階として把握していた。しかし、経済社会のみがスミスにとって唯一の社会であった訳ではない。社会を形成する交流のあり方にも複数の形がある。本節では、議論の本筋からは少し外れることになるが、商業社会的交流とは区別される人間相互の交流のスミスにおける把握を考究したい。

第二節を振り返ると、スミスにとって社会とは、人間相互の交流と関係の構築に基づくものであった。それは当然自己に近しきものを優先するという偏りを有することになる。しかし同時に、その偏りが、社会への愛着を可能とするものである。ある社会に属しているという感覚を有するためには、その社会への一定の愛着を前提とする。その社会が、家族のような近しい者からなるものよりもはるかに大きな国家社会である場合でも、利害に加えて、自己も家族縁者もそこに属しているという意識から、その社会への愛着は生じる。その場合、当然自己との近しさが、社会への愛着の基盤となるのであるから、どのような社会状態にあるかに応じて、社会への愛着の有り様も変化することになる。社会が愛着の対象となるには、何らかの交流や関係性が求められるが、その交流と関係構築のあり方は一様ではない。

スミスは、『道徳感情論』において、たびたび正義と仁愛・慈恵とを対比的に語っている。この対比は、単に一社会内での個人の徳を比較して用いられているのみではない。潜在的な含意はもっと広大であり、正義と仁愛・慈恵は、人間関係構築メカニズムそのものに関わり、ひいては社会のあり方そのものに関わるものである。

なお、近代商業社会において、所有権の保護を中核とする正義が、個人の勤労を保障し、商品の相互交換の円滑さへと導くことは分かりやすいことである。

その正義の重要性の論拠としてたびたび引用されるように、スミスは、「人間社会の全成員は、相互の援助を必要としているし、同様に相互の侵害にさらされている。その必要な援助が、愛情から、感謝から、友情と尊敬から、相互に提供されるばあいは、その社会は繁栄し、そして幸福である。〔中略〕しかし、必要な援助が、そのように寛大で利害関心のない諸動機から提供されないにしても、またその社会のさまざまな成員のあいだに、相互の愛情と愛着がないにしても、その社会は、幸福さと快適さは劣るけれども、必然的に解体することはないだろう。〔中略〕社会は慈恵 beneficence なしにも存立しうるが、不正義の横行は、まったくそれを破壊するにちがいない」[23]と述べている。この一節は、通常、スミスが、社会は特段の利他心なくとも、正義さえ存立していれば、個人が利己的であっても成り立ちうることを述べたと解釈されている。

もちろん、その解釈は妥当なのであるが、この場合「慈恵」によって相互扶助をなす社会とは一体いかなる社会なのであろうか。実は、正義から商業社会へというラインとは異なる、もう一つの社会過程として「慈恵」は、古典古代以来歴史的に重要なものであり続けていた。なおかつ、「仁愛 benevolence」（文字通りには「善意」）と、その行いとしての「慈恵 beneficence」（文字通りには「善行」）は、スミス『道徳感情論』においてかなり重要視される観念でもある。

そもそも古典古代ローマ共和国・帝国において（ギリシャにおいても）、商業社会的な商品と労働の交換によるのでもなく、また国家による再分配とも異なる、諸市民の自発性に基づいた寄付と恩恵が、独自の公共財調達と財の分配システムとして存在した。有力市民は、その有力さという卓越に相応しい行動をせねばならないという価値観から、積極的に寄付をした。古典古代の競技場のほとんどすべては有力市民の寄付により建造された。また、有力市民は、市民全体にふるまう大饗宴を催したり、貧しい市民や奴隷に贈与を行った。かつ、有力者同士で盛んに贈り物を贈りあった。破産する有力者も少なくなかったと言われている。

この寄付は、都市という空間でなされた。帝国に従属していようが、ギリシャ・ローマ時代を通じて、日常的な事柄すべてを決定する中心であり、経済的な自給自足体制の中心は、各都市にあった。そこは顔見知りの社会である。そもそも、祖国 patria という語は、ローマ帝国に従属するローマ人やギリシャ人の間では、自らが属する都市のことを指していた。[24] その都市のなかで、有力者が、みずからの卓越性を示す振る舞いをすること、それが、恩恵的 beneficus ということであり、英語の「慈恵的 beneficent」の語源ともなった言葉である。

このように、古典古代を通じて、商品交換とも国家による再分配とも異なる、独自の人と人の結びつきの空間が存在した。セネカ『恩恵について De beneficiis』において、恩恵とは、「喜びを与え、そして与えることによって喜びを得る善意の行為であり、そうしたいと気が進み、みずからの意志で快く行うものである」と定義される。[25] 具体的には、それがないと生きていけないものを与えること（敵の手や、暴君の怒りやさまざまな危険から救出すること）や、それなくしては生きるべきでない恩恵（家族・血縁関係の恩恵。自由や善良な精神）や、有益な恩恵（金銭の提供、公的役職や昇進の提供）を与えることがある。[26]

こうしてみてみると、正義の執行から相互扶助に至るまで、恩恵の交換という個人間の自発的な結合が、国家のもとでの法による秩序と異なる独自の社会過程として、古典古代ではいかに重要であったかが理解できるだろう。

その後、キリスト教がローマ帝国に浸透して以後、「恩恵」の意味合いは変わる。娯楽の提供や公共建造物の建築などが主体の段階に代わって、貧者への施しや教会への寄進が「恩恵」の主流となる。もちろん、キリスト教の普及以前のローマでも、貧しい市民や奴隷への施しは存在した。しかし、施しは日常的な行為であったが、ひどい不幸から救う場合を除いて、優れた道徳的行為とはみなされなかった。しかも、その場合、救済の主たる対象は世襲財産を持たない貧しき市民であった（それは、土地均分法や植民地への送り出しにも見られる）。キリスト教の普及以後、貧者への施しは、新しい道徳的・宗教的価値を獲得したし、貧者への施し主体のものへと「恩恵」の内実は形を変える。[27] それは、中世においても持続する。

プロテスタント社会においては、「喜捨」は、魂の救済に資する善行として認められなかったので衰退したとも考えられる。しかし、社会の有力者が、困窮時に人民に施しをする暗黙の義務は「モラル・エコノミー」として持続していた。イギリスでは貧窮者救済のための救貧法が存在した他、法律上の所有権の保護という枠を超えて、飢饉の時などに地主を主体とする有力者が困窮者に施しをする暗黙の習慣があった。この義務を地主が果たさない時に、貧窮した農民は暴動を起こし、暗黙の慣習の履行を求めた。これが、法律上のルールとは異なる暗黙の再分配の仕組みたる「モラル・エコノミー」であった。[28] こうして、中世・近世ともなると、「恩恵（慈恵）」は、商品交換とは異なる、必要物の分配・再分配の形式として持続することになる。

スミス自身、商品交換ではない相互扶助メカニズムが、近代商業社会以前の諸社会においては重要な役割を果たしていたことを認める。

狩猟、牧畜、農業、商業と段階的に社会は発達するということ、そして統治や所有権のあり方もそれに応じて変化するというスミスの根本的な立論は、人間相互が社会を形成するのに必要な関係性・交流のあり方の社会段階に応じた変化にも及ぶ。狩猟社会では、そもそも家族を超える大規模社会形成の必要性に乏しい。牧畜社会において大規模な社会集団が発生するが、そこでは、血縁という自然的愛着で人は社会を形成する。スコットランドのハイランドやタタールやアラブのような牧畜諸国においては、血縁が相互の愛着の拠り所であり、そもそも法の権威ではなく、血縁による愛着を相互扶助と自衛の根拠としている。それに対して、商業社会においては、共通の起源についての記憶も配慮も失う。そこでは法の権威が、その成員を保護するのに十分なものとなる。[29] 商業社会における、法による個人の保護とそれに基づく労働とその成果の交換という図式とは異なり、牧畜社会では、「慈恵」にもとづく相互扶助が社会メカニズムとして存在した。いわば互酬制の仕組みである。

牧畜社会から発展した、半自給自足的な農業社会においてはどうか。「対外商業も精巧な製造業もない国では、大土地所有者は、自分の土地の生産物のうち、耕作者たちの生活維持に必要なものを超える大部分と交換できるようなものが何もないため、そのすべてを自宅でのいなかふうのもてなしに消費する」のであり、多数の従者や召使を雇うことにのみ余剰を使う。[30] そこでの生存は、大土地所有者への従属によって得られるのであり、土地所有者の寛大さと気前次第である。[31]「大土地所有者・領主層への従属と恣意的な支配がしたがって帰結する。それに対して、小売商人や工匠が、特定の有力者に従属するのではなく、多数の人に商品を販売することで生計を立てる商業社会では、大土地所有者・領主層は、以前のような人々への支配力を失い、「独立 independent」することになる。[32] 農業社会では、「慈恵」は、上位者への従属という位階秩序的含意を伴うものとなってしまっていた。

なお、「慈恵」の重要な担い手は教会や修道院でもあるが、同様にして位階秩序に組み込まれていた。スミスは、教会の、人格的従属を招く制度に批判的であった。そのことは、教会の聖職者が、信者の罪の詳細な告白を通じて個人の行動を制御する耳聴告白をスミスは批判したし、かつ、個人の詳細な行動様式にいちいちの厳密な規則を作った教会の決疑論者もスミスは鋭く批判したことからうかがわれる。[33] 決疑論とは、信者に対する一問一答式の倫理規則集のようなものだと考えて頂ければ分かりやすいかもしれない。それらは、自己の自律的意志に基づいての行動を目指さず、自己以外の他者への従属の形式である。

こうしてみてくると、領主であれ教会であれ、スミスは人格的従属を招くような人間関係構築の図式に関して、かなり批判的だったことが理解できよう。それに対して、市場メカニズムの発達を通じて、社会内の必要物が、商品と労働の交換の全面化により調達される商業社会は、経済関係と人格的・政治的関係の分離が生じ、人は人格的従属をせずに済む。スミスの商業社会とは、単に経済概念なのではなく、個人の有り様に関する含意をも含むものであった。人格の従属を伴う経済関係にスミスは否定的であり、人格の独立をスミスは重んじる。市場は人格的に独立した主体を前提としている。スミスの経済社会観は、このように、単なる経済決定論なのではなく、自由と独立を重んじ歴史を動かす力として重視する価値選好が潜んだものでもあった。

ただ、人格の従属としての「慈恵」にはスミスは否定的ではあったが、人格的に独立した者同士による、そもそもの古典古代的な「慈恵」のもつ積極的意義そのものを否定していたようには思えない。先ほど引用した文中にあるように、正義のみならず、「その必要な援助が、愛情から、感謝から、友情と尊敬から、相互に提供されるばあいは、その社会は繁栄し、そして幸福である」[34]とスミスは述べていることからも、義務と欲得からではなく、自発的な「恩恵」の交換に基づく相互扶助が、より望ましいと考えていたことは明らかだからである。

確かに、「慈恵」がなくとも社会は成立するだろう。その場合正義は社会の基礎土台である。正義なくして社会は成立しない。しかしながら、義務の世界を離れ、個人個人で自由に選択可能な自発性にもとづき、「恩恵」を相互に交換することは、スミスにとってそれが現実的には困難だと思われたかもしれないにせよ、望ましき人間相互の交流であったことように思われるのである。

商品の売買による人間相互の交流が全面化する商業社会は、スミスにあっては最良のものではなく、より高次の自発性に基づく互恵と人間相互の交流という構想を持続させてもいたのである。

V 政治社会と経済社会の関係をめぐる研究誌

ここで本題に立ち戻って、では、政治社会とは区別される独自の過程を有する経済社会という認識を可能にした新しい視座の誕生はどのように起きたのであろうか。その問いに答えることが、本書の目標である。本節では、まず、その前提として、関連する研究を振り返っておこう。

なお、政治社会と区別される経済社会の発見というのは、特に目新しい考えではない。ピエール・ロザンヴァロンも、社会を市場として捉える見方への転換点をスミスに見ている。ロザンヴァロンの主張によれば、重商主義者においては、経済的空間と政治的領土の一致という前提が存在した。経済的繁栄を、国外との差異において捉えていた。スミスは、市場という国境を越えた社会メカニズムを発見することで、政治的地理に縛られた思考の枠組みから脱することができた[35]。スミスの画期性は、経済的領域において社会を発見したこと、すなわち政治的領域とは区別される経済社会の自律的メカニズムを捉えたことにあったとする[36]。

さらに振り返ると、経済社会（およびそれが前提とする文明社会史観）の誕生は、ハンナ・アレントの指摘する、「政治的領域 the political realm」（「公的領域 the public realm」あるいは「政治的なもの the political」とも表記される）と明瞭に区別された、「社会的領域 the social realm」（「社会的なもの the social」とも表記される）の発見の物語の重要な一部を構成するものでもある[37]。

アレントは、古典古代ギリシャのポリスにおいて、人間生活の領域は二分的に捉えられていたと指摘する。第一に、欲求と必要を満たすための私的領域が存在するが、それは家族という単位を取る。それは、人間の欲求や物質的必要、生殖といった生命の維持に必要な過程のための領域であり、物質的必然によって支配される。第二に、政治的領域（公的領域）が存在する。私的領域において貧困のような物質的必然への従属が支配する。それに対して、政治的領域は、そのような物質的必然とそれによる人格的従属関係から解放され、経済的・人格的に自立した諸個人からなるポリス共同体の空間である。そこでは、支配することもしないし、支配されることもしない対等な諸個人が、言葉と説得により決定を下す空間である。ここで重要なのは、政治的領域への参入に必要な自立には、ポリスが侵入すべきでない空間としての私的領域が前提とされていたということである。人は、家をもたなければ、自分自身の場所を世界の中にもつことができず、世界の問題に参与することもできない[38]（なお、本書では、自律 autonomy を、他者からの支配を受けずに自らで行動し判断することおよびその能力を意味する語として用いる。それに対して自立 independence を、単に他から切り離されて独立のものとしてあること意味する語として用いる）。

ところが、古典古代世界の崩壊とキリスト教の普及により、別の図式が登場し広まる。公的領域は宗教的な領域、すなわち来世的関心へと結びつけられる傾向にあった。さらに、封建制度のもとでの世俗的領域の活動は、私的領域として解される傾向にあった。例えば、封建領主と領民の支配関係は、領主裁判権をもふくむ点で家族的支配（家長による従属支配）の形態を取る[39]。

近代に入ると社会的領域が勃興する。社会的領域とは、家政など生命維持過程に属する事柄が共通の配慮の対象となってできあがった領域であり、政治的領域のような公共への参与によってではなく、ある共通の利害で結び合わされた領域である。そこは、人間が一定の法則やパターンに従って行動すると前提とする空間であり、そこでは古典古代的な政治的領域における自由な個人の自由な結びつきではなく、画一的な行動の強要が支配する。経済学は、まさにそのような人間行動を一定の法則に基づくものとするものであり、社会的領域の勃興の重要な一部をなす。物質的交換・依存関係を人間の行動の動機とみなす経済学におけるように、社会的領域においては、生命の維持過程それ自体に基づくものへと人間活動は還元され、古典古代的な生命維持の必要を超えた自由な価値追求の空間は失われる[40]。

アレントの述べる近代に固有のものとされる社会的領域それ自体は、抽象度の高い概念であり、幅広い捉え方が可能なものである。例えば、社会的領域を、人の誕生から死に至るまでの生命の維持に関わる事柄に国家が配慮と介入を行う国家のあり方として捉える見方もある。ミシェル・フーコーの「生政治」がそれに当たるし[41]、あるいは福祉国家と社会的領域を重ね合わせる考え方もある[42]。また、市場社会の発見としての社会的領域の勃興は、アレントの『人間の条件』刊行よりも前に、すでにカール・ポランニーが指摘していたことであった。価格を指標とする空間に個人の行動を収斂させる市場社会の十八世紀後半における発見と、十九世紀におけるその普及という考えをポランニーは主張した[43]。

これらの著作を通じて、政治社会とは区別される経済社会のスミスらにおける発見というテーゼはとうに知られているにもかかわらず、あえてそれをとりあげる意義はどこにあるのか。さらに、本書・オリジナリティはどこにあるのか。第一には、アレントらの社会的領域勃興論は、十九世紀の資本主義へのある見方を前提としつつ、そこへの過渡期としてスミスを見ているにすぎないのに対して、スミスの著述は、アレントらが必ずしも十全に視野に入れなかった時代背景とそこに特徴的な葛藤を反映していることに本書は焦点を当てる。その時代とは産業革命以前の時代のまだまだ資本主義が未成熟な時代のことであり、民主主義の波が広がる十九世紀以降とは違い、まだまだ厳然として君主や貴族が存在していた時代のことである。このことを言い換えれば、十九世紀以後よりも、経済活動は制約に満ちており、統治制度も多様でかつより直接的に抑圧的であり得た、制約条件の多い元でスミスは経済社会の自律を構想したということである。統治的・社会的制約へのより鋭い見方、そしてそれら制約のもとでも働くより力強い経済社会の歩みがスミスには見られる。資本主義が、多様な統治制度のもとでも行われるようになった今日、統治や社会的制約と経済活動の関係についてのスミスの考察をこうして捉え直すことは、ある意味では再びアクチュアリティを有するに至ったといえる(44)。

第二に、第一の点と関連することであるが、スミスにおける経済社会と統治の関係の考察を通じて、スミス以前における統治やその個人との関係をめぐる諸思想の蓄積を掘り起こすことができることに、このテーゼをとりあげる意義がある。経済社会の自律性をどのように評価するにせよ、それは一定の思想史的基礎のもとに、一定の価値観と問題意識を有した人間によってなされたものである。社会的現実それ自体と価値観・思想は一対一対応ではない以上、経済社会の自律性というテーゼも、「客観的現実」の単なる反映ではなく、一定の価値観・問題意識を反映したものである。それをあぶりだすことが本書の試みである。副題に「市場」という語を用いているにも関わらず、本書には今日の政治思想史の分野に当たる領域の記述が多いのはそのためである。スミスの経済社会の自律性のテーゼの背景にあるのは、スミス以前における統治・経済・個人の関係をめぐる鋭い考察の数々である。それらの諸思想を検討することで、スミスの経済社会の自律性というテーゼが潜在的に含んでいるが、スミスのテキストのみの考察によっては浮き彫りにならない問題意識や困難さの認識を明らかにすることができる。このことが重要なのは、特に、経済社会の自律性という視座は、われわれも含む経済社会に対する考え方の基点となっており、従って経済面での近代性の根源となっているので重要であるにも関わらず、それがなぜ出現したのか、それを出現させる際の思想家の問題意識と葛藤はいかなるものであったのかについては必ずしも十全に明らかにはなっていないからである。この点と関連してとりわけ重要なのは、スミスの経済学の核である分業論は、「前近代的な」神学的・位階的秩序観における分業論との葛藤と連関抜きには、適切にその意義を把握し得ないであろうということである。

　こうして、スミスのテキストを完成した結果としてではなく、同時代の様々な困難と難問に取り組んだアクチュアルな書として見つめなおすことができるのである。

　では、スミスの価値観とはどのようなものか。それを解明するために重要なのは、自然法思想史と並んで、共和主義思想史である。共和主義に関連する思想史的研究をなしたのは、J・G・A・ポーコックであった。ポーコックの描く共和主義の初期近代における思想史は、市民が政治体に参与することからなる政治的領域における思想の系譜の一形態とみなすことも可能である。実際ポーコックは、共和主義思想史を描いた自著『マキァヴェリアン・モーメント』について、「ハンナ・アレントの言葉を借りた、あるいはそれに示唆された用語で言えば、本書は近代初期西洋における〈政治的人間《ホモ・ポリティクス》〉homo politicus（アリストテレスの〈政治的動物《ゾーン・ポリティコーン》〉）という古代の理想の復活物語の一部を語ってきた(45)」と述べる。

　なお、共和主義とは多義的な概念であるが、本書では、ポリスの動物（ゾーン・ポリティコーン）としての人間を理想としたアリストテレスに淵源を持ちつつ、ニッコロ・マキァヴェッリを通じて初期近代イギリスにその影響が広まった、政治体への献身と政治的・経済的自立を市民生活と人格の不可欠な要素として捉えるポーコックのいう共和主義の概念を採用したい(46)。

ただ、スミスの思想史的背景をなすのは、共和主義のみではない。言うまでもなく、『国富論』は彼の自然法学体系の一部として構想されたものであった。

加えて、管見では、共和主義においても自然法学においても、スミス以前において、経済的領域は独立して存在せず、政治的領域に従属するものとして捉えられていた。ただ、ここで言う政治的領域とは、もはやアレントのいう市民の政治体への参与の空間という限定範囲を超えて、広く国家との関係で捉えた人と人の結びつきの空間全般を指している。したがって厳密に言うとアレントの用語法と違うのであるから、本書では、誤解を避けるために、共和主義にも自然法学にも両方にあてはまるより広い言葉として、国家との関係で捉えた人と人の結びつきの空間を政治社会と呼んでおきたい。それに対応するアレントの言う社会的領域についても、人間の生命過程への公共的関心からなる領域という原義を保ちつつも、それが覆う理論的内容を、市場社会の自律的メカニズムを軸とした、政治社会とは異なる人と人の結びつきの空間を指すものに限定するので、アレントの豊穣な意味内容を有する原義と区別するために、経済社会、あるいは社会の空間と呼んでおきたい。

Ⅵ　自由という価値観

スミスによる経済社会の自律性の発見の根底をなすであろう価値観として本書が重視するのが自由をめぐる価値観である。

ところが、理論的に考察すると、スミスの自由観は一つのものではなく、三つの自由観がスミスの思想の方々にないまぜになった形で織り込まれている。

その三つの価値観とは何か。まずは、統治との関係における個人の自由であり、それは消極的自由（政府の介入からの自由）と積極的自由（政府への参与の自由）に区別される。[47] 自然法学者が主張する自然権としての自由とは、政府からの不正な介入の禁止に自由をみる消極的自由の系論とみなしうる。共和主義者の主張する政治体への参与と貢献のうちに自由をみる思想は、積極的自由の系論とみなしうる。

なお、ザミュエル・フライシャッカーは、第三の自由という概念を提唱している。彼の言う第三の自由とは、個人が、親から指導を受ける子供のように他人の判断に従うのではなく、自分で判断する自由にあり、その自由観はスミスとカントに見出されるという。[48] その自由には、市民が判断力を発展させるための自由が含まれる点で、自由至上主義者的な自由放任的統治観とは異なるとする。[49] このフライシャッカーによる第三の自由の定義は、かなりカントに引き寄せられており、スミスにおいては部分的にしか妥当しないように思われる。理性が普遍的に行使可能とした法則への個人の服従に道徳の基礎を置き、人間理性の役割を重視したカントと、個人の利己心についての合理的配慮である慎慮を重視してはいても、多数の人が利己心を離れ純粋に理性に基づいて個人が行動する可能性については懐疑的なようにしか思われないスミスでは、立場が大きく異なる。だが、個人の判断力に自由を見る点で、一定の共通点があることも確かである。

同様の理由で、道徳主体としての自律を説いたカントを終着点としつつ、初期近代の道徳哲学史を叙述したJ・B・シュナイウィンドの著作[50]も有益ではあるが、スミスにおける自由観の形成史という観点から見ると不十分さの残るところである。

そこで、フライシャッカーやシュナイウィンドのようにカントに引き寄せられた形ではなく、スミスに理論的に即して第三の自由を定義づけたい。

第三の自由は、経済社会に関連している。上述の第一の消極的自由も第二の積極的自由もともに、統治との関係における自由である。そこでは、個人は、結局のところ統治という全体との関係において捉えられている。統治における法律とは何事かを全体にあまねく強制するものである。個人が個人として自分のために意志決定し行動することは、そこでは一定程度捨象されざるを得ない。スミスにおける経済社会の空間の発見とは、個人が個人として意志決定し行動することを、全体の部分としてではなく、それ自体を基点として考える視座に依拠している。経済社会を支える基礎的な行動と判断の主体は、あくまで個人である。為政者は、所有権や防衛という個人の自由な行動の前提を守るものとしてはあっても、社会における諸個人の行動を直接統率していくべき存在ではない。

純理論的次元において、スミスが『国富論』の叙述の前提として財の交換と労働を行う経済的主体を自律的判断を行う基礎主体として据え、それら主体が織り成す秩序の形成を捉えたということは、自律の条件の変化をも意味していた。統治体への献身との関連で社会秩序形成を問題とした共和主義と異なり、スミスは経済社会の空間のなかに、個人を位置づける。その際、個人の経済的自立を、政治社会への参与の理論的前提とした共和主義とは異なり、個人は経済的主体として行動する際に自立して判断する主体とみなされている。

かくして、スミスは、自然権的自由と共和主義的自由からおそらく示唆を受けつつも、両者とは異なる、第三の自由（自律行動としての自由。前二者における統治との関連における自由とは異なり、経済社会という空間において、個人が個人として自ら自律して判断し行動することに存する自由。その意味では経済的自由ということもできる）を産み出したのである。終章において述べるが、第三の自由とは、個人の権利という機会というよりも（むろん、その保障は重視されているが）、個人の実際の行動という意志の行使を出発点とする自律としての自由であり、かつ、その自由の行使される空間が、政治社会ではなく、経済社会という空間に位置づけられるような自由である。その際、自律とは、カントのように理性が普遍的に可能とする法則に基づいて行動するという、あるべき行動規範を意味せず、利己的行動のように限定された視野に基づいて、個人があくまで個人として現実に行動しているということに基づくものである。特に重要なのは、スミスの第三の自由としての個人の活動（それは経済主体としての活動でもある）が、人と人とを経済活動を通じて結びつける原理でもあり、こうして経済社会という社会空間が、いかに統治による制約を受けようが、時代を通じて存在しつづけてきたという発想である。したがって、スミスの第三の自由は理性の世界のみに住まうものではなく、現実の社会を形作り歴史を動かす原理でもあるのである。スミスの四段階論と商業社会観は、決して単純な経済決定論ではなく、自由を希求する人間の意志さえも歴史を動かす一要因とみなされているのである。

Ⅶ　経済主体と意志

スミスの経済社会観の基礎単位は、個人が個人として自律的に意志し経済行動を行う経済主体である。スミスは、社会観の基礎にどのようにして、意志を置いたのであろうか。

その点を考察するには、『道徳感情論』における人間行動の説明へと再び立ち返らなければならない。他人の行動を評価するということは、逆に、私の行動も、その動機の適宜性が、他者から推測され評価されることを意味する。こうして、第三者から評価されているという意識から、自己の内面に、行為者・意志の主体としての自己の他に、公平な観察者としての自己を育てることになる。

この際、行為の結果という、自己で統御しえないものに、行為の適宜性の評価は基づいていないということが重要である。自己が統御可能なものである「動機」で、行為の適宜性は判断される。自己が統御可能なものである自己の動機・意志を、人間のお互いの行動の善し悪しの評価の軸とすることは、自己が統御可能である意志を人間相互の関係の基礎と捉えるということを意味している。

スミスの同感理論は、自己の内面における他者・社会性という契機を、内なる公平な観察者という形で見出す。自己におけるこの他者という契機は、自己の意志の自律性が、その実他者の評価への顧慮を含むものであることを示している。ここで重要なのは、スミスにあっては、人間の道徳性・善悪や適宜性の評価は、あくまで自己の主観のうちに留まっているということである。他者から評価にさらされたり、他者の評価を気にしたり、逆に他者を評価したりするとは言え、人間の社会性の原理は、内なる公平な観察者に拠っている。自己の内なる想像力において、社会性が存在することをスミスは示す。人間が、「仲間」や「社会」として一体感を有するのは、自己の想像力の内にその原理を有しているからである。同感原理は、社会という集合意識成立の謎を説明してくれる。他者から観察されたり他者を観察することは他者の動機への顧慮に基づいているということは、自己も他者も動機・意志を社会行動の基礎単位としているということである。スミスの社会理論は、主体の意志を基礎単位としている。

経済社会の基礎は、人間相互の交流にある。その交流の基礎は、経済主体の意志にある。意志を持った経済主体同士の商品売買をめぐる交流の空間こそが市場である。第九章で論じるように、スミス以前においても、売り手と買い手からなる需給の調整という考えは見出されていた。しかし、スミス以前の経済理論においては、売り手総体と買い手総体というマクロ現象の記述に基づいていたのに対して、スミスの独自性は、売り手も買い手も個別に意志を持って市場に参画しているとの、ミクロ的経済主体という視座に基づいた点にあった。その点の視座の転換を成し遂げるためには、個別の主体の意志決定を社会の基礎単位とする視座を基盤とする必要があった。

Ⅷ　時代背景

以下の諸章において、経済社会の自律性発見の謎、およびそれと関連した社会の空間、統治の学、自由観をめぐる認識の諸相を探究する。その際に、スミス以前における、政治社会の変容に着目したい。その際、鍵となるのは、十七世紀後半以降において、政治社会認識へ、商業や人間の経済活動に関連する認識が大きく入り込んできて葛藤を引き起こしたということである。それに関連する、イングランドにおける名誉革命後のオーガスタン論争と呼ばれる論争、およびそれ以降の時代のフランスとスコットランドにおける諸思想の展開を、本書では取り扱う（なお本書では、アイルランドやスコットランドと特に区別する必要がある場合に「イングランド」という表記を、それ以外のアイルランド・スコットランドをも含みうるブリテンを意味するものとして「イギリス」という表記を用いる）。

ここで十七世紀末以降の思想史展開上の大前提となる時代状況について触れておきたい。近年の経済史の研究では、一八二〇年代まで産業革命の成果は、イギリスや他のヨーロッパ諸国には普及せず、経済成長率もそれほど高くなかった。(51) 同時に、西ヨーロッパ諸国、とくにイギリスにおいて、産業革命の基礎となる技術の蓄積が行われた。その技術蓄積の一つの基盤は、十七世紀の科学革命や、『百科全書』にみられるような啓蒙時代における科学と技術の知識の普及にある。(52)

このようにスミスの生きた十八世紀の時代にはまだ、産業革命によって社会が大規模に変化する時代からは程遠かった。しかし、十七世紀後半から、社会のあり方は徐々にではあるが、大きく変化しはじめる。商品生産の多様化と拡張などにより、人々は半自給自足的生活から脱出し、生活に占める商品購入の割合が増加した。

また、流行を追う衣服などのかつてはごく一部の人たちのものであった奢侈的商品を、多くの人たちが消費するようになった。このように、消費革命として知られる消費社会の史上初の到来があった[53]。産業革命以前の時代においては、家族が消費とともに生産を担う経済単位として重要であったが、十七世紀後半以降、特にイングランド、オランダなどにおいて、新たな奢侈的商品が普及する。それまでの地位・身分の顕示、あるいは植民地産品の消費のような宮廷社会向け商品ではなく、懐中時計、喫煙用パイプ、銀細工、流行を追う衣服などの趣向品が普及しはじめる。植民地や外国の産品を真似た商品がそれぞれの国で作られはじめる。都市社会的な消費が普及するのである[54]。農業の専業化や、非農業部門での生産性の向上を背景としつつ、消費行動の変化が急速に生じた[55]。

新しく生じた消費への渇望のための費用をさらに賄うために、生産単位でもあった家族は、生産活動を、家族内の消費目的から、市場向け商品の生産目的へと変化させるようになる。こうして分業はさらに進み、商品の多様化も進むという相互作用が生じるようになる。それにつれて、強度の高い労働、勤労が普及し、「勤労革命」が起きた。このような変化は、十九世紀中葉における産業革命以前の時代に徐々に進んだ[56]。

したがって、十七世紀後半から十八世紀において、半自給自足的家族を中心とする社会から、未だ家族という単位が生産の中心ながら、市場における交換を軸とする社会へと徐々に変貌していたと言えよう。政治社会の内部での経済認識の勃興の根本には、このような社会の変化があったと推測することも可能である。

加えて、十七世紀後半以降、特に名誉革命後のイングランドのこのような経済的興隆は、一六九五年の言論への検閲の廃止とあいまって、言論活動の隆盛をもたらすことになる。文芸が盛んであった古典古代ローマのアウグストゥス帝の時代にちなんで、この時代はオーガスタン時代とも呼ばれるほどである。ダニエル・デフォーやジョゼフ・アディスンなどが、小説・随筆・新聞などの形で、社会・経済・政治・習俗をはじめ多岐にわたる分野で言論活動を展開する時代である。

オーガスタン時代は、同時に名誉革命後の統治のあり方に関わる激しい論争（オーガスタン論争）が行われた時代でもあった。特に、本書の第一章から第三章までの各思想家が論述する動機を与えた背景には、「財政＝軍事国家」の誕生という同時代の人びとに直接的に衝撃を与え得たであろう国家構造の変化があった。

名誉革命後、フランスに対抗した、プロテスタント圏防衛のための多くの国を巻き込む大戦争という構図ができあがる。名誉革命によるウィリアム三世とアン女王の治世中（一六八八―一七一四年）は、九年戦争（一六八八―九七年）、スペイン継承戦争（一七〇一―一七一四年）と、そのほとんどが戦時体制下であった。このような背景のもと、イングランドは軍事力を大規模化させるという「軍事革命」を行うとともに[57]、急速に増大する戦費調達のためもあって、国債の体系的発行体制やイングランド銀行の創設を含む近代的国家財政構築に向かう「財政革命」[58]を行い、中央集権的近代国家の嚆矢となる「財政＝軍事国家」[59]へ向けて歩みだすことになる。さらに、「財政＝軍事国家」の出現は、当時広がっていた植民地を、本国にとって有利となる形でどのように運営するかという、帝国の運営の問題にも及ぶことになる。むろん、それが「近代的」であるとは後世の観点であり、同時代の限られた視座で、それを論じた。その際、名誉革命後特に重要となる統治の「自由」をいかに守るかという問題、そしてそもそも「自由」とは何かということが大きな課題となる。本書の第一章と第二章では、名誉革命後の時代状況と「自由」をめぐる言説の関係を取り扱う。

Ⅸ　本書の視角

先述したスミスにおける経済社会という視座の採用とは、政治社会と区別された（経済）社会の空間の発見を意味すると言ってもよいであろう。発見といってもスミスにおいて急に市場経済のメカニズムの自律性の発見を軸とする社会の空間が見出されたわけではない。特に第四章で述べるように、スミス以前の自然法学においても、政治社会に従属した形であれ、社会の空間は叙述されていた。したがって、スミス以前の自然法学とスミスには連続性も存在する。むろん、社会の空間の独立性という点において認識論的基盤を異にするものであることは言うまでもない。そしてスミスにおける独立的な社会の空間の視座の発見は、経済学の学問としてのパラダイム確立の前提となるものであった。

本書では、経済社会の自律性、およびそれが前提とする文明社会史観という新しい視座の誕生の理由の探究を、なぜその視座の誕生が起こらざるを得なかったかの探究を通じて行う。視座の誕生が起きたからには、その誕生以前において、誕生の必然性が発生するに到ったような理論的な内的必然性が存在したと推測することも可能である。スミス以前の共和主義や自然法学の視座においても、人間の結びつきの考察において発展がみられた。それらの発展によって生じた理論のうちの一部はスミスも採用するものである。しかしながら、ある一定の視座を取り続ける限り解決できない困難さというものも、その視座の発展とともに見出されるようになってきていた。視座の転換が行われるのはこの地点においてのことである。したがって、個々の理論内容をめぐる葛藤を超えて、それぞれの思想の視座に潜む認識論的基盤そのものの相違に基づく葛藤というものが存在するということである。例えば、第四章で取り上げるように、スミス以前においてもハチスンにおいて、さらにはプラトンにさえ分業論がみられる。しかし、プラトンやハチスンとスミスの分業論では、分業論を用いる視座、分業論を全体の知の配置のもとでどう位置づけどう機能させているかが、異なるのである。彼らの分業論は位階秩序的であるのに対して、スミスの分業論は経済主体導出のプロセスの中に位置づけられる。

このような知の根源に存在する視座をめぐる葛藤は、単に時代状況の相違では説明しきれないであろうし、スミスの言明された意図や言説の叙述的紹介のみからさえ必ずしも十全に読み取れるものでもない。それは、それぞれの理論に内在する可能性と限界を分析的に検討することを通じてより十全に導きだせるであろう。言説の知の配置の理論的分析を通じて、一見しただけでは明らかにならない価値選好と視座を明らかにできるのである。その作業を経て、なぜ経済社会の自律性を誕生させたかをより十全に把握できるようになるであろう。同時に、この社会観・歴史観における新たな視座の誕生は、断絶を意味するのみではない。新たな視座が誕生する以前の素材を使いつつ、視座の誕生は行われたのである。

具体的には、本書は、スミス以前における、自然法学および共和主義の視座に内在して存在する困難、およびその困難をめぐる問題意識について考察することで、スミスにおける経済社会観誕生の根源に迫ろうとした。もちろん、それをもって、スミスの思想の全貌を明らかにしたと言うつもりはない。あくまでも、スミスの思想の起源のごく一部を解明しようとしたにすぎない。その際、スミスに至る政治社会の認識の変容に着目して考察することにした。スミスによる社会という空間の誕生の以前の諸思想家において、すでに政治社会についての認識の変容が存在していた。スミス自身に即しても、経済社会の学たる『国富論』は、統治の学としてそもそも構想されているものであった。スミスの時代には、秩序はどのようにして保たれるのかという問題が重大問題として認識されていた。そして、秩序とは何であり、統治はどのように秩序を達成すべきかをめぐってのスミスへと至る思想的変遷が存在した。加えて、秩序観には、人々に社会の一員としてどのような役割を予期し期待するのかという人間の社会的性質と分業のあり方についての問題が関わっている。それらが本書において研究される。

本書の内容は以下のようになる。

第一章においては、十七世紀末の常備軍論争の考察を通じて、「財政＝軍事革命」を時代的背景としつつ、社会観と自由観がいかに変容を蒙ったかを考察する。

第二章においては、チャールズ・ダヴナントの北アメリカ植民地論の考察を行う。英仏の角逐は、植民地運営のあり方にも及んでいた。植民地を有することは帝国化につながりはしないか、そのことにより自由は損なわれないか、自由と両立する形で植民地の運営をどうすればうまくいくかが、名誉革命後に課題となる。それについて考える際、ダヴナントは、マキァヴェッリ以来の帝国か自由かをめぐる国家存立の格率上の難問を意識していた。そのなかから自治として自由を見出すに至ったことを解明する。

続く第三章は、フランスにおける「財政＝軍事国家」の衝撃の受容に関連している。フランスにおいても、相次ぐ戦争に対抗するために、軍隊構造と軍事費は急増することになる。それに対応して財政と国家の体制をどう改革するかは大きな課題となっていた。フランスは国債の制度的発行体制に結果として失敗することもあり、統治制度を導く原理の探究が行われた。

その探究を行う際に、征服か自衛（被征服）かというマキァヴェッリの国家存立の法則をめぐるアポリアが意識されていた。そのアポリアと格闘するなかで、ジャン・フランソワ・ムロンは、マキァヴェッリ的な征服の精神に代わるものとして、国内統治によって商業による繁栄を目指すポリスの精神を提唱し、それを統治の学として構想した。統治の学、およびポリスの精神という発想は、スミスの統治の学、およびその一部門たるポリス論としての『国富論』という発想に受け継がれることになる。

スミスの思想は、名誉革命後の時代状況と格闘した以上の諸思想から影響を受けることになる。しかしながら、それに加えて、広くヨーロッパにおける自然法学の展開からスミスは影響を受けていた。本書の第四章では、スミス以前における自然法学において、私的善が共通善の一致の不可能性というホッブズの難問の衝撃と、それをめぐるスコットランドにおける葛藤について考究した。共通善を体現するものとしての統治観にひそむのは、分業と位階秩序と権力の理論的複合である。自然法学者の統治観と分業観を考察するには、この三者の連関の把握が不可欠である。

第五章においては、私的善という発想と密接に関連する利己心という、スミスの道徳・経済理論の鍵概念であり、初期近代において重要でもある概念の系譜を追った。

第六章においては、第四章で解明した統治性をめぐる困難さへの認識に、ウォルポール体制の確立という具体的な時代状況のなかで、『カトーの手紙』およびヘンリー・セント・ジョン・ボリングブルックはどう取り組んだのかを解明しようとした。『カトーの手紙』において、勤労を基盤とした自由（第三の自由）のエートスが見出されるであろう。

第七章においては、前章までの検討で見出されたスミス以前の諸パラダイムの限界に対して、スミスに直接つながるであろう一七四〇年代における自然誌を中心とする（言語論にも触れた）自然観と方法論の変革を跡づけた。

第八章においては、スミスと同時代の、チュルゴ、ミラボーの文明社会史観を紹介したい。それにより、スミスの文明社会史観の特徴も明白になるであろう（チュルゴや重農主義者の歴史観・経済学は極めて重要であり、かつその背景も重厚なので、それを十全に取り上げることは本書では紙幅の都合とテーマ設定の都合上できず、スミスとの比較に留めたい）。

第九章においては、スミスに至る経済学の展開と、スミスにおける経済主体の発見を叙述した。

終章において、前章までの研究を踏まえつつ、スミスにおける文明社会史観の背景、および『国富論』が統治の学として構想されたのはなぜかという謎に取り組んだ。

なお、本書は一貫した物語となるよう構成されてはいるが、個別の章もそれぞれ独立して読めるように工夫してある。例えば、帝国の問題に関心のある読者は第二章と第三章を、国家権力の所在という主として政治思想上の難問に興味がある読者は第四章を、利己心論に関心のある読者は第五章を、経済学の理論的基礎に関心のある読者は第九章を、統治学に関心のある読者は終章からお読み頂いても差しつかえない（なお、第七章は、生命の起源をめぐる若干難解かつ複雑な問題を取り扱っている）。さらに付言すれば、本書は、今日の学問分野で言うところの、経済学のみならず、哲学、倫理学、社会学、歴史学、政治思想、法思想、生物学と非常に多岐に渡る領域を扱っている。その点読者の混乱を招くかもしれないが、スミスのみならず啓蒙の知識人の多数は、包括的な人間と社会の学問を構築しようとし、今日の狭い学問領域への分化には束縛されておらず、したがって、スミスの総合的な人間・社会の学問を捉えようとするならば、現代の専門諸領域を横断する必要があったということをお断りしておきたい。

第1章

十七世紀末イングランド常備軍論争——商業と国制

I　はじめに

スミスの経済社会観の根底の一つは、財政・軍事規模の拡大、中央集権化という形での国家の形の変容（近代国家化）である。この近代国家への道は、イングランドでは名誉革命後に大きく歩みだす。

その国家の変容が着目を浴びた嚆矢は、名誉革命後の一六九七－一六九九年ごろにピークをもつイングランド常備軍論争である。中央政府が掌握する職業軍人による常設軍隊たる常備軍は、近代以降主流となり「自明」とみなされているが、ジェントルマン層による民兵主体の軍隊を理想視する向きもあった当時の感覚では、中央政府による権力の集中による専制につながるものとして大いに懸念されていた。軍事・国家権力面での近代は、当初から皆に受け入れられた訳ではなく、その創設当時すでに論争の的であった。それは、軍事面での国家の肥大化、中央集権化をどう捉えるかという問題を含んでいた。軍事面での国家の変化、そして常備軍論争で蓄積された認識は、スミスの国家観にも大きく影響を与えるものである。

本章では、したがって常備軍論争を取り上げ、その内在的な検討を通じて、論争の中で具体化された社会・国制についての論争参加者、思想家の見方を比較しつつ析出する。本章はとくに、「財政＝軍事国家」の衝撃を、各々の思想家がそれぞれの視座の範囲内においてどのように理論的に処理したのかについて、当時のイングランドの多くの人々が自国の体制として自認していた「自由な国制」という考えとの関連に重点を置きつつ考察がなされる。

名誉革命後のイングランドでは、常備軍支持論と反常備軍論者（民兵論者）とが、平時にも維持される常設の軍隊である常備軍の是非をめぐって激しく論争を展開した。本章では、研究誌を検討した後で、ジョン・トレンチャード、デフォー、ダヴナントの三人を主要な分析対象として取り上げる。トレンチャードは、共和主義的な立場から、デフォーは近代国家的な消極的自由に近い立場から、ダヴナントは両者とは異なる独自の立場から、それぞれ常備軍論争を考察した。この三者を取り上げることで、常備軍論争当時の諸思想の配置状況をうかがうことができるであろう。また、彼らは軍事論だけではなく、国制問題も視野に置くとともに、経済論ももっており、したがってより豊かな思想を析出できる。

Ⅱ　常備軍の歴史と研究誌

まず本節においては常備軍論争そのものの歴史とそれに関する研究誌を振り返りながら、本章の採用する分析視角を検討することにしたい。

近世イングランドにおいて常備軍はいかなる歴史をもっているのであろうか。十六世紀から十七世紀初頭におけるイングランドの軍隊は常備軍ではなく、戦時に徴兵され戦争が終わると解散する軍隊と、各地方ごとに組織された民兵であり、いずれも州長官（治安判事）ら各地方の有力者が組織・運営を主に担っていた。[1]しかしピューリタン革命期の一六四五年にオリヴァー・クロムウェルが、内戦の勝利と革命体制の定着を目的として、新型軍として著名な一万二〇〇〇人の常備軍の導入を図った。このときのクロムウェルの常備軍による専制（軍事独裁）とそれによる国内の混乱の記憶は、以後イングランド人に記憶されつづけることとなり、強固な反常備軍感情が形成された。[2]

一六六〇年の王政復古と共に新型軍は廃止されたが、国王はたびたび常備軍の設立を求め、そのたびに議会において論争を巻き起こしたが、結果として常備軍設立はうまくいかなかった。[3]純粋な法律問題としては、一六六〇年の王政復古の際の法令の際、民兵のみならずすべての軍事力が国王大権に属し、議会にその権限がないことになったのであり、実際三度ほど陸軍の拡張が行われたものの、それは一時的なものに留まった。それは、大規模な陸軍を維持しうるほどの財政力が国王単独では賄えなかったからである。[4]

一六八九年の名誉革命時、権利の章典では議会による同意を得られた場合を除いて、平時に常備軍を維持することは禁止され、同年の反乱条例でも国軍は議会の承認に基づくことが明記され、ここにイングランド史上初めて、軍隊は議会の制定法の規定に基づくものとなった。[5]ただし、名誉革命後すぐに九年戦争（一六八九―一六九七年）が起こったため、平時における陸軍の規模や入隊問題という具体的な問題については規定されないままだった。それが、九年戦争終結後の常備軍論争が大論争に発展する遠因を形成することになる。[6]

九年戦争終結（一六九七年）後、国王ウィリアム三世が常備軍を維持しつづけようとしたため、本章の主題である常備軍論争が生じた。戦時の約六万から八万人前後の兵力が、一六九八年には約三万五千人にまで減らされたものの、議会は納得せず、一六九九年、王に軍隊の規模の大幅な削減とオランダ人近衛兵の解体を強いて、結果として約七千人にまで兵力が削減されることとなった。[7]しかし、それは一時的なことにすぎず、以後増加傾向にある常備軍をめぐってたびたび論争が起きた。

常備軍論争とは、九年戦争終結後の平時も兵力を常備軍として維持しようとするウィリアム三世の方針に反対する者、そして反対者に反論し常備軍を擁護する者からなる論争である。常備軍反対派には、主として政権に批判的な在野派の人々（カントリ派）が集まった。反対派には、トレンチャード、アンドル・フレッチャー、ウォルター・モイル、サミュエル・ジョンソン等がいた。常備軍擁護派には、宮廷お抱えのパンフレッティアがつどったが、その中にはデフォー等がいた[8]。

では常備軍論争はいかなる意義があったのか。またそれはいかなる思想史的文脈から解釈されるべきか。常備軍論争の社会の構成問題としての意義を明らかにしたのはポーコックであった。

ポーコックは、オーガスタン論争において、土地に基いた自活できる財産をもち統治と防衛を同時に担う（農業―戦士の世界の）市民を理想とする共和主義に対抗するなかから、商業社会認識が形成されたとして、その論争の嚆矢に常備軍論争を位置づけた。常備軍反対派は、常備軍によって自ら武装することで国王の専制を防止し、自らの自由を守る能力および市民の徳が奪われるという共和主義的文脈から常備軍に反対した。他方常備軍に賛成する者は、共和主義的文脈に対抗するなかから商業社会認識を形成していった[9]。

従来のロイス・シュヴェーラー[10]、J・R・ウエスタン[11]の常備軍研究が、この時代の思想史的文脈との関連についてはあまり明らかにしなかったのと比べると、ポーコックの業績は常備軍論争の思想史的文脈を明らかにしたものとして極めて啓発的であった。しかし、ポーコックの関心はあくまで共和主義の思想史であり、それぞれの時代の様々な議論の多様な文脈をより包括的に扱おうという意図のないがゆえに、常備軍論争あるいはそれと商業社会論との関連についても、もっぱら共和主義との関連で明らかにしようとしたにとどまる。しかしながら、後ほど共和主義的な系譜に属するトレンチャードに即して述べる際に明らかにするように、トレンチャードの常備軍論には、商業社会以前のような社会を前提としていたのではなく、商業的なものを組み込んだ上での社会のあり方を考察している。共和主義という文脈に即してさえ、常備軍論争反対派を、単に反商業社会的とみなすことには無理があるのである。

加えて、常備軍論争の背景にある思想史的文脈を、ポーコックの言う共和主義思想のみならずより十全に検討するには、その国制・対外情勢論との関連においても理解する必要がある。そのためには、当時の人々が国際情勢を理解した思想史的文脈が一体いかなるものであったかを明らかにしなければならない。その点で参考になるのがホントである。(12)

ホントは直接常備軍論争について論述を展開しているわけではないが、(常備軍論争もその一部に含まれる)名誉革命後の政治・社会思想史的文脈を以下のようなものとして解き明かした。十八世紀は競争する商業社会諸国家からなる世界市場という未来像を生み出したが、(13)それは国家理性に商業上の優位性の追求という新たな観点が加わったことを意味した。ホントはそれをデヴィッド・ヒュームに倣って「貿易の嫉妬」と呼んだ。(14)

ホントによれば、貿易の嫉妬という国家理性上の観点は、国際貿易の成功が国家の軍事的・政治的生存に直結するようになったときに生じたが、(15)その起源は近代ではなく、国防と先制攻撃の優先権というルネサンス期の概念の競争的国際交易への適応として、ルネサンス期、あるいはそれに続く時代において不規則に広がっていた。(16)イングランドでは、そのような「貿易の嫉妬」の政治思想は名誉革命後において認識されていたことが見出される。(17)

ホントはポーコックに倣って、共和主義的批判から商業社会認識は恩恵を受けていたことを認めたが、(18)ポーコックの共和主義史がどちらかといえば、商業上の優位をめぐる諸国家の競争という文脈を無視したのに対して、ホントはその文脈を重視した。だが、ホントは常備軍論争については研究していない。

その他、辻本論は、常備軍論争の背景となる常備軍の法的・歴史的位置づけの問題にとりわけ焦点をおきつつ、常備軍賛成派の言説の背景を分析した[19]。また、村松茂美は、ゴシック政体理論（ローマ帝国崩壊後のゲルマン民族が確立した政体を、統治の自由を保障する正当な政体とみなす立場）を採用したフレッチャーにおける常備軍への反対論と、デフォーにおけるそれに対する批判と常備軍賛成論を紹介している[20]。

こうして、常備軍論争の背景となる思想史は、すでに多くの研究が行われるようになったのであるが、未だ解明されていないと思われるのは、第一に、常備軍論争における自由をめぐる考え方の相違である。各々とも大義名分としてイングランドの「自由な」政体を守ることを掲げた。だが、この「自由」に一体いかなる含意を持たせたのかについては未解明のままであり、本章における課題でもある。

第二に、常備軍論争の研究誌のなかで解明されない部分が残っているように思われる点は、常備軍論争と、本書の序で述べた「財政＝軍事国家」の出現との関連である。名誉革命後のイングランドは、国家のあり方を大きく変え始める。そもそも、名誉革命前から、一六七〇年代よりオランダに代わってフランスがイングランドに脅威を与える強国として意識されはじめていた。ウィリアム三世のフランスへの敵愾心の元来の強さにも導かれて、名誉革命後の政府は、フランスの覇権の阻止政策へと外交方針を転換させた[21]。こうしてヨーロッパや植民地での覇権をめぐって、フランスとイングランドが激しく争う時代へと突入した。

ここに、本書の序でも少し触れた、軍事技術と軍隊編成上の変化が生じる。騎兵に代わって歩兵が戦力の主力となったこと、火器の使用、要塞の強化などといった「軍事革命」と呼ばれる十六、十七世紀に大陸諸国で起きた変化により、一六三〇年代にはスペイン、ネーデルラント、フランスの各国は平均して約十五万人の陸軍兵力を抱えており、十七世紀末にはフランスの陸軍兵力は四十万人にまで膨れ上がった[22]。

フランスに対抗するために強大な軍隊の創出を時の政府は欲したが、それには国債の安定的発行による戦費調達の容易化等の財政基盤（財政革命）が必須であった。名誉革命後、軍事費の大幅な増大へ対応するための財政規模の拡充を図るために、財政革命（イングランド銀行の設立（一六九四年）による国債の大量発行、公債保有者階級および資本市場の発達などに示されるイングランド社会の変容）が生じた。(23)

それと同時に生じた行政革命（海軍省、陸軍省、歳入諸部門の規模を拡大させる官僚制度の革命）によって、国王が自由にできる恩顧授与・官職授与が大幅に増やされた。この恩顧授与が政治的に利用されたことにより、ウィッグ―トーリ（前者は原理的に自由を重んじる立場であり、後者は、国王への忠誠を重視する立場で、名誉革命前すでに存在した）に加えて、コート（宮廷）派―カントリ（在野）派の線で人々が区分される傾向が生じた。ただ、一六八八年から一七一四年までの期間は、ウィッグとトーリの間のイデオロギー上の区分はまだ明確であり、解消できなかった。(24)

常備軍論争は、コート派とカントリ派という区分での争われた初期の論争ともみなせる。確かに反常備軍論の核は急進的ウィッグ（コモンウェルスマン）であった。イングランドの古来の国制は国王・貴族院・庶民院の間の均衡に常に依存しており、この均衡は市民的徳・独立・土地所有権によって維持されるとコモンウェルスマンは主張した。だが思想上はともかく当時の現実の政治状況において、常備軍を維持しようとする国王を支持したコート派に対抗したのは、コモンウェルスマンをも含む、独立を愛し、コート派の腐敗に憤慨したカントリ派全体であり、カントリ派は常備軍や恩顧授与が議会の独立を蝕み、常備軍は専制の手段となりうると主張したのである。(25)

以上のような歴史的文脈を考慮したうえで、次節以降にて常備軍論争を検討したい。

Ⅲ　トレンチャードの常備軍批判

本節では、トレンチャードの常備軍論争についての所説の検討を通じて、彼の社会構想を析出したい。トレンチャードは『イングランド常備軍小史』[27]においてイングランドの歴史を振り返りつつ、常備軍の果たした役割について説明を行っている。

ローマ人がイングランドを去った時点からチャールズ一世の時代までは、基本的に常備軍を持たず、戦時に徴募した軍隊は戦争が終わるとすぐ解散したのであって、自由な国制が続いていたとトレンチャードは述べる[28]。管見では、そこにはコモンウェルスマン的な古来の自由な国制という考え方が前提とされているように思われる。

しかしその後クロムウェルが彼の新型軍を用いて、専制的支配をおこなったとして批判する。もし王政復古後のチャールズ二世の軍隊に十分な規模があれば、イングランドは今ごろ、フランスのように人々が隷従する国家になっていただろう[29]。かくしてトレンチャードは、常備軍が自由な国制と矛盾しているという教訓を歴史から導き出す。

では彼は名誉革命後の国制と常備軍問題をどのように考えていたのであろうか。トレンチャードは『常備軍は自由な政府と矛盾し、イングランドの君主政体を絶対的に破壊するものであることを示す論述』[30]において、反常備軍的立場を明確に示した。

トレンチャードは名誉革命直後に確立されたイングランドの政体は、国王・貴族院・庶民院からなる混合政体であったし、イングランドは人治ではなく法治国家であったと述べる[31]。そしてイングランドの当時の統治体制を自由なものとして基本的に賞賛している[32]。

トレンチャードは名誉革命直後に確立された政治体制を自由なものとして是認しつつも、それがウィリアム三世の常備軍設置の企みによって危機に陥っているとした[33]。常備軍は国制の自由の根幹に関わる問題であり、常備軍は名誉革命後の自由な国制を破壊しかねないものである。財産あるすべての人が政治・軍事的役割を担うことによってもたらされる権力の均衡を重視し、それが常備軍により破壊され、イングランドの自由は失われるとトレンチャードは考えた。

ではトレンチャードの国制論はどのような思想史的文脈に位置づけられるであろうか。国制の自由が常備軍に依存することにより破壊されるという説の先例として、トレンチャードはマキァヴェッリ、ジェームズ・ハリントンらを挙げている。マキァヴェッリについては、「マキァヴェッリが諸章において証明しようとしたのは、いかなる君主や国家も、戦争を職業とすることをその臣民に許してはならないし、またいかなる国民も確立した民兵以外の軍隊によっては安全ではありえないということであった」と言及している[34]。ハリントンについては、「ハリントン氏は、自らの『オシアナ』のすべてを訓練された民兵に基づかせた」とだけ述べている[35]。

根拠のはっきりしないハリントンについての言及はさておき、マキァヴェッリには実際トレンチャードの考え方の源泉を見出しうる。傭兵が国の破壊をもたらすのに対して、自己の軍備で武装した国家は長期間安定することができたとマキァヴェッリは実際主張した[36]。したがってトレンチャードを共和主義的文脈から解釈することには妥当性がある。

ではトレンチャードは当時の国際情勢をどのように認識していたのだろうか。トレンチャードは、「ヨーロッパのほとんどの国は抑圧と隷属に覆われており、そこでは人々の生命と財産と自由が君主の不法な恣意と野心、そして官吏の強奪と横柄さにさらされている」と述べ、同時代における専制の広がりという脅威を認識している[37]。そして、イングランド以外のヨーロッパ諸国において、専制が広がったのは、常備軍の導入によるとする。民兵により国王と貴族と庶民の間の権力の均衡が保たれているが、常備軍は権力の均衡を破壊し、専制の原因を作る[38]。

なお、常備軍賛成論者のフランス脅威論に対して、フランスは戦争により困窮し人口が減っており、フランスからの侵略の危機は当面ないとした[39]。トレンチャードにあって、自由な国制の破壊をもたらすのは、対外関係からというよりも、常備軍の有無という国内問題からであった。

彼のいう自由な国制は経済とも関係していた。「我々の土地の豊かさは、貿易と商業に適するものを生み出し、貿易は鉱山を掘ることなく我々を東西の金銀の所有者にする[40]」と述べる。

他方で、トレンチャードは商業・豊かさがもたらす奢侈が増加すると、自由の支配と規律はすたれ、傭兵が常に国内で雇われるようになり、極めて危険な結果がもたらされるとする。そしてそのような法則から外れる国はない[41]。国内で常に雇われる傭兵とは常備軍のことである。トレンチャードにあっては、イングランドの貿易による繁栄それ自体には肯定的側面を認めつつも、貿易と商業の産物である奢侈は肯定的な影響を最終的にもたらすものではなかった。奢侈が、国制の自由の破壊の原因をもたらす常備軍導入のきっかけを作ると捉えているのである。

トレンチャードは、イングランドの貿易による繁栄それ自体を肯定的に捉えつつも、奢侈による衰退の悪循環の兆しを常備軍に見ていた。だがその悪循環から根本的に抜け出す方法を彼は見出せなかった。そして彼の課題に答えるためには、商業が国制の自由の破壊を招かないことを示す必要があった。

Ⅳ　デフォーの常備軍擁護論

デフォー[42]については、狭義の常備軍論争のみならず、この時期の関連する著述を検討することで、デフォーの常備軍論争における立場が含意するものを以下明らかにしたい。

デフォーは、一六九七年の『企業論[43]』において、同時代の軍事技術の変化を認識している。戦争の技術は「人間の知識のなかで最も完全なもの[44]」である。内戦時代と比べて自らの時代に戦争の技術が変わり、長期間の宿営・兵力数の大規模化などの変化が起きた。こうして、以前の戦争と比べて、流血は少なくなったものの、より多額の費用と期間を要するようになった[45]。デフォーが認識していた軍事上の変化は、「軍事革命」と呼ばれることになる変化の認識の結果であった。

常備軍論争最盛期においてデフォーは、『議会の同意による常備軍は、自由な政府と矛盾することはないことを示す論述[46]』という題名の反常備軍の論述を著した。その題名自体、先述したトレンチャードの反常備軍のパンフレット『常備軍は自由な政府と矛盾し、イングランドの君主政体を絶対的に破壊するものであることを示す論述[47]』の題名を思わせるものであり、実際そこでデフォーは、トレンチャード等の反常備軍の論述への反論を試みている。まず、常備軍のイングランドの歴史上の位置づけについて、反常備軍論者を反駁している。

過去に強力な常備軍をイングランドが持たなかったからこそ自由が保たれたのであり、常備軍はイングランド人を隷属化するというのがトレンチャードの主張であった[48]。それに対して、デフォーは、そのような歴史観を否定する。ウィリアム一世のイングランド上陸（一〇六六年）の時代から現代にいたるまでイングランドは常に常備軍を有していたのであり、例えばエリザベス一世（在位：一五五八―一六〇三年）やジェームズ一世（在位：一六〇三―一六二五年）の時代においてさえ、外国に駐屯させている傭兵が存在し、彼らはいざとなればイングランドに呼ぶこともできたというのである。(49)

『企業論』に見られる軍事技術への認識に加えて、新たな常備軍擁護の論理を一六九八年の『イングランド常備軍史へ短い反論』(50)は展開している。まずデフォーは民兵の有効性を否定する。イングランドの民兵が最も活躍したのはイングランドのピューリタン革命における内戦時においてのことであった。九年戦争時に活躍した民兵もあったが、それは正規軍と一緒の時にうまくいったに過ぎない。他の民兵は、「臆病と戦うためにあらゆる極端に絶望して陥った人々」であり、殺人や財産の略奪に走った。(51)ここでデフォーは、常備軍反対論者が持ち出す、自国のために戦うがゆえに民兵には勇気という徳が備わっているという根拠を意図的に否定し、勇気の徳を「向こう見ず」に読み替えている。

それと対比しての戦争技術の発達によって職業として軍事に専念することが戦争遂行に不可欠となった。

> 戦争は科学となり、軍隊は雇われるようになった。我々のすべての隣国が常備軍、すなわち老練で熟練した兵士からなる軍隊を維持している。我々がそれを持たないと、我々は無防備にさらされることとなろう。以前は、戦闘方法は、すべて共通であった。〔中略〕我々の隣国が規律ある歩兵からなる常備軍を保持しているさなかに、我々は武装解除すべきであろうか。(52)

このようにデフォーは、軍隊組織の有能性の源泉を、民兵論者の言う勇気という徳中心ではなく、軍隊をいかに統率するかという戦争技術に見出している。したがって常備軍は不可欠としている。ここにおいてデフォーは軍事の職業分化を明示的に肯定している。財産ある全市民が参加する民兵は国を守ることが自らの財産を守ることにつながるので死力を尽くし、勇気があるとした共和主義的理念を明快に否定し、軍隊という観点から職業分化を肯定している。

では、常備軍が国際状況のうえで必要であるとして、それは自由にとっての脅威ではないのかという疑問に対して、彼は以下の二条件があれば常備軍は自由にとって危険ではないとする。「第一に、暗黙のではなく明示的な議会の同意で、もっと直接的に言えば、議会の法律によって、それら〔軍隊〕が召集され維持されること。第二に、その明示的な同意が制限し指定する以上に軍隊を継続しないこと」の同意があれば、「そのような軍隊は、自由な政府と矛盾しない[53]」。

議会の同意を得た軍隊がなぜ危険ではないのか。そもそも、「国王、貴族院、庶民院が同意しているときには、決して誤り得ない[54]」。しかし、国王、貴族院、庶民院の間の調和は恒久的なものではない。時として国王は誤った道を歩む。「最悪の事態に備えるために、我々の議会は自らの同意を、軍隊を合法的となす唯一の条項としたのである[55]」。デフォーの国制論は、このように、国王、貴族院、庶民院の調和を理想としつつも、それが国王の誤った施策により破られたときにも、議会の同意を条件とする自由の担保があるとの理解に立ったものであった。イングランドの自由とは、「公的な事柄について、私、そしてすべてのイングランドの自由土地保有者が、我々自身で行い、同意し、議会における我々の代表者によって暗黙裡に行う他は、何事も行わず、行い得ない[56]」ことに存している。デフォーにとって重要なのは、常備軍が権力の均衡に変化をもたらすかということではなく、人々が議会を通じて同意を与えているか否かであった。

国王・貴族院・庶民院からなる混合政体論を採用する点でトレンチャードと一致していたデフォーであるが、自由な国制の内実は両者で異なっていた。デフォーは、トレンチャード流の古来の自由な国制論者が礼賛する社会は、「貴族の専制が耐え難いものであり、庶民の悲惨と隷属は耐えられないほどのものであり……[57]」と述べる。民兵擁護論者が説く人々の自武装を理想とする社会は、イギリスの歴史上は貴族の専制を意味しているに過ぎないとして、デフォーは退けたのである。トレンチャードと異なり、デフォーにとって自由な国制の内実は、人々の自武装ではなかった。ここでデフォーは、トレンチャード的な共和主義的理想社会（農民＝戦士からなる社会）を、人々が隷属を強いられる悲惨な社会として否定しているのである。

そして議会の同意が国制の自由にとって十分であるのは、軍隊維持の生殺与奪を握るのは財力だからであった。軍隊は財源がなければ解散せざるを得ず、軍事力は財力と同等であり、したがって歳出に議会の同意を必要とすることは国王の軍事行為への十分な監視をもたらす[58]。

さて、ここでデフォーが主張する自由はいわゆる消極的自由[59]（政府からの強制の欠如としての自由）であり、トレンチャードらの自由は積極的自由に近かった。常備軍に賛成の者も反対の者も、同じく自由な政府を守ることの大切さについて述べているが、両者の自由の内実はこのように大きく異なっており、それは基本的なあるべき国制像の違いにつながっていた。このうち、官僚制と並ぶ近代国家の支柱たる常備軍の擁護、およびそれが自由の脅威にならないことを保障する代議制の支持というデフォーが採用した立場は近代国家の系譜につながるものであった。このように常備軍論争は国制の基本的なあり方に関わる論争でもあった。

デフォーは国際環境の変化も常備軍擁護の理由に挙げる。過去においてイングランドは隣国を侵略し、自国が侵略される恐れはなかったが、名誉革命後の対仏戦争により状況は変化し、国際勢力均衡を維持するためには、フランスの脅威に対抗せねばならず、それだけ強力な軍隊、すなわち常備軍の導入が不可欠である[60]。デフォーにあっては、フランス（＝カトリック）との対抗という、本書の序で触れた名誉革命後、国際環境に視野が広がっているのである。

デフォーにとって、覇権をめぐる国際競争は、商業の世界にも及ぶ。デフォーが述べるには、世界最大の貿易を手にする者は世界で最も貨幣を持つ者となり、最も貨幣を持つ者は最も多くの船と艦隊を持ち、最良の軍隊を持つことになる。[61] ここでのデフォーの認識は、当時日の目を見つつあり、後に発達する「財政＝軍事国家」への萌芽的認識を含むものであった。そして商業を国力に直結するものとし、社会の中心に据えた。ヨーロッパの勢力均衡がフランスの覇権国化によって崩れると、全世界の植民地貿易を自由に行えなくなり、イングランドの貿易・商業を大きく毀損しかねなかった。彼の社会像は農業中心ではなく、商業中心の社会であった。

トレンチャードにあっては最終的には国制の破壊に結びつく商業は、デフォーにあっては国制の維持に直結するものとして捉えられていた。トレンチャードの奢侈による衰退という共和主義的課題に対して、デフォーは反論する。その際、経済力と軍事力が相互依存するような時代状況へと国際環境が変化したことを想定している。すなわち、「財政＝軍事革命」により、一方では、軍隊には金がかかるようになっており、軍隊の強さは財政力が左右すること、そして財政力はそれぞれの国の経済的繁栄度が左右するようになった。他方では、国際的勢力均衡の失墜は貿易の衰亡を左右するものともなっていた。

V　ダヴナントの独自性

本節においては、ダヴナント[62]の軍事と経済の関わりについての所説を検討することを通じて、彼の社会観がいかなるものであったかを抽出することを目的とする。

常備軍論争における立場について、ポーコックは、ダヴナントがカントリ派の反常備軍論者であったという前提で論述を展開している。[63] たしかに『戦費調達論』において、ダヴナントは、ローマが大国化したのはすべての人が武器を持てるように訓練されていたからであると述べ、さらに長期間の平和によって人々が軍事技術と徳を忘れることによって、大国は侵略され、征服されてきたとの歴史観を述べているから、[64] 民兵擁護論者、すなわち反常備軍論者であると言えよう。

しかし、ポーコックが必ずしも着目していないことであるが、ダヴナントの常備軍論争での見解は独特のものである。デフォーと同様「財政＝軍事国家」の出現を認めつつも、デフォーのように常備軍への議会の同意でもって自由にとって危険なしとする立場ではなく、共和主義的な徳論も見られるという独自の展開を見せているからであり、本節ではその点を特に追求する。

ダヴナントは、すべての市民が尚武精神を有することの重要性を認識する一方で、勇気といった徳の国防における役割が、商業社会化により変化したとも認識していた。その変化とは、「軍事革命」の認識のことである。勇気が勝負を決した古典古代と違い、戦争のあり方は同時代に大きく変化した。もはや、勝敗を決するのは勇気ではなく貨幣になり[65]、軍事技術は変化したので、「最も勇敢な軍隊を持つ君主ではなく、軍隊を養い、服を与え、給与を支払うことのできる君主が成功と征服を確かにする」と述べる[66]。軍事面で、勇気のような徳を重視するという点での共和主義的立場は、ダヴナントにとり採用できるものではなかった。「軍事革命」の強調という点ではデフォーと一致していた。

対外関係認識において、デフォーにはない「世界君主」という概念[67]に基づいて、ダヴナントはフランスの世界君主化の脅威を捉えていたものの、フランスの脅威という点ではダヴナントはデフォーと同じような見解を持っていた。ダヴナントは『世界君主論』[68]において、フランスはかつてない世界君主化の脅威であるとした[69]。今や自由を守るためにはフランスの脅威に対抗し、重い軍事費の負担に耐えねばならなかった。「自由民の権利と自由のためにこそ、フランスの人口、富、財政、軍事技術に対抗せねばならない[70]」とした。議会が存在し、その同意に基づき国制が運営される限り、人々の権利は安全である[71]。

ダヴナントは、一方で常備軍に反対ではあったが、他方で常備軍擁護派がその論拠とする社会状況の認識（軍事革命、フランスの脅威）を共有してもいた。両者を調和させるためのダヴナントの処方箋は、いかなるものであったのか。

いずれかの隣国の増大する力を懸念する国にとっての最良の方法は、国内を固めることである。すなわち、ここで我々が意味しているのは、国を強固にするものであるより弱らせるものである陸軍によらず、潜在的な海軍、公庫の節倹、人々の貿易への配慮、他のすべての誠実で有用な平和の技によるのである。(72)

ここで「潜在的な海軍」というのは、平時の貿易船のことであろう。対外貿易で使用される船舶は、有事には海軍力として活用しうるものである。そして、対外貿易への配慮は、海軍力にもつながるものである。軍事革命およびフランスの脅威を認めつつ、それに対して軍事力の増強によって対処するのではなく、海軍中心の対処策をダヴナントは唱えた。陸軍ではなく、海軍の維持・増強によって国防を図るというのは、トーリ派のブルー・ウォーター・ポリシー（イングランドが強みを持っていた海軍は、海で囲まれたイングランドの防衛にとって十分であり、強力な陸軍を中心とした軍隊構成にする必要はないという考え）に沿うものであったが、ダヴナントにおいては、それを単なるむき出しの軍事力ではなく、貿易という平和的手段を通じてなされるべきものとした。

後の著作(73)において述べられているように、ダヴナントは国王・貴族院・庶民院からなる混合政体論をイングランドのあるべき国制としているが、ダヴナントの国制論はデフォーとは強調点が異なっている。ダヴナントは「イングランドを自存させ繁栄させる調和とは、すべての人々から払われる、この政体を構成する諸部分にたいして法が与える権威に対する適切な尊敬と服従から生じねばならない」[74]と述べ、権威への服従を重視した。さらに人々は統治におけるすべての権力をその代表に委ねたわけではないという考え方を批判し、すべての権力は委譲され、代理委任されるのであり、「統治の技術は少数者によって多数者を支配することにある」[75]と述べる。

議会のうちにある人々の同意という契機を重視したデフォーと違い、ダヴナントは、貴族と庶民が、貴族院と庶民院という各々の院に政治権力を委ねるという契機を重視する。その委託という契機は、国王と貴族院と庶民院の三者への権力の集中をもたらすことを通じて、イングランド社会に調和と秩序をもたらす。ダヴナントは、上記の統治論の論拠として「したがって、ハリントンやシドニーやすべての最良の共和主義的著述家が述べることには、うまく作られた統治において、人々は同意するあるいは不同意する以上の権力を有すべきではない」[76]と考えていたと述べる。

デフォーにとって議会の同意は国内における専制化を防ぐための十分な条件であったのに対して、ダヴナントは『人々が貿易差額を得られる方法論』[77]において自由の内実を問う、デフォーとは異なった見解を表明している。イングランドは未来には、議会がその本来の原理を堕落させ、王の意のままになったにも関わらず、国制の形式や名が変わっていないことに人々がだまされて、イングランドが自由だと勘違いすることがあるかもしれないとして警告する[78]。したがって、代議政体の形式的遵守のみでは国制の自由を守るのに不十分である。

イングランドの自由な国制を守るためには、デフォーと違い、徳も必要とダヴナントは考える。そして、必要とされる徳の内実も変化しているというもダヴナントは考えていた。ローマ時代にあってはすべての独立した市民が武装していることが徳の内実である[79]。しかし状況は変化した。ダヴナントは、貿易の利益について触れた段で、自らが腐敗しておらず、活動的であり、公共精神を持つことを知るものは誰でも、各々の商売に没頭するのを恥じるべきではない。怠惰な徳は活動的な悪と同様に、公共社会にとって有害である。したがって弱く堕落した支配から共同体を救うためには、自らの商売への意志的な配慮をなすことが祖国を愛する者の義務である。[80]

と述べ、自らの商売に励むことに重きを置く者へ、徳の内実が変化したことを指摘する。その背後にある状況認識とは「戦争が大変費用のかかるものとなり、貿易は拡大し、多くの奢侈が世界で手に入るようになったので、他の場所からの助けがなければ、どの国も自活できない。国家の富はいまや、他の場所との交換から生じる〔貿易〕差額にある[81]」という社会認識であった。巨額の軍事費を支えるのは貿易による利益であった。

だが貿易の利益の重視は、ダヴナントが貿易一般に元来肯定的であるがゆえに生じている見解ではない。むしろ、「おそらく貿易一般は人類にとって有害である。なぜなら貿易は奢侈と貪欲をもたらすからであり、〔中略〕しかし時代環境や他の国の状況から、本性上良いものではない〔貿易が〕絶対的に必要なものとなった[82]」と述べるが、その時代環境の変化とは、軍事力がなければ隣国の侵略にさらされかねないとの認識である。したがって、彼が、本来貿易は奢侈や貪欲をもたらすという共和主義的な〔反商業社会擁護論的〕見解を取っていたにもかかわらず貿易を正当化しているのは、社会において貿易あるいは商業が重要になり、そこで得られる貨幣は軍事力を決するものになったとの認識からである。そのような社会の変化に沿うようにして、必要とされる徳も、自武装する市民の勇気という徳を重視するトレンチャード的共和主義から変化し、自らの商売に励むという商業社会的徳へと大きく変化していた。ダヴナントの社会像は農業を中心とした社会ではなく、商業社会であった。

共和主義的な反商業社会的立場を本来の理想としたダヴナントが商業社会を肯定せざるを得なかったのは、国制の自由を守るためには、もはやトレンチャードのように国内の権力配分関係を守るのみでは不十分であり、商業を巡って諸国家が競争しフランスが脅威を与えている国際環境のなかで、自国の勢力を維持することが求められているというデフォーと同様の認識からであった。しかしデフォーと違い、ダヴナントは共和主義的理念を有していた。デフォーと違い代議制は自由の十分条件ではなかった。変化する社会への認識のなかで、ダヴナントの共和主義は商業社会に適合的なものへと変化した。

Ⅵ　おわりに

デフォー、ダヴナントは、それぞれ共和主義的な社会の理想像を不可能にするような社会の変化の到来を認識していた。両者は常備軍に対する立場を構築する際に、「軍事革命」やフランスの脅威への認識を考慮に入れざるを得なくなっていたし、その状況認識の背景にはそれぞれの商業社会論の形成が見られるのである。そしてそのような軍事・国際政治への認識は、商業をめぐり争う諸国家という思想史的文脈に基づくものとして捉えることが可能である。その点でホントの国家理性に商業の次元が十八世紀に加わったとの認識は妥当性があることを、常備軍論争の検討を通じて見出だし得た。

だが、ホントは国制の自由を守るという観点が当時重要であったという事実には触れていない。トレンチャードにとっての自由な国制の存立条件は、国内における権力の均衡であった。デフォーとダヴナントは、トレンチャードと自由な国制の内実はそれぞれ異なっていた。加えてデフォーとダヴナントは自由な国制を守るための条件が変化したとの認識をもっていた。その条件は対外関係および商業であった。しかしデフォーとダヴナントでは自由な国制の条件は異なっていた。議会の同意を自由の十分な条件とするかという点で両者は相違していた。さらにダヴナントは商業社会に適合的な共和主義的理念を模索した点で、デフォーとは異なっていた。このような違いにも関わらず、デフォーとダヴナントは、常備軍の維持を不可欠にするような変化（財政＝軍事国家）への認識で一致していた。終章でも言及するように、この変化に対する両者の認識は、スミスにも受け継がれるものでもある。

では、デフォー、ダヴナントの以上のような認識は、後にスミスらが商業社会と呼ぶ社会像の萌芽をいかなる点で有していたのであろうか。貿易の嫉妬はスミスにより否定される運命にあったが、スミスはデフォー、ダヴナントとともに商業社会という社会認識の枠組みを一定程度共有していたように思われる。むろん、厳密に言うならば、国家とそのもとにおける市民という政治的空間と厳密に区別された社会・経済という空間を見出していたスミスと違い、トレンチャード、デフォー、ダヴナントの三者は、政治的空間と社会・経済という空間を明瞭に区分されてはおらず、未分化のままである。したがって、三者における「商業社会」認識とは、あくまで政治的空間の内部においてのことである。

そのような違いを前提とした上で、以下においてスミスが『国富論』第五編で防衛費について論じたところでの商業社会論を振り返りつつ、常備軍論争当時の状況認識の継承関係を検討したい。

狩猟・遊牧諸民族のみならず、農耕民族の間でも、「誰もが戦士であるか、あるいは容易にそうなるのだ」[83]という。そしてこれらの段階では各人が自費で従軍費をまかなうことも可能であるとする。

商業社会においてこのような状態は変化する。この社会では、製造業の進歩[84]と、戦争技術の改良[85]という二つの変化により、自費での従軍が不可能になるという。

このようにスミスには、デフォー、ダヴナントにはない常備軍との関連における製造業の進歩という観点を持ちつつも、戦争技術の改良によって常備軍が不可欠になるとの認識を彼らと共有しているのである。そして軍隊維持上大切なものが今や貨幣になった（軍隊維持には金がかかるようになった）というデフォー、ダヴナントの認識をも共有しているのである。

さらに「そして分業は、戦争の技術の改良のために、他のすべての技術の改良のためと同様に必要である」[86]とした。スミスの商業社会には軍事上の分業も含まれていた。商業社会は製造業のみでなく、軍事上の分業も必要としたのである。したがって、デフォーは軍事における分業というスミスの概念の先駆的認識をもっていたのであるから、スミスの商業社会論に連なる理念を特にデフォーは萌芽的に捉えていたといえる。デフォー、ダヴナントとも、商業を中核とした社会への変化を認識していた。

たしかに、デフォー、ダヴナントにあって、商業を奨励しなければならない理由が、国際政治・国制論上の必要性からあったのに対して、スミスにあっては少なくとも商業の中心的な目的はもはやそのような国際政治・国制論上の理由ではなくなっていた。しかしながら、主権者の第一の義務である国防に費用がかかるようになったので、「近代では、貧しくて野蛮な国民は、豊かで文明化した国民に対してみずからを防衛するのは、困難だということを知る」[87]とスミスは述べており、商業社会化が進むと軍事面での中央集権は不可欠となるとの認識（なおスミスは民兵維持も唱えたが、それは常備軍を補完するものにすぎない）をデフォー、ダヴナントと共有していたのである。

第2章

帝国と自治の関係をめぐって
——チャールズ・ダヴナントの北アメリカ植民地論を中心に

I　はじめに

イングランドが一時期帝国として隆盛を誇ったことは周知の事実である。しかし、本書の序でも少し触れたことであるが、名誉革命後の英仏の角逐を背景として、イングランドは帝国の形成に本格的に乗り出そうとすると同時に、自由な国制を自称してもいた。専制君主や侵略者の支配を人々が受けないイングランド本国が、自国民による自己統治という自由を享受する一方で、他国を植民地化する。その帝国としての活動は、他国の自由を奪うものである。では、名誉革命後、帝国と自由の関係はどのように捉えられていたのであろうか。

この帝国と自由の問題は、スミスの『国富論』においても極めて重要な問題である。そのことは、スミスが北米植民地の独立問題に寄せた関心の深さからも理解されよう。スミスの北米植民地観の基礎となった議論を本章は取り上げる。

帝国と自由の問題は、特に共和主義史研究との関連において、取り組まれてきた。帝国と自由の関係という問題について初期近代イングランドに多大な影響を与えたのはマキァヴェッリ、特に古典古代ローマ共和国を範としつつ、政治思想を展開した彼の『ディスコルシ』[1]である。

植民地活動に関係のある貿易や商業のあり方をめぐっては、マキァヴェッリ自身は論考を行っていない。だが、名誉革命前後には、すでにニコラス・バーボン、ジョサイア・チャイルドを始めとして多数の論者が貿易や商業について本格的な考察を行っていたし、貿易や商業は国政上も重要課題となっていた。マキァヴェッリにみられる帝国論を思想的基盤としつつ、マキァヴェッリにはない貿易・商業論を加味して政治思想を展開することも可能であり、それを実際に行ったのが、新マキァヴェッリ的政治経済学(Neo-Machiavellian Political Economy)と呼ばれる立場の人々であり[2]、その代表的な一人がダヴナントであった[3]。

イングランドは海洋帝国であり、広大な領土の拡張を伴っていないから、自由な国制と矛盾しないという主張も理念上は可能であった。しかし、名誉革命前後、すでに北アメリカのような広大な陸上の植民地をイングランドは実際に抱えており、ダヴナントも北アメリカ植民地について、本格的な考察を加えている。そこで、本書は、ダヴナントの著作を検討しつつ、北アメリカ植民地という、海洋帝国の枠に収まりきらないように思われる植民地の問題を取り上げることで、帝国の形成と自由とはどのような形で関係付けられていたのかを捉え直すことを基本的な目的とする。

本論に入る前にイングランド植民地と思想家との関連における研究誌を簡単に振り返りたい。

イングランドにおける帝国論の背後にある共和主義思想史の解明に資したのは、ポーコック[4]であった。しかし、新マキァヴェッリ的政治経済学に帝国と植民地の問題がどのように組み込まれていたのであろうかという観点について、ポーコックはあまり考察を行っていない。

植民地問題との関連で新マキァヴェッリ的政治経済学の分析をさらに進めたのは、ホントであった。彼はまさにダヴナントを例に取り、本来は自由貿易論者であったダヴナントが、アイルランドとの貿易について論じる際には、アイルランドはイングランドと似た風土であるがゆえにイングランドの主産業である毛織物産業に被害を与えるとして、アイルランドとの毛織物貿易を抑制すべきと主張したことを手がかりにして、いかに国家理性が名誉革命後の自由の教説より優先されていたかをホントは描き出した(5)。

しかしながらホントは、植民地のあり方という意味では、実質的にアイルランド問題を取り上げるにとどまり、当時すでに植民地であった北アメリカについては言及がない。また、アイルランドの植民地としての設計図については、基本的に論考の対象となっていない。したがって、新マキァヴェッリ的政治経済学者と植民地論との関連については未解明な点がある。

その点で参考になるのは、デイヴィッド・アーミテイジによる帝国論の分析である。彼によると、初期近代イングランドに影響を与えたマキァヴェッリの帝国論とは、古典古代ローマの経験に範をとったものであった。古典古代ローマでは、人々が自由であり、市民の利益と共同体の利益が直結しているので、市民は公共の事案に積極的に関わり、共和国は大いに栄えた。しかし、そこには領土的拡大の野心が伴っていた。領土の拡大は、軍隊の支配力の拡張を伴っていたから、特定の軍人・政治家による独裁を招いてローマ共和制は滅び、ローマの民衆は自由を失って隷属化した。これが、帝国と自由が究極的には両立不可能であるというマキァヴェッリの考え方である。その上で、マキァヴェッリは、領土拡張主義ではない場合に、他国の征服にさらされるので、ローマの道を進むべきとした（これはサルスティウスを経由した考え方であるという(6)）。

初期近代イングランドの多数の論者にとって、古典学の知識が普及していたがゆえに、自由を維持しながら帝国は実現できるのか、自由と帝国は両立しうるのかという問題は関心事となり、マキァヴェッリはその不朽のモデルを提供した(7)。十七世紀末以降特に、イギリスは貿易に基づく海洋帝国であり、領土的拡張を伴わないゆえに自由と帝国とは両立しうるという考え方が顕著になった。アーミテイジはそのような海洋帝国論の一論者としてダヴナントを位置付けている(8)。

インドの直接統治に乗り出す十八世紀後半より以前は、アフリカ、インド、トルコなどとの海外貿易のほとんどが、在外商館や砦を通じて行われ、領土的拡大を必ずしも伴っていなかったことを考えると、海洋帝国論には当時の現実社会に当てはまる部分が多いのは確かである。しかし、先述のように、広大な陸上領土の拡大の実例である北アメリカ植民地は、領土を伴わないから自由は損なわれないとする海洋帝国論の範囲には収まらない。また、ホントもアーミテイジも、当時すでに存在した陸上植民地の設計図に関してどのような認識をダヴナントが抱いていたかについては、必ずしも十全に明らかにしていない。

そこで、ダヴナントが十全な陸上植民地論を展開したのがアメリカ植民地論においてであることもふまえて、ダヴナントの北アメリカ植民地論を取り上げたい。結論を先取りすれば、自由と矛盾しない形でのイギリス帝国の形態という解決策を、ダヴナントは北アメリカ植民地の一定の自治という形で見出していたことが、本章では明らかになるであろう。

本論に入る前提として、まず、簡単に時代状況を振り返りたい。次にダヴナントの著作をもとに、帝国と自由と植民地一般のあり方について、さらには北アメリカ植民地とその将来についての彼の基本的な立場を明らかにしたい。

Ⅱ　時代状況

ダヴナントが北アメリカ植民地論を著した背景となる、名誉革命後の時代状況について簡単に述べておこう。

本書の序で述べたように、名誉革命後ウィリアム三世の即位により、イギリスの対外方針がフランス敵視政策へと大転換した。軍事的拡張とそれに対応する財政構造の近代化・膨張を軸とする、「財政＝軍事国家」化を行う。

このような時代状況にふさわしい政策をダヴナントは探究する。その際いかなる手法を用いたのか。ダヴナントより前に名誉革命以前すでにウィリアム・ペティは、対オランダ戦争の戦費をいかに調達するかという観点から、「政治算術」という方法を駆使しつつ、すでに税制改革を中心とした財政論を展開していた[9]。ダヴナントはペティの影響を受け、戦費調達論という形での財政論という形式も政治算術の手法もともに、ダヴナントは受け継いだ。特に貿易論・財政論における、ダヴナントのパンフレッティアとして様々な提言において、政治算術がよく用いられたが、それは統治者に正しい政策決定のための正しい助言を与えるためのものであった[10]。ダヴナントの植民地や自由のあり方に関する立論は、たびたび政治算術を用いた貿易・財政論のなかに織り込まれるような形で展開された。

では、具体的にダヴナントが時代状況にふさわしいと考える経済政策は何か。そもそも、名誉革命後、国内産業資本の保護・育成を主目的とする保護主義の経済政策が強力に推進された一方で、保護主義政策の推進に必然的に伴う（重商主義）戦争の遂行に必要な経費を、赤字財政政策により調達する形で、経済力と国力の推進が強力に推し進められた[11]。このような名誉革命後の政策に対して、ダヴナントは、貿易論においては保護貿易政策に反対し、仲介貿易促進を基本としている[12]。また財政論においては、健全財政（国債の増大への反発と、租税中心主義）を主眼としていた[13]。

では、ダヴナントの北アメリカ植民地論の直接的な背景となる、北アメリカにおけるイングランド植民地の展開とは何か。

十七世紀から十八世紀前半にかけて、東インドやアフリカにおける交易拠点としての商館や砦を除いた、実質的に陸上に広大な地所を有してのイングランドの植民地は、北アメリカと西インド諸島であった。北アメリカと並ぶイングランドの海外植民地であった西インド諸島は、砂糖貿易でおおいに繁栄していた[14]。ダヴナントはその繁栄振りをたびたび褒め称えたが、具体的な植民地論はなぜかあまり展開していない。それは、西インド諸島が相対的には狭い領域のことであり、また海に囲まれていることから、領土防衛のための陸軍の駐留をそれほど必要とはしないという恵まれた条件にあったことも理由として推測される。

対して、北アメリカ植民地は、広大な領土を有しており、陸づたいでの外敵の侵入の恐れがあるとなると陸軍の駐在を含めた防衛策を講じねばならず、西インド諸島よりも植民地の積極的な運営・管理を必要とする。また、西インドよりはるかに広大な陸上の地所を有する北アメリカ植民地は、陸上の領土の大幅な拡張という意味での帝国の形成につながるものでもあった。そこが、北アメリカ植民地が、帝国論との関連で着目される背景であるように推測される。

そもそも北アメリカ植民地は、包括的な政府の計画の下に始まり、展開されたわけではなく、個別的に行われたものである。植民活動は、費用を自費で負担した植民の企画者に対して、国王が土地所有権と、広範な統治権力を与えるという形式でなされた[15]。しかし、一六六〇年の王政復古以降、西インド諸島・本国への諸々の原材料の供給地、イギリス手工業品の市場として北アメリカ植民地の重要性が高まるにつれ、このような政治的特権によって自立した政治体となることを政治・経済の主導層が恐れ始め、旧来の契約による取り決めに代えて、本国のより強い支配下におこうとする動きが始まる[16]。一六七五年には、私立の植民地をこれ以上つくらないことや、すでに存在している私立植民地を国王直営の王立植民地に変えようという方針が打ち出された。一六八六年には、ジェームズ二世がイングランドの直接支配を意味する「ニュー・イングランド領（Dominion of New England)」の設置を宣言した[17]。

名誉革命によって、この設置は頓挫したものの、先述のフランスとの対抗という事情もあり、一六九六年には、交易植民局(Board of Trade and Plantation)を設置し、再び植民地の監視を強めようとした。例えば国王から任命された統治者の受け入れを植民地に命ずるなど、交易植民局と植民者の対立は、名誉革命後数十年は宗主国側に分があったものの、時代が下るにつれて次第に植民者側に分があるようになり、やがてアメリカ独立へと至ることになる[18]。ダヴナントが北アメリカ植民地論を書いたのは、このように植民地への監視を強めようとする名誉革命後の状況下であった。

Ⅲ　ダヴナントにおける帝国・自由・植民地

次に、ダヴナントの北アメリカ植民地論の背景となる、帝国と自由の問題、そして北アメリカ植民地以前の大規模な陸上領土たるアイルランド、スコットランドの問題について、ダヴナントがどう考えていたかについて考察したい。

ダヴナントが北アメリカ植民地論を最初に展開したのは、『イングランドの公収入および交易論』の第二部第三章[19]においてである。このパンフレットは、一六九八年に書かれたが、これは名誉革命後の九年戦争が終結した翌年のことであった。しかしスペインの継承問題をめぐって、国際状況は徐々に悪化していった[20]。ダヴナントは、膨大な戦費負担の結果として生じる国債の増大を警戒する立場から、対フランス戦争はなるべく避けるべきとの立場であったが[21]、フランスの勢力拡大への警戒と、フランスへの対抗の必要上戦争もやむを得ないというのが、彼の国際状況に関する基本的な認識であった。

ダヴナントが帝国と自由一般の問題について考察を本格的に行ったのは、イングランドがフランスに宣戦しスペイン継承戦争に参加する一七〇二年五月も押し迫り国際情勢が緊迫する一七〇一年五月に刊行された『世界君主論[22]』においてであった。彼が国際政治の状況を認識する際の基礎としたのは、フランスが世界君主となることへの恐れである。堕落した貪欲な本性により、人間はできる限り富と権力を我が物にしようとし、その中から富と権力を手中に収める人々が生じ、ひいては諸々の国家が生じる。それらの国家の中から、近隣の全ての国家を征服する国が現れるが、そのような国家を「世界君主あるいは帝国 Universal Monarchy or Empire と我々は呼ぶ[23]」と述べる。ダヴナントにとって帝国とは世界君主のことであった。その世界君主となることが恐れられていた国家とは、かつてはスペイン、次にオランダであったが、第二次オランダ戦争を契機に、フランスが恐れられるようになっていた[24]。

ダヴナントが述べることには、

はじめに、ひとつの巨大な帝国が、地上の無限の荒廃と住民の虐殺を伴いつつ、創建された。世界中の人を抑圧することで、しばらくの間は存続し、やがては滅亡するが、そこには人類への新たな犠牲が伴っている。すなわち第二の帝国が現れ……[25]。

このように、歴史の流れのなかで、次から次へと帝国が現れては消滅する循環が繰り返されるとした。例えばアメリカ植民地について、スペインは、宗教的に不寛容であったり、寛容な法律や促進策により移住を促進しようとしなかったため、人口流入が進まず、衰退の要因を作ったと彼は言う[26]。

そうしてスペイン没落の後、世界君主になる見込みが最も高いのはフランスである[27]。フランスは、大貴族を打ち倒して国王の従属下に置き、常備軍を設置する一方で、党派争いがあまりないので、強力な国家だった。[28]

人々の自由と幸福以外のものを視野に置くのは、本当に賢明な統治とは言えない。しかし、権力と富を、君主が主たる目的とすべきものとして考えているような、人類の堕落した欲望と政策に従って、現在のフランス国王は、それらの目的に達するために、それに導く全ての適切な手段を取っているように思われる。[29]

領土は広大で、人口も多く、軍隊も数の多いフランスは、「ヨーロッパの自由をもっとも侵しそうな人々である[30]」。

あらゆる世界君主は専制に陥る。専制君主には、良識は統治の邪魔と映るため、あらゆる教養と知識を抑圧しようとするので[31]、良心の自由は窒息するであろう。また、世界君主は一つの宗教に領域内の人々を統一させようとして[32]、信仰の自由も危うくなる。世界君主化（専制化）を招来するような人々の心の腐敗を防ぐには、公共の自由を守るという有徳な考え方が必要である[33]。

このように、ダヴナントにとって、自由とは、対外関係においては、法の支配に服さない専制君主や侵略者の下で人々が支配を受けない自己統治を意味していた一方で、対内関係においては、身体や良心等が専制君主などに抑圧されることがない自由も意味していた。だが、これら対外、対内両方の自由は共に、世界君主あるいは帝国の出現により危機に陥る。ダヴナントにおいても、帝国と自由の矛盾という課題は持続していたのである。

なお、北アメリカと並ぶ、名誉革命後のイングランドの領土的広がりをもつ植民地であったアイルランドについてダヴナントは、一六九九年に書かれた『貿易差額改善論[34]』において、イングランドの征服者がその土地の多くを支配する、イングランドの植民地とみなしている。アイルランドは、名誉革命後、鎮圧に成功したものの、ジャコバイト（追放された旧国王ジェームズ二世を支持する人々）が反乱を起こしており、いかにしてアイルランドの反乱を防ぐかという問題がダヴナントの認識の根底にあった。彼はアイルランドがたびたび反乱を起こしている事実を強調しつつ、「イングランドの政府に対する五十二回の反乱により彼ら〔アイルランド人〕の権利は弱められたように思われる」(35)としている。アイルランドは一定の司法権・議会を有する権利は有するものの、イングランドの植民地であり(36)、「アイルランドはイングランドの軍隊と財貨により守られており、最高決定権はイングランドの国王と上院と下院に存するべきである」(37)とダヴナントは述べる。

しかし、アイルランドは、「生殺与奪の権力や、皆の安全のために貨幣を徴収する権力、よりよき支配のために法律を作る権力を持つ為政者と議会を有する」(38)古典古代ローマの植民地と同じ権力を持つのみならず、選挙によって自主課税する特権もある(39)。

このダヴナントの主張は、アイルランドの貿易制限の理論的根拠を打ち破ることにもつながる「アイルランドは独立した王国である」との主張に反論し、当時のアイルランドの植民地体制を正当化するものであった。イングランドから派遣される総督が事実上支配するアイルランドのダブリン議会はイングランド国王の同意なしにはいかなる法律も制定しえず、イングランドで制定された法律は自動的にアイルランドに適用された。ダブリン議会は事実上形骸化していたし、司法権についても、イングランドに上級裁判権があった(40)。アイルランドの現状に即して見ると、当時の厳しい植民地支配の正当化を意味した。

ダヴナントは、スコットランドについては、アイルランドと違い、イングランドの軍隊に守られておらず、イングランド人が主たる地主でもないので、イングランドに対してスコットランドは（スペインに対するアラゴンがそうであるように）別個の国家 a distinct state であり、同じ君主のもとにあるとはいえ、別の法律によって自治 governing itself しており、我々の国王に従属するとはいえ、イングランドの王国と連合した confederated 一王国である(41)。

より一般的には、「地上のいかなる立法的権威にも従属しない国家 a state であるということは、従属国 subject country となることによって没収されうる特権である。むろん人々に自然権 natural rights は無傷のまま残される(42)」。スコットランドは前者の意味での従属下にない「国家 state」である。

それに対して、アイルランドは、「従属国」である。かつてはアイルランド人が大部分の土地を所有し、上下両院の議員たるほどの財産を持っていたが、反乱と征服により、土地や財産が次第にイングランドの移住者に移ったことにより、依然として議会を保持する権利を有してはいるものの、イングランドの「植民地 colony」となり、「独立した民族 an independent people」ではなくなった(43)。

したがって、イングランドの植民地であるかどうかを決するのは、イングランド人が土地の多数を所有しているかどうかであり、イングランド人が多数の土地を所有しているアイルランドと北アメリカ植民地は、イングランドの植民地であることが妥当であるとダヴナントは考えていた。しかしながら、アイルランドに即して見ると、少なくとも形式的には一定の自治は認められるべきであり、また現に認められていると考えていたのである。

Ⅳ　ダヴナントの北アメリカ植民地論

『イングランドの公収入および交易論』第二部第三章「植民地貿易について」[44]において、ダヴナントは、アメリカへのイングランド人移住の有益性について説く。「新世界、そこはおそらく、人をあやまちへと導く倒錯した人々の避難所であり、（これから順々に示すように）そこでは、我々の間に彼らがとどまる場合よりも、彼らの労働と勤労はずっと彼らの母国にとって有益である」[45]と述べたダヴナントは、様々な宗教的立場の人（主要部分は非国教徒）や、より多くの富を求めるために母国では不穏のもとになる人々の移住を擁護した。古典古代ローマ共和国も国の平穏をかき乱す不平分子に植民地というはけ口を与えて公共の安全を守ってきた[46]。ローマ皇帝に抑圧されても逃げ場がなく死ぬしかない時代のように、世界を統治する世界君主が現れると逃げ場がなくなるが、世界君主のいない現在では、そのような人々は容易に移住できる[47]。これは、当時世界君主制化することを恐れられていた、強大化するフランスへの対抗の重要性を示唆している。

さて、母国での不穏分子が、植民地で本国にとって危険な存在にならないためには条件がある。それは「そのような富、権力、支配を海外で得た彼らが、時と共に、母国にとって手ごわい存在に」ならない限りにおいてという条件であり、「もし彼らがイングランドから独立するとすれば、それは我々自身の失策と失政を通じてのことであるに違いない」[48]と述べる。どのようにアメリカ独立を防ぐかが、ダヴナントのアメリカ植民地論の主眼の一つであった。

そのための具体的な政策の一つとして、ダヴナントは航海法を厳密に守らせ、船舶の建造と海員を養成させないようにすることを挙げているが、それは船舶も海員も海軍力に繋がるからである。そして、「良い規律のもとにあり、本国の基本法を厳密に守るようにし、本国に依存するようにしている間は、植民地は母国の力である。……賢明な諸国はその植民地に戦争の技術を決して教えない[49]」と述べ、これを植民地経営の基本方針とした。

北アメリカ植民地の住民の規律については、次のように説明している。「他のどの場所での通常の割合をも超える住民の増加を、我々は正当にも、アメリカに去った非国教徒によって実践されてきた節制と節度に帰すことができる[50]」とダヴナントは述べる。西インド諸島のように容易に富が得られ、「放蕩や奢侈に恥じ入ることのない所では、下層民がほどなく汚染され、怠惰で、柔弱で、労働に耐えられなくなり、贅沢になり、結局は貿易と耕作によって繁栄できなくなる[51]」。それに対して、北アメリカ植民者の規律が西インド諸島の植民者の規範となるので、両者は相互依存の関係にあるという[52]。

奢侈を、人々の堕落と国制の衰亡をもたらすものとして考察することは、古典古代の経験、あるいはそれを復活させたマキァヴェッリを通じて伝えられた、初期近代イングランドの共和主義思想に広くみられる考えである。マキァヴェッリ自身には貿易という観点は希薄であるが、ダヴナントは、奢侈を貿易と結びつけて考察している。貿易の促進を唱える一方で、貿易は奢侈をもたらし、奢侈は人々の堕落を通じて社会の衰亡をもたらしかねないものと考えるダヴナントにとって、貿易は両義的な概念であった。

なお、母国での宗教上の非主流派あるいは母国にいてもあまり役に立たない者が、北アメリカに行くことにより役に立つ存在になるという考え方、またアメリカの反抗・独立を危惧するというダヴナントの考え方は、基本的に、チャイルドのアメリカ植民地論[53]にも見出されるものである。だがダヴナントは、チャイルドから恐らく示唆を受けつつも、それに、チャイルドには存在しない、具体的な北アメリカの植民地設計図、その思想的背景となるローマとの対比、奢侈と徳の対比の強調といった共和主義的観点を付け加えた。

ところで、アメリカ独立の危険性を憂慮するダヴナントの考え方に真っ向から反対したのが、デフォーであった。ニュー・イングランド植民地は、木材などをイングランド本国へ、西インド諸島へは穀物・畜牛などを輸出し、その対価としてイングランド本国からは手工業品、西インド諸島からは砂糖などを輸入するという経済的依存関係にあるので、独立の心配はないというのがデフォーの基本的な考え方である(54)。むしろ心配なのはフランスの脅威であり、もしフランスが制海権をイングランドから奪うとニュー・イングランドや西インド諸島の植民地は貿易がなくなって壊滅するであろう(55)。それゆえ、「増大するフランスの力によりわれわれがそこ〔アメリカ〕から追い出されないようにするためには、可能なあらゆる手段を用いて、アメリカにおける我々の植民地の増加を促進することが、ほとんどイングランド〔の命運〕に関わることである(56)」として、植民地拡大推進政策を主張した。デフォーが、イングランド本国および西インド諸島と経済的依存関係を理由に北アメリカ植民地独立の心配はないという考えたのは、経済的依存関係を基底的なものとして見る考え方に彼が立っていたからであった。

アメリカ植民地のあり方に関する原則として、イングランド本国と競合するような商品の生産を許さないことに加えてダヴナントが提案したのが、アメリカ植民地の縮小である。まず、彼は、歴史上、広大な領土の形成が、国家衰亡につながってきたと指摘する。

多くの帝国 many empires は領土をあまりにも広げすぎたために滅んできたのと同様に、領土の範囲をあまりに大きくすることによって、我々のアメリカにおける利害は、より多くの属領 provinces と、我々が耕作したり防衛したりできる以上の広い地所を目指すことによって、衰亡するであろう(57)。

したがって、北アメリカ植民地は縮小すべきなのであるが、具体的には、「ヨーロッパにおいて存在しない商品の生産に最適で最良の四、五の属領」にアメリカ植民地を収縮し、そこを重点的に耕作するのが良いとする(58)。その理由として、国家の住人があまりに拡散して住んでいると、戦時の自衛の際強力になり得ず、平時においても相互扶助にとって不便であることを挙げる。それに対して、領土をあまり広げすぎないと、自衛と相互扶助が容易である(59)。領土を広げすぎた帝国の衰亡という考えが、古典古代ローマの経験をマキァヴェッリの言説を踏襲した共和主義的言説であるのをみてとるのはたやすい。そのような共和主義的言説は、チャイルド、デフォーの北アメリカ植民地論にはみられないものである。それに対してここでのダヴナントの植民地論は、スミスが『国富論』で述べた、防衛費用等植民地維持費がかかりすぎるので、植民地を放棄せよという有名な(60)主張と類似するように思われる。だが、航海法を擁護したダヴナントと違い、スミスは、アメリカ植民地との独占貿易は利益にならないとしたという相違も存在した(61)。

さて、交易植民局が行うべきアメリカ植民地の目下の設計図としてダヴナントが示したのは、(一)事務をより良くなすために、選抜された、評判の良い貴族・ジェントルマンからなる人々にアメリカの監督を任せること、(二)彼らに「在米イングランド植民地最高委員会 Lords Commissioners for the English Plantations in America」の名称を与え、植民地に関するあらゆる事柄を任せること、(三)委員会出席に伴う報酬として、年間千ポンドの「俸給 salary」を与えること、(四)各植民地は、委員会に植民地の実情を報告させること、というものであった。これによって、効率的な植民地の情報収集と、国王への服従、王国への依存を確保できるとダヴナントは言う(62)。

だが、この統治形態の成否は、植民地の監督者がどのような資質を持つのかによって大きく左右されるので、有能で、経験も徳もあり、風土や貿易についての知識をそなえ、規律正しい等の資質を持った人物であることが重要だという。[63] では具体的にどのように彼らを選ぶのか。

主要な為政者・官吏を選ぶという自由は、北部地域の十分に成功している主な諸共同体 principal societies における構成要素である。ここ〔イングランド本国〕から彼らを統治者に任命することは、確かに当地〔イングランド本国〕の宮廷の人々にとって良いことであろうが、この道が最終的に植民地にとって利益になるかは、判断しがたい。[64]

ダヴナントはそう述べるにとどまっているが、いずれにせよイングランドにいる人々が勅許により統治者となることは非常に有害であることは疑いが無いとした。[65]

その理由として、「統治機構が自由なところほど、為政者はよりまじめであり、人々はより勤勉であり、国はそれに比例して改善する」からである、とダヴナントは述べている。これは、「土地の改善から国王の税は生ずるのであるが、そのような改善は、住民からせしめることにより豊かになることが最も共通の目的であるような、イングランドより送られた統治者によるよりも、自らのために働く人々によってなされるはずである」[66]からであった。さらに、ダヴナントはこう述べる。

あらゆる国々の繁栄はいかにしても良き統治にかかっており、疑いなくイングランドにおけるものでないにしても、イングランド人の権利と自由を享受することを許容する、正直で、分別があり、有能な人に植民地が任されるならば、植民地は繁栄するだろう。勤労の最初の基礎は自由にある。隷属しているか、あるいは自らの自由が不安定であると信じる人々は貿易で成功せず、国を改善することもありえない。[67]

ここでは、「自由」という概念について、自然法的・社会契約論的な契約と権利の言語というよりもむしろ、国家の繁栄やそのために必要な市民の資質という点から考察がなされている。また、ダヴナントにおいて、帝国と自由との結びつきは、海洋帝国論の枠組みを超え、限定的であれ、植民地の自治というものを帝国繁栄の基礎とする新たな考察がなされている。

ダヴナントの植民論は、植民地の従属を重視していた点で、植民地の独立を擁護するという意味での自治の考え方とは異なっている。それは植民地という範囲内での限定的な自治の容認論であり、あくまでイングランドの利益がダヴナントの植民論の主目的であった。しかしながら、苛烈で直接的な支配という意味での植民地の従属はイングランドの利益にならず、結局のところ（いかに限定的なものであれ）自治以外にうまく植民地を統治する方法を彼は見出し得なかった。植民地の直接統治は、本国からの派遣支配者による財産の略奪などをもたらし、安心して人々が働くことができず、勤労を産み出さない。本国との経済的依存関係の有無のみを植民地の従属を確保するものとして重視したデフォーと違って、ダヴナントは貿易上の相互依存という経済論的視点に加えて、豊かさをもたらす勤労を促進するにはいかなる統治が望ましいかという観点、自治としての自由の重要性という観点をも重視していた。

その際、自由と並んで、国の繁栄のためにダヴナントが必要な条件とみなしていたものがある。それは「世界のあらゆる諸国の繁栄は、そこの人々の道徳に依存している」(68) ことであった。その理由は、ダヴナントが、「奢侈を維持するためには、地位の高い人々が身分の低い人々を抑圧せねばならない。この抑圧を避けるために、身分の低い人々は扇動的な騒ぎか、あるいは公然たる反乱にたびたび走らざるを得ない」(69) と考えていたからである。

ダヴナントによれば、人々の徳を保つには、健全な法と宗教的信心を人々に吹き込むことが必要である。宗教的信心については、「良心の自由はイングランド同様かの地においても許容されるべきである。しかし統治者と為政者は、人々が何かの宗教を遵守するよう留意すべきである」。また、健全な法については、「ローマの国民は、はじめ、泥棒、放浪者、逃亡奴隷、債務を負った人、無法者から成っていた。しかし、良き統治形態と健全な法により、彼らは今まで知られている限り最も有徳な人々となったし、それは長期間継続した」[70]。このようにダヴナントは、非国教徒や不平を持つ人が多い植民地でも、十分繁栄しうることを示した。

だがこれにはさらなる条件があった。植民地の人々の徳を保つためには、これらの他に、「信義の感覚、祖国への愛」を植えつける教育を早くから行うことが重要だという。そして「この成果は、教養と学問を身に着けることで成し遂げられるであろう」。だが、「これは卑しい人々のための食事ではない。哲学や道徳規則は一般の人々にはほとんど広がらないであろう」[71]。一般民には祖国愛を主要な内実とする宗教感覚を植えつけることが必要である[72]。

「祖国愛よりも他のあらゆる事を優先するような人に、偉大な事はいまだ成し遂げられたことが無い」[73]。徳の内実として祖国愛を強調したダヴナントは、「もし利己心のない人々によって植民地の法と政治機構が熟考され、改められるならば、疑いなく、それは植民地の繁栄をおおいに導くであろう」[74]と述べる。統治者層には特に、無私という徳を求めており、統治者層と一般民の間で求められる徳が区別されていた。

以上のように、ダヴナントは物質的・経済的要因のみならず、自治としての自由、さらには徳、祖国愛という精神的要因によっても、植民地、ひいては帝国の興亡は左右される、と考えたのであった。

V　アメリカ植民地の将来

前節で述べたダヴナントの北アメリカ植民地の統治論は、あくまで交易植民局の下での植民地統治という当時の現状を前提とした、暫定的な対処療法的な性格を有する植民地統治の改善案であった。しかし、ダヴナントはそれに留まらず、長期的視野から、より抜本的な北アメリカ植民地論を構想してもいる。

彼ら〔アメリカ植民地の人々〕の未来の統治の最初の形態は、イングランドにおいて形成されるべきである。というのは、結局のところ、彼らは、より良い政治体のために必要と彼らが考えているような法律を、自分たちで作る権力を持つようになるだろうからである。その際そのようにして立法された法律はイングランドの議会の権威によってのみ撤回できるものとする。〔中略〕北部に位置する十の属領および土地からひとつの国民評議会 One National Assembly を選出し、そこでは彼らのより良い統治に関連するあらゆる事が実行される。(75)

イングランドの法律が植民地の「国民評議会」の法律よりも優先するわけであるから、完全な自治とは言いがたいものの、先述の当面の植民地設計図と比べて、自治の幅が大きく広がっている。このように、北アメリカ植民地の統治形態について、当時の植民地への帝国の管理強化政策とは異なる政策をダヴナントは構想していたのである。

十の各属領・植民地の統治者の選び方についてダヴナントは、依然として、

ここ〔イングランド〕から〔送られた〕統治者、あるいはこちら〔イングランド〕で承認された統治者、ある

いは彼らが自ら選んだ統治者（彼らの諸々の勅許〔の条件〕による）を持つならば、そして一つの国民評議会を持つことを許されるならば、我々の完全な自由と国制を彼らは享受できるだろう。(76)

としている。一見すると、統治者の選び方については、極めてあいまいなままである。しかし、ここでダヴナントが、一部とはいえ、現行の勅許の範囲内で、各植民地が統治者を自ら選ぶことを承認したことは重要である。名誉革命後、クエーカー教徒のウィリアム・ペンを指導者とするペンシルヴァニアや、カトリック教徒のセシリウス・カルヴァートを指導者とするメリーランドなどは、対フランス戦争上植民地を指揮するのに不適任と思われていた。そこで、北アメリカの各植民地に与えられた勅許を、勅許の更新の際に、国王が統治者を選ぶ方式にしようとしたことで、北アメリカの統率の強化が図られた。(77)このことを考え合わせると、ダヴナントの提案は、国王による植民地の統率の強化を図ろうとする当時の政策に反対し、いまだ自治が残っていた北アメリカ植民地の現行体制を擁護することを含意するものであった。さらに先述のように、基本的には、成功している北アメリカの植民地では、主要な為政者・官吏は自分たちで選んでいるとダヴナントが述べている(78)ことを考え合わせると、統治者を自ら選ぶという形での植民地の自治をより望ましいとダヴナントは考えていたと言って良いであろう。国民評議会に対応して存在する北アメリカ全体の統治者をどのように選ぶかについては特に言及が無いが、先述のように、自分たちで選ぶのが繁栄につながると述べていることや、国民評議会は良き統治のためのあらゆることをなすと述べていることから、国民評議会から統治者が選ばれることが望ましいということを意図しているように思われる。

「自らを自由な人々であり、自ら作った統治機構により統治されているとみなすことにより、彼らの勤労は大いに促されるであろうし、起こりうるいかなる侵略に対しても、彼らを自衛において、より不屈にするであろう」[79]。このように、ダヴナントの自治容認論にみられる自由とは、自然法的・社会契約論的な消極的自由の系譜たる機会概念という観点からではなく、統治への積極的参与としての徳を市民の自己統治を養うものとして重視するマキァヴェッリ的な意味での共和主義的観点からのものと推測しうる。

このようなダヴナントのアメリカ植民地自治論は、スミスがより理想的な植民地放棄論の現実的代替案として提示したアメリカとの合邦案（イングランド議会で議席を与えられる代わりに、植民地が応分の課税負担をする案[80]）と異なった点があるものの、自治以外にうまく統治する方法は無いこと、および自治が豊かさをもたらすという基本的な考えで一致している。

> 良き統治とともに、これらの植民地が今後偉大な国民となることは不可能ではない。そのような理由から、それらの植民地にはじめから、富、平和、安全を長期にわたって維持できような政治機構を与えることが重要である。このためには、イングランドの統治形態により似たものにそれらの植民地をすればするほど、それらの植民地は良くなるだろう[81]。

とするダヴナントは、「ここで提案した形態では、統治者にはもちろん全ての人の安全と保護のために必要な全ての権力が与えられるであろう」[82]と述べている。

イングランドの統治形態は国王、貴族院、庶民院からなる混合統治であり、植民地もこれと似ている方が望ましいとダヴナントは考えたが、これは必ずしも北アメリカに全く同じ統治構造を持ち込むことを意味しているわけではない。イングランド議会に、北アメリカの国民会議の法案の拒否権を認めていたことから、恐らくは、イングランド議会に、北アメリカ植民地にとっての貴族院の機能を求めていたとも考えられる。このような法案拒否権をイングランドに認めていたということは、ダヴナントの北アメリカ論が、あくまでイングランドの植民地として考えられていたことを示すものである。

北アメリカ植民地のこのような統治形態にも滅亡への道が存在する。

　はじめに、領土の拡張、武力によって得られた権力、貿易によりもたらされる富が、全ての人々を、柔弱で、虚栄的で、野心的で、奢侈的にする。力と成長を彼らが手にすることにより、これらの悪徳は急速に個人の貧困と公共の欠乏をもたらす。個人の貧困は、よこしまをたくらむ悪人に富をもたらし、公共の欠乏は、かなりたびたび腐敗した国家において、これらの悪人を不可欠なものとした。(83)

このような奢侈による腐敗を防ぐには、統治者は悪徳を防ぎ、人々が腐敗することを防ぐためにあらゆる事をなすべきであった。(84)また国民評議会は、それを選ぶ人々が、「選挙の際、腐敗できないようにしない限り、ほとんど利益がない(85)」のであった。

そして、古典古代のローマとギリシャを例に挙げつつ、ダヴナントは言う。

　自由が転覆され、統治機構が変えられるときはいつでも、一般的に、十分な評判を得るために初めにうまく演説するが、良い地位を得るために悪いことをする人々から過ちは生ずる。〔中略〕自らの計画を厳密に調べ、自らの野心を調べることなく、自らの主張を調べることも、自らが不平することを調べることもせずに、向こう見ずに人が市民の権利や国の大義について主張するのに我々が聞き入るとき、〔中略〕彼らは我々を導き支配する。(86)

向こう見ずに自由を語る人の思想として、ダヴナントが警戒するものは、具体的には古典古代のアテネ的な意味での直接民主主義を指していた。「純粋な民主主義的統治は長続きせず、完全ではない」[87]。三権力からなる混合政体が、アメリカにとって相応しいとダヴナントは考えているのである。

最後にダヴナントは、自らのアメリカ植民地設計図の基本理念を、諸国に当てはまる形で一般化して、次のように述べる。

この類の形態を形成する人は、人々の作法を矯正する方法を提案するよう留意すべきであり、このような矯正は、いつの時代も、あらゆる自由な国において、賢明で正しい国民議会を生み出すものであり、そのようにして常に有能な大臣 able ministers が育つのである。このような類の政治家からは、着実で安全な統治を常に期待することができるし、それによって内紛は根絶されるだろう[88]。

前節でみたように、ダヴナントは当面の植民地計画を述べた際には、一般民には高度な徳は必要ないと考えていたが、本節で述べた長期的なアメリカ植民地においては、一般市民も腐敗から身を守るために、より高度な徳が必要と考えていた。それは、本節で述べた統治形態が、ダヴナントが国家衰亡を左右するものとして重視していた徳をより多く要求する統治形態であるからである。全体として、北アメリカが反抗するのをいかに防ぐか、したがってイングランドの利益をいかにして守るかという国家理性の観点から考察がなされているのであるが、反抗・独立を防ぐには、逆説的なことに、一定の自治を認めるしかないとダヴナントは考えていた。そして、植民地という範囲内であれ、自治こそが国の繁栄をもたらすと考えていた。

アイルランドと北アメリカ植民地の関連について言えば、アイルランドにおいても、北アメリカにおいても、反抗・独立を防ぐことが、ダヴナントの植民地論の根底的目的の一つとしてあったが、アイルランドにおいては、直近のジャコバイトによる反乱が影響して、厳しい植民地支配の持続と独立の阻止を意図していた。それに対して、北アメリカについては、自治権を守ることがいかに重要であるか、それがいかに北アメリカの繁栄に導くかということが主眼であった。つまり、当時の国王による統制強化という政策と、自治を強調するダヴナントの北アメリカ植民地論は相反していたのである。

このように、ダヴナントの帝国論は一様ではない。直近に反乱があったアイルランドについては、厳しい植民地支配体制の継続を望んだ。直近に反乱があったわけではないが、将来大国になり独立する可能性もある北アメリカについては、寛容な植民地政策を通じて、独立を阻止し、イングランドの利益を守ろうとした。また、北アメリカには、高度な徳を人々が体現することを通じて、堕落・衰亡することを阻止することも意図された。

しかしながら、このような相違にもかかわらず、北アメリカとアイルランドの双方において、議会と統治者からなる自治的な植民地体制という点では同構造の体制をダヴナントは推奨した。これには、「ローマ人が入植したほとんどすべての植民地は、ローマ共和国を模範としたものであり、それに沿って〔植民地を〕形成した」と述べ、植民地は母国の統治構造を模範として形成するのが望ましいとしているダヴナントの基本的な植民地観が背景にある[89]。自治という形での本国の自由を、植民地にももたらすことが、ダヴナントにとって専制への転化を意味した帝国に導くことを阻止することにつながっていた。ただ、ほぼ同型の植民地の統治構造であっても、時と場合により、苛烈な支配をも温和な支配をも遂行し得たのである。

VI　おわりに

はじめに述べたように、自由と帝国とは両立しないという古典古代を範とするマキァヴェッリ的言説が、十七世紀後半以後のイングランドにおいて、領土を伴わない貿易に依拠する海洋帝国というヴィジョンで乗り越えられたとするのはアーミテイジの説である。しかし、当時既に展開されていた領土的拡大の実例である北アメリカ植民地は、巨大な領土を伴わないから自由は損なわれないとする海洋帝国論の範囲には収まらない。アーミテイジが述べなかったこの点について、本書は自由と矛盾しない形での帝国の形態という解決策について、アメリカ植民地について言えば、自治という形でダヴナントが解決策を見出していたことを明らかにした。現実の文脈では、同型の統治構造であっても、苛烈な支配をも温和な支配をも遂行し得たが、ダヴナントは、基本的な植民地構造のあり方についていては、植民地内における自治という形での自由の確保という観点からしか眺めることができなかった。

植民地の自治という形での自由は、それが社会契約論・自然権的な意味で原理的に正しいかどうかという観点からではなく、実際にどのように国の繁栄をもたらすのかという観点から捉えられている。ダヴナントは、様々な制約があるものの、自由こそが国に繁栄をもたらすものであり、自由を保障してこそ、イギリスにも利益がもたらされると考えていた。これは、国家理性の原理を重んじ、商業をめぐる国際競争のなかで生き残ることを最重視したとするホントの新マキァヴェッリ的政治経済学像にない、ダヴナント独自の側面である。

そして、自治として自由を考察していたということは、ダヴナントが統治への参与に自由を見出す積極的自由に組していたことを意味する。だが、その積極的自由は、ダヴナント以前の共和主義の単なる受け売りではない。積極的自由が有する市民への道徳的効果のなかでも、勤労という経済的徳を強調したことに、ダヴナントの特色が見出せる。

むろん、ダヴナントにおいては、スミスにおけるように国家を含む政治社会と経済社会という空間を明瞭に区別していたわけではなく、両者は渾然一体のものとして捉えられていたことに注意する必要がある。しかし、政治社会の内部においてであれ、自治への参与という積極的自由は、勤労へと人を促し、国家の経済的繁栄に結びつくものとして捉えられていた。国家の枢要たる共通善（皆に共通の行動の目標）は、もはやマキァヴェッリにおけるように単に公共への戦士としての献身を主軸として捉えられていたのではなかった。この時点では、スミスにおけるように勤労という私的善（個人の目標）をそれ自体として基礎単位とするのではなかったが、共通善の達成は、厳密には個人の私的善の領域たる勤労を、通過せねばならなくなっていた。

ダヴナントの北アメリカ植民地論は、ジョサイア・チャイルドの植民地論を一部引き継いだものではある。しかしながら、チャイルドの植民地論は、基本的に植民地の経済的利益の問題にほぼ特化されていた。デフォーも、貿易上の経済的依存関係を基底的なものとみて、経済的に貿易で本国に依存する限り植民地の独立はないと考えていた。ダヴナントの植民地論は、単なる経済論を超えて、徳や自治といった政治・道徳上の問題をも視野に収めていた。ダヴナントの経済論と政治・道徳論の融合の核心には、社会の豊かさをもたらす勤労を促進するには、勤労意欲を失わせる妨害行為をしがちな本国からの派遣支配者による植民地支配ではなく、制約付きではあれ自分たちのことを自分たちで決めるがゆえに安心して勤労に励むことができる自治と、それがもたらす徳こそ必要であるという考え方があった。

ダヴナントが、イングランド本国の利益になるということから、植民地との貿易への重商主義的制約を支持したことを考えると、彼は社会契約説的な意味で原理的に自由や自然権を称揚したのではなかった。むしろ、自治が本国の利益になるという観点から、植民地の実質的な自治を提唱した。

終章においても述べることになるが、この自治としての自由はスミスのアメリカ植民地論考察の際にも重要なものであった。帝国と自治という問題意識は、スミスにも受け継がれる。共和主義的含意がスミスの植民地論から完全に消え去ったわけではない。スミスは、北アメリカ植民地ほど急速な発展を遂げた植民地はないと言うが、その際、その原因として良好な土地の豊富さに加えて、「自分の問題を自身のやりかたで処理できること」を挙げた[90]。

外国貿易を除くすべての事柄において、イングランドの植民者が、自分たちのことを自分たちのやり方で処理する自由は完全であるとして、植民者が享受してきた自由を分析するくだりにおいて、スミスは「したがってイングランドの植民者のあいだでは、母国の住民たちのあいだでよりも、多くの平等があるのだ。彼らの生活態度は、より共和主義的であり、彼らの統治も、とりわけニュー・イングランド諸州中の三つのそれは、これまでのところ、いっそう共和主義的であった[21]」と述べている。すなわち共和主義的自治がニュー・イングランドに繁栄をもたらしてきたことをスミスは示しているのである。

ダヴナントとスミスの植民地問題に関する考え方には共通する点があった。植民地における自治の強調と自治が豊かさをもたらすというダヴナントの認識は、スミスと共通している。なるほど、スミスの植民地論はアメリカの最終的独立をも視野に収めるより射程の広いものであるし、スミスは文明の普遍的進歩という視野から古典古代社会と近代商業社会の差をより明確に把握していたものの、古典古代以来の自由と帝国の矛盾という課題は、ダヴナント同様スミスにおいても、矛盾としてあり続けた。そしてその解決策の核心にある、自治こそが植民地に繁栄をもたらすというダヴナントの認識を、スミスは共有していたのである。

第3章

統治学と商業の精神

I　はじめに

統治と経済とは一体どのような関係にあるのだろうか。統治者は、経済をどう導くべきなのであろうか。今日においてさえ往々にして我々を悩ますこのような問いが生じる前提は、政治社会とは区別される、経済過程が存在するというものである（むろん、経済過程の内実は論者によりまちまちであろうが）。ところが、この経済過程そのものが、経済学として未だ独立した領域を形成していなかった十八世紀前半において、例えば経済政策の提言という形で、経済認識は政治や統治の認識に属するものとしてあった。そして、経済学成立の前夜には、政治や統治の認識のなかからの、経済過程の独自性の認識が勃興した。

スミスの『国富論』の第一編から第四編までは、スミス経済理論の核心をなす部分であるが、スミス自身はそれを「ポリス（行政）論」の範疇に位置づけた。そして、第五編における軍事・公収入などの部門と合わせて、スミスにおけるポリス（行政）、軍事、公収入の諸部門は、全体として、統治のあり方の学という新しい部門を構成しているものである。アダム・スミス自身、「法と統治の一般的諸原理と、それらが社会のさまざまな時代と時期において経過したさまざまな転換とについて、正義に関することだけでなく、行政police、公収入、軍備、そのほか法の対象であるすべてのこと」[1]と自らの自然法学体系の構想を述べているが、これは旧来の自然法学体系法の対象である狭義の法の一般的諸原理論、正義論のみならず、ポリス（行政）、公収入、軍事という「統治の一般的諸原理」を自然法学体系に新しく付け加えたことに対する言及とも推測しうる。ここでいう統治とは、旧来の自然法学上の統治論、すなわち、統治形態論を中心とし、統治者・被治者の権利と義務という規範的理論からなる議論から大きく転回し、統治の現実の運営上の規則を導く学（統治学）という方向性を取ったものである。

統治の学という構想をスミスがなぜ取り入れたのか、そして、軍事・公収入のようなそれまでも論じられてきた問題と異なり[2]、とりわけポリス（行政）論というスミスの政治経済学の主部門を、なぜスミスが統治の学の一部門として自然法学の中に含めるようになったのか。

なお、police の語について一言触れておきたい。スミスは、この語が、「政策 policy、政治 policks、統治の規制一般 regulation of a government in general」を意味していた古代ギリシャのポリテイアにさかのぼることを指摘しつつも、現代では、「イングランド人がフランス人から直接借りた」用法として、「現在それは一般的に、統治の下級諸部分の規制に限定」された意味を有するようになったとする[3]。したがって、日本語の語感では「行政」あるいは「内政」に近いように思われる。スミスのみならず後述のジャン・フランソワ・ムロンにおいても、軍事などの対外政策ではなく国内の行政、というニュアンスを持つものであることから、本書では、やや煩雑な表現ながら、ポリス（行政）論と表記することとした。

では、スミスは、なぜポリス（行政）論、および統治の学という構想を打ち立てたのか。その一つの文脈としては、国家が発展し衰亡する原因、および国家の存立を可能にならしめる国家理性の法則の研究の学という形での統治の学の創出と発展という文脈が考えられる。

ふりかえれば、マキァヴェッリは、国家存立と発展へと導く統治術を探究することの重要性を指摘した。そして、そのための知恵は、主としてローマを念頭に置いた古典古代に学ばねばならないと問題提起を行った。彼は、同時代において、

共和国を整備し、王国を統治し、市民軍を編成し、戦争を指導し、隷属民を導き、さらに国土を拡張することになると、君主にも共和国にも、これらの点を解決するのに、古代の先例に救いをもとめようとするようなものは、誰一人として見当たらないのが実情である。(4)

と述べる。ただ、マキァヴェッリにおいては、統治を導く術の探究は、スミスのように内政の重視というよりも、戦争にいかに勝ち抜くか、領土をいかに保全・拡張すべきかという、対外関係を機軸としたものであった。

スミスにおいて、統治の学はもはやマキァヴェッリのように国家理性の探究という方向性を取るものではない。だが依然として統治の学の構築にあたって、マキァヴェッリの問題提起自体は重要なものであった。ただしその受容にあたっては、マキァヴェッリ以降、スミスに至るまでの国家理性および統治のあり方をめぐる思想史的変遷が存在した。むろん、統治の学の採用には自然法理論の規範的・抽象的社会観の虚構性の拒絶など様々な理由がその理由として考えられるのであって、一つの文脈に還元しきれるものではない。

マキァヴェッリ以来の国家理性の系譜は、古くはフリードリッヒ・マイネッケが指摘するところであった。(5)

イシュトファン・ホントが指摘するには、国家理性の貫徹により国家の持続可能性を第一に重視する思想的系譜は、特に十七世紀後半以降に、各国の貿易の利益の獲得競争が激しく行われるようになるにつれて、国家理性に商業という次元が付け加わるという形で変容した[6]。だが、マキァヴェッリを踏まえた国家理性の探究の思想史が、統治の学、統治のあり方の探究という形態を取りつつ、展開されたこと（それは、スミスの思想の前提としても重要である）の意味の探究は課題として残されている。

この点で参考になるのがミシェル・フーコーである。フーコーは、スミスやフィジオクラートによる経済的自由主義は、同時に統治学のパラダイム転換であったことを指摘する。それまでの個々の経済行為を監視する重商主義的な統治学が棄却され、むしろ個々の行為については自由放任し、数量的・統計的規準に基づいて、全体が循環するように調整する統治学が採用されるに到ったとフーコーは述べる[7]。

十八世紀中葉におけるスミスとフィジオクラートによる統治術の変容とは、統治者による諸個人の活動への過剰な介入の制約を、法権利のような外在的な原理によってではなく、統治自体に組み込まれた内在的な原理によって行うことにあった。つまり、為政者の個別的な介入が許されないような、自律的市場メカニズムという「真理の場」（「政治経済学」の領域）が設定されたということである[8]。このようなフーコーの見解は、国家理性のあり方の十八世紀における変容を捉える際に、統治学という観点をとることが有用であることを教えてくれる。

ただ、フーコーは、スミスにおいて国家理性という視座が変容されつつも底流において持続することを指摘するが、スミスにおける統治の学は、国家存立という観点よりも、後述のように諸個人を社会を考察する際の基盤に据えていることから、国家理性の学とはもはや言い難いように思われる。

そのような相違はありつつも、統治の学という発想それ自体を、スミスがなぜ採用し、発展させたかという見地自体は有効であり、また研究の余地も残っている。本章では、それを主として理論的可能性の見地から考察する。スミス以前の十八世紀前半の段階において、すでに、シャルル・イレネー・カステル・ド・サン・ピエール（Saint-Pierre, Charles-Irénée Castel. abbé de, 一六五八―一七四三年）やジャン・フランソワ・ムロン（Jean François Melon, 一六七五―一七三八年）において、統治学上の革新と体系化を企図する政治理論がすでに創出されていた。サン・ピエールとムロンとスミスにみられる統治をめぐる思考を考察するにあたって、一つの文脈となるのは、マキァヴェッリ以来の征服か防衛かを巡るアポリアであり、そのアポリアに関連しての統治学のフランスにおける発展である。

第一章および第二章における叙述の時代背景となるのは、名誉革命後のフランスとのヘゲモニーをめぐる九年戦争とスペイン継承戦争という二つの大戦争（それぞれ一六八九―一六九七年及び一七〇一―一七一四年、ただし戦間期あり）の期間中における、軍事歳出の増大、それによる財政規模と国債の増大という統治の変化にいかに対応すべきかというものであった。対岸のフランスにおいても、統治・財政構造は無変化のままであった訳ではない。この二つの大戦の期間中に至って、フランスはようやく本格的に軍事革命を行うことになる。新たな兵器や、規律・募兵制度の標準化を行い、大規模な海軍を創出した。それに伴って、年間の平均軍事支出は、二つの大戦前は六五〇〇万から七〇〇〇万リーブルであったが、大戦中は一億五〇〇〇万リーブルへと激増した。ルイ十四世の治世の後半期にあたるこの期間中、増税、売官（国王への一定の支払いと引き換えに官職を手に入れる制度）の増発などの増収策により、歳入は戦前の年間約一億二〇〇〇万リーブルから、戦時期の年間一億五〇〇〇万リーブルほどにまで増加したにもかかわらず、厖大な戦費支出により財政は火の車であった。二つの戦争中、あらたに十億リーブル以上の債務を新たに抱えることになり、戦争の終わりまでに、未払いの債務残高は約六億リーブルであった[9]。

フランスにおいても、国家構造の変容が迫られていた。そのような時代背景をもとに、サン・ピエールとムロンは、各々国家の統治のあり方の考察を行った。サン・ピエールは、戦争の惨禍を前に国家を超える国家連合という展望に洞察を発展させ、ムロンは国家内における統治の目標の転換という形で洞察を発展させた。だが、二人の論者とも、時代状況への対処を考える際に、後述のマキァヴェッリのアポリアを基礎的な問題意識としていたように思われる。統治の学の誕生という文脈のみでは、サン・ピエールは脇に逸れるが、国家統治のあり方をめぐるマキァヴェッリの問題意識の継承を探究するには、取り上げる必要のある人物である。

本章ではこのアポリアをめぐる葛藤に焦点を当てる。まず、マキァヴェッリの提出したアポリアを紹介し、次にサン・ピエール、そしてムロンにおける統治学のあり方について叙述したい。

Ⅱ　マキァヴェッリによるアポリア——征服か防衛か

サン・ピエールやムロンは、それぞれの統治に関する理論を構築するにあたって、マキァヴェッリが提示した歴史的アポリアを問題意識としていたように思われる。本節では、マキァヴェッリによる、国家存立法則上のあるアポリア（難問）の提示を考察したい。

マキァヴェッリは、歴史を貫いて存在する国家の存立のための方策をめぐる二者択一として、征服とそれによる帝国化か防衛かという難問を提出する。それは、古典古代ギリシャ・ローマの興隆と衰亡の経験を同時代の国家運営に生かすというマキァヴェッリの視座を具現化した国家運営の法則としてあった。マキァヴェッリは、「新たに国家を建設しようとする者は、その国家をローマのように広大な領土と無限の国家権力へと広げていくべきなのか、あるいはまた狭小な国土にその版図を抑えておくべきかを、まず検討すべきであろう(10)」と述べ、ローマのように征服を重ねる国家類型か、スパルタやヴェネツィアのように自衛を重視し領土拡張に慎重な国家類型かの二者択一が存在するという。

まず、スパルタやヴェネツィアのような長期間平和を持続しうる専守防衛型国家建設を目指す場合に必要とされるのは、防衛を固めることに加えて、隣国に領土拡張の野心があるとみなされないために実際には領土拡張を行わないことにある。しかしながら、征服を狙わず防衛を固めることは、隣国からの領土侵略をこうむる危険性を、ある程度減らすものであるとしても、その危険性を根本的になくすものではない。したがって、征服されることを防ぐ完全な方策はないということになる。

では、ローマ型の領土拡張的国家はどうなのか。ヴェネツィア、スパルタと違い、ローマは、

> 平民には武力を与え、外国人には移住を認めて人口増大をもたらした。そこで騒動が起こるきっかけは、際限のないものとなっていった。〔中略〕内紛のもととなるものをローマが捨て去ろうとすれば、同時に大国になっていく伸張力をもなくしてしまうことになったのである。(11)

そのうえで、マキァヴェッリは、「国を建設するのにはローマの組織に範を求めるべきで、その他の国家の例はならうに値しないと私は信ずる。そのわけは、この二つのタイプの折衷的な方策があるとは思えないからだ(12)」と結論づける。

ここにマキァヴェッリが提出した、ローマ的征服型国家か、スパルタ・ヴェネツィア的防衛型国家かという二者択一を巡るアポリアが存在する。ローマ型を選択すると、自由と繁栄の恵沢は多くの人に拡張されるが、同時に征服を重ねることを要する。こうして帝国を建設できるものの、国内の政治的均衡を常に欠いた状態に

あるので、その国は短期間に衰亡するかもしれない。しかし、征服を重ねない国も、状況次第では国家崩壊へと導かれるし、征服される可能性を克服することはできない。長期間平和に暮らせる完全な選択肢は存在しない。マキァヴェッリにおいて、国家間関係は、征服するかされるかのどちらかを迫られるものとして、一方が増大すれば他方が減退するいわばゼロ・サムゲームのようなものとして考えられていた。征服か防衛かをめぐる、どちらも一長一短のあるこの二者択一からはいかなる国家も逃れることはできない。

このアポリアに関連して、アーミテイジは、マキァヴェッリによるこの問いが、帝国と自由が両立可能かどうかの問いという形で、初期近代イギリスにおいて幅広い影響を与えるにいたったと論じる。領土拡大に励む場合、イングランドはその自由な国制を失うのではないかという問題が議論された。前章で触れたように、それへの回答の一つは、イングランドは海洋国家であり、陸上の巨大な領土をもたないから、征服的拡大は行っておらず、したがって、海洋帝国を築いたとしても、自由な国制を失うことはないというものである[13]。

帝国か自由かの選択という形でのマキァヴェッリの受容は、ダヴナントについて検討する際に考察したのであるが、それは名誉革命後「自由な国制」を自称するに到り、自由が国制論上のレトリックとして最重要なものとしてあったイングランドにとりわけ当てはまるものである。

フランスにおいても、マキァヴェッリは影響を与えた。しかし、次節以降のサン・ピエールとムロンの考察により示されるように、それは帝国か自由かというイギリス的な受容ではなく、征服（帝国化）か防衛かをめぐる国家存立の格率上のアポリアとして受容された。この相違は、おそらく、いかに「自由な国制」を守るかという観点が盛んであったイギリスと違い、フランスが代議制の整っていない純然たる君主国として存在していたことに由来するように思われる。

Ⅲ　サン・ピエールの永久平和構想

まずは、サン・ピエールについて検討したい。

サン・ピエール（Saint-Pierre, Charles-Irénée Castel. abbé de, 一六五八―一七四三年）は、フランスの古い貴族の家系に生まれ、家庭教師による指導を受け、さらに、ルーアンのイエズス会の学校での六年のギリシャ・ラテン語、論理学、形而上学、数学、宗教などの幅広い学習を行った。そこで、ルネ・デカルトの科学論文へ傾倒を深める。マルブランシュ、フォントネルなどの科学者と直接に交流を行う。他方、ジャンセニスト、特にピエール・ニコルのもとに三年間週一回通い、倫理学についても関心を深めた。そこから、観察により証明された少数の原理から導いて体系を作り出すという自然科学の手法を道徳と政治の領域全体にも適用しようという意図が生じたという。一六九二年にはオルレアン公妃付きの聖職者の職位を買う。それ以後、ルイ一四世の宮廷内での政治を詳細に観察する[14]。

そこでオルレアン公との接点が生じたサン・ピエールは、ルイ一四世の死後、オルレアン公が幼い国王の摂政として実権を握る摂政政府期[15]に『ポリシノディ論[16]』を著した。各局・各部署で選挙に基づいてその長を選ぶことによるメリトクラシー的な合理的統治体系をサン・ピエールは提言した[17]。

だが、現実のポリシノディは、貴族の反対や統治機構の混乱により瓦解する。ポリシノディを主導したオルレアン公の体制末期から活動が始まったのが、知識人を多数含む高名なサロンたる「中二階クラブ club de l'Entresol」である。サン・ピエールは、自分や「中二階クラブ」の人々は、プラトンからリシュリューまで各世代が蓄積してきた「政治学 sianse［science］politique」に貢献するためにクラブに集まっていると考えていた[18]。サン・ピエール周辺の人々には、統治の現状には、なんらかの改革が必要だとの問題意識が存在したようである。その背景として考えられるのは、一つには、ルイ一四世の治世末期の、二つの大戦への対応による軍事支出と政府債務の激増という先述の現実である。戦時期間中から、サン・ピエールは、実際にその現実を何とか変えようとした。すなわち、その人脈を生かして、極めて熱心にスペイン継承戦争の停戦を訴えたし、ユトレヒト条約へと結びつく停戦交渉に関する情報を収集した[19]。ポリシノディという改革自体、戦費と債務の激増に対処することがそもそもの主眼の一つであった[20]。ポリシノディが結果として崩壊したあと、どのように改革を行うべきか、それが課題となった。

もう一つの背景として考えられるのは、フランス国内の荒廃である。直接戦争を原因としたものではないにせよ、一六九二年から一六九三年にかけては、フランスを飢饉が襲い人口の六パーセントが失われたし、一七〇九年の大寒波により約八十万人の人々が亡くなった。それらによる飢饉から救うには、旧来の主軸である教会のみでは対処しきれなくなり、中央政府が貧民救済に対してより積極的な役割を果たすようになったし、またそれが人々から求められもした。なお、戦費調達のための重税が、飢饉に拍車をかけたとも言われる[21]。財政＝軍事国家の成立という問題、あるいは飢饉という問題、いずれにせよ、戦争による惨禍がその根本にあるというように考えることも可能である。サン・ピエールは、『永久平和論』[22]において、国家連合からなる永久平和の構想を発表したことでも知られているが、それが著されたのはルイ一四世存命中の一七一二年、まさに先述の二つの問題がフランスを苦しめているさなかのことである。

ポリシノディという国内改革案に希望をつないだ時期もあったが、一七一八年のポリシノディ崩壊後、サン・ピエールは、再び元の主張である『永久平和論』を、宮廷人や外交官や知識人などのあいだで幅広く説き始めた[23]。さまざまな国内統治の改革の提言にも関わらず、国家を超える上位組織のない政治状況では、最終的には、真の平和が訪れないと考えていた。そこにおいても、国家をなくすことを主張しているわけではないが、サン・ピエールのより根本的な問題意識がうかがえる。本節では、『永久平和論』の検討を通じて、サン・ピエールが、マキァヴェッリのアポリアをどう追求したかを検討したい[24]。

戦争は、「キリスト教諸国家の境界の不幸な住人を毎日苦しめる過剰な税金、放火、暴力、殺人」という悪をひき起こすものである[25]。そこから、

> ヨーロッパの主権者と臣民に対して戦争がひき起こしたすべての悪にかなり感じ入り、この悪の最初の源にまで深く理解し、私の固有の省察により、この悪が主権と主権者の本性に付随する治癒策が完全にないものなのかどうかを探究する決心をした[26]。

こうして彼は、それまでの、国家をその最高の権力単位とする国際的秩序が、平和の維持にとっていかに不十分かを指摘する。上級権力がなく人間同士が争う状態は、サン・ピエールにおいては、財、商業の利益を巡ってのものという側面が強い。サン・ピエールによると、人間はお互いに競争するという目的で財を増やそうとしない限り、平和に物を交換し、商業の利益を享受できる。すなわち自然状態においても一定程度、交換に基づく社交・商業は可能である。しかし、お互いに競いあうために財を増やそうとするや否や、自らの利益を出来るかぎり増やそうとする。

> 彼らの欲求が活発になるに応じて、自分のほうへ自分の欲求を拡張する。そのときすべての人の精神が、正しいように自分の欲求を見せることにしか用いられなくなる。〔中略〕人が保全することを欲する商業の利益を真に

考察する人は、彼らの要求するものを意志的に譲渡する。しかし、荒々しい欲求により突き動かされる大部分の人は、商業の停止によって失われるものを十分正当には考えない。[27]

かくして、人間は、商業の真の利益を考察する理性的慎慮によってではなく、自己の欲求の不合理なまでの拡張を狙う情念によって突き動かされることになる。そして厄介なことに、その情念を持つ者同士の争いは、お互いの正当性をめぐるいさかいという形式をとることになる。それ自体非合理的な欲求は、こうして合理性の仮面をかぶり、その調和を求めることが困難になる。サン・ピエールの人間本性の観察には、一定の商業関係がもたらすところの、人間の欲求の誤用的増幅とその破滅的側面が捉えられていた。

人間同士の財を巡るいさかいを解決するためには、力か法によるしかない。だが、もし「何らかの恒久的な社会[28]」の一員でないならば、法により解決することはない。[29]

国家が何度も転覆させられたことや、華々しい主権を持つ王家 Maisons d'illustres Souverains が消滅に陥ったことを見たことがないということは、全ての民族の歴史を紐解いてもない。なぜなら、これまで戦争なくしていさかいを終わらせる手段がないからである。[30]

そして、それまで国際的平和秩序の維持のために提案されてきたのは、第一に、戦争を行っている国同士で条約を締結して、戦争を終結するという手段であった。[31] だが、条約遵守の強制に必要な上級権力が現状では不足している。[32]

第二に、勢力均衡という考え方が、国際的な平和維持のために提案されてきたが、それは、しっかりした平安、不易の平和を与えるに程遠く、すべての野心的で我慢強さもなく平穏ではない主権国家に、戦争を再開する容易さを与えるものであった[33]。事実、「この二百年のヨーロッパにおける均衡体系は、継続的な戦争で満ちている[34]」。

戦争を国家伸張の手段とする政策を、サン・ピエールは「戦争の体系 Systême de la Guerre」と名付ける。むろん、戦争の体系に彼は反対する。「戦争の体系」を採用すれば、すべての隣国は敵となるであろうし、戦争のみではなく、戦争に備えるためにも多額の出費を迫られる[35]。

「戦争の体系」は、小君主国よりも、戦争によって利益を得る確率の高い大きな君主国において特に採用されている。だが、現実の歴史において、その方針の採用により、王国存続期間が短くなったことが多い。第一に、外国との戦争により多くの国王が王座から追い出された[36]。第二に、戦争の体系を採用した国においては、内戦や陰謀をひき起こす野心という悪への防波堤がない。戦争に乗じて、国家転覆や権力奪取の野心がひき起こされるであろう。こうして、戦争がひき起こす野心により、権力闘争、ひいては国家分断が生じる[37]。

では、共和国の場合はどうか。

諸共和国は、戦争によって領土を増やすことを欲するよりも、領土を失うことの方を恐れる。なぜなら、征服は非常に高くつく獲得法だからである。戦争の費用のために、戦争に値することの約十倍も征服によって買うことを強いられる。したがって、平和を維持することは、共和国にとって、君主国以上に非常に大きな動機であり利益である[38]。

そもそも共和国は、分裂と分断を、君主国よりも恐れる。なぜなら、各市民には国制に対して自由に意見を言い、自分の党派を大きくするための陰謀を堂々と支えることができるので、各々の党派に、激しく、騒々しく、反乱的な精神が衝突することになるからである。共和国にはつねに党派が形成されており、それらの党派が強力になると、外国勢力の恐れによって団結することを強いられなくなる[39]。

ローマ人が受けていたカルタゴなどからの恐怖は、ローマ国内の分裂の危険性からローマを守っていた。しかし、カルタゴに対する、

> 勝利が非常に有益なその恐怖を消散させ、公共の効用のために、そして共通保全のために、すべての精神を団結させることをやめてからというもの、党派の分裂、対外戦争よりも国家にとって百倍も最も有害な内戦が生じたことが見られた[40]。

国家連合を形成していたならば、ローマはこのような恐ろしい害悪を防ぐ治癒策と防止策を有していたであろう。しかし、隣国から奪い、隣国の破滅によって拡大したローマは、このような大きな利点を有せなくなっていた。こうして、この高名な共和国の尋常ではない拡大は、その没落の必然的な原因となるということが起きた[41]。

したがって、サン・ピエールは、マキァヴェッリが推奨した征服型国家への道を否定する。代わりにサン・ピエールが推奨するのは、「平和の体系 Système de la Paix」である。「平和の体系」はどのように達成されるのか。サン・ピエールが提案するのは、国家連合である。ヨーロッパ各国は、お互いに合意して、ヨーロッパ連合を作り、各国から代表を出して、恒久的な元老院を建設する。各国は、それぞれの統治形態を以前と同様に維持できる。その連合の下では、それぞれの国は、武装する権利を依然として保持しているが、ヨーロッパ連

合に多額の防衛のための支出をする。[42] 紛争を解決する裁判所を主要都市に設置する。各主権国家は現在の領土で満足せねばならない。[43] 領土拡張を図る国家が出現した場合は、どうするのか。「いかなる主権国家も、ヨーロッパ社会の敵と宣言された者に対してのみ、軍隊と敵意を差し向けることとする」[44]。だが、植民の余地が十分に残っているアメリカなどでの植民活動は例外とされる。[45]

このようにして、サン・ピエールにおいては、国家連合という次元に昇華することで、マキァヴェッリ的な征服か防衛かのアポリアを揚棄することに成功した。征服型国家への道は、国家間の相互破壊をもたらすであろう。むろん、サン・ピエール自身がどこまでマキァヴェッリを読み込んでいたかは不明である。しかし、少なくとも理論的系譜という次元において考察すると、サン・ピエールにマキァヴェッリの影響があると推測することは可能である。サン・ピエールが「戦争の体系」として非難した国家の格率は、マキァヴェッリ的な征服型国家モデルそのものに他ならないように思われるからである。代わりに提起した「平和の体系」は、マキァヴェッリのアポリアを乗り越えるために提唱されたと解釈することも可能である。

加えて指摘したいのは、サン・ピエールが戦争と平和の問題を考察するにあたっての、戦争の悲惨さそれ自体のほかのもう一つの基底をなすのは、ある状態では人を引き離し、別の状態では人を結びつけるものとしての商業の力に対する認識である。先述のように、サン・ピエールの思想には、商業はそれ自体破壊的な情念を発動させるものにも、有益なものにもなりうるとの前提に立っていた。財をめぐるいさかいを調停する共通の上位者が存在しなければ、商業をめぐる争いに火が付いても収まらないであろう。国家連合を有していたなら、商人が盗賊や海賊におそれをなす必要がなくなる。商業に乏しい国家においてその利点はより感じられるであろう。[46]

商業がもたらす相互利益は、国々を結び付ける力ともなる。「その（商業の）利益は非常に現実的で大きいのみではなく、〔諸国家連合の〕合議体をつかのまの情念からより免れること」を可能にする。それは、真実の確固とした利益に目覚めさせる。

そもそも、貿易の利益は、一方が得をすれば他方が損をするたぐいのものではない。現在貿易を支配するイギリスやオランダから貿易支配力を奪わないかぎり、国家連合があったとしても、貿易の利益を現在世界貿易を支配していないフランスなどは享受できないのではないかとの意見にサン・ピエールは反論する。商業は、お互いに不足と余剰を補い合う互恵的なものである(47)。

サン・ピエールは、商業に関しては二つの立場しかないと断言する。商業を中断させる「戦争の体系」か、「平和の体系」かのどちらかのみであり、後者は諸国家にとり有益である(48)。

サン・ピエールが自らの構想を国家間関係にまで昇華しえたのは、この商業による結びつきが、現にヨーロッパ全体に及んでいることを認識しているがゆえにであった。その結びつきは、不幸なことに、貿易の利益をめぐる争いという形で、国家間の戦争を増長させもした。だが、ヨーロッパ連合の採用は、商業の網とその利益を全面化し、人々をより平和に結びつけることであろう。

Ⅳ　商業の精神と統治学

さて、本節ではジャン・フランソワ・ムロンの統治学について、その主著『商業についての政治的試論(49)』に拠りつつ検討したい(50)。本題に入る前に、まずその背景に触れたい。

ジャン・フランソワ・ムロン（Jean François Melon, 一六七五－一七三八年）は、フランスのチュールの法曹階級の家系に生まれ、将来弁護士になることを嘱望されていたが、弁護士になるためにボルドーに移ると、そこでたくさんの知識人や文士と出会い、あらゆる学問の研究、とくに財政や経済の研究に打ち込む。一七〇八年には、徴税請負・塩税などの査察官となる。ちなみに、一七一二年設立の王立ボルドー・アカデミーの常勤書記官になっている。そこでモンテスキューと交流したとも言われる。ボルドー時代にムロンが知己を得ていた貴族が、オルレアン公摂政期に財政国務会議の編成を求められたことから、ムロンはそれを手伝うことになる。一七一七年にはデュボア卿に伴われてイギリス旅行をし、知見を広める。ポリシノディの失墜後、ジョン・ローが提唱する新たな財政再建のためのプランが行われるが、ムロンはローの第一秘書となる。ローの失脚後、その事後処理も手伝ったようである。そして、一七三四年には主著『商業についての政治的試論』を発表し、第二版を一七三六年に発表する。この著書は、非常に好評だったようである。一七四〇年にはドイツ語版も出ているし、イギリスでは、一七三八年に英訳が出版されている(51)。

ムロンが『商業についての政治的試論』を著した背景は何であろうか。それは一つには、先述したフランスの軍事費・歳出・国債の増大という現実を前に、国家機構の改編が実行されたことにあろう。その第一陣たるポリシノディは、崩壊した。

その後、ジョン・ローの改革が行われる。ローのプランとは、国立銀行を設立し、銀行券を発行する。銀行券によって大量の国債の償還を図ると同時に、市中への貨幣供給を図る。銀行券による国債の償還を一方的に行えば市中に紙幣があふれ、急速なインフレをひき起こすのみなので、それを、ミシシッピ会社として知られる、西半球とアフリカの貿易独占権を与えられた「西方会社」と、東インドにおける同様の貿易独占会社(「インド会社」)への株式投資のかたちで吸収する。株式購入時に、銀行券のみではなく国債による払い込みも認めることで、国家への債権者を会社の株主に買えることも可能となる。ところが、これらの会社の株式への熱心な投資をひき起こして株価が高騰したが、挙句の果てに株価の暴落が生じ、市中にパニックをひき起こした。

このようにマイナス面が存在する一方、国債の減少、貿易の活発化などのプラス面も有するものでもあった[52]。管見では、国家を正しく導く原理はいかなるものかという問題意識が、ムロンの著作における一つの背景として存在するように思われる。

もう一つの背景として考えられるのが、一七二〇年代以降におけるフランス経済の発展である。一六九〇年から一七〇〇年代にかけて、フランスは飢饉など経済的苦境に襲われた。しかし、ローのプランの破綻にも関わらず、フランスの実体経済は一七二〇年代以降急速に発展する。一七五〇年代のフランスは、一七一〇年代のフランスとは根本的に異なっていた。非農業製造諸部門における急速な拡張と生産の増大が生じる。植民地貿易が急速に増大するのに伴い、砂糖、コーヒー、タバコなどの消費が拡大すると同時に、綿織物などの製造業も発展する。一七二〇年には二三二〇万人だった人口が、一七四〇年には二四六〇万人に、一七六〇年には二五七〇万人へと急増する。古い徒弟制から十数人の工房での生産への移行は、織物と印刷業で始まって、他の産業諸部門へと広がった[53]。

ムロンが著述をなしたのは、このようにフランス経済が急速に発展するという背景においてである。少なくとも一部はそれを理由として、ムロンにおける、マキァヴェッリのアポリアの解消という問題は、経済循環の活発化への着目、およびそのための統治の学の探究という方向性をとることになる。

ムロンは、その著作の第二版において、第一版での統治の原理についての考察を大幅に拡張させた部分を付け加えた。そこでは、自らの統治の学という構想について述べる。

古代と最近の諸帝国の進歩と衰退を調べ、そのすべての原因を突き詰めて見ることは、最良の研究であるが、最もなおざりにされているものである。諸国家は、善き法によってのみ維持されうる。もし法が悪いものであり、また必須の点を欠いているとするならば、諸国家は衰え、破壊される。それ〔悪法と善き法との違い〕を見抜けるようにすること、それは、そうであらねばならないこと〔物事の必然的なあり方〕に注意すること、そしてあらゆる可能な状況において立法の精髄を理解することである。この種類の研究は、それ自体あいまいであり、体系的秩序で十分に導かれることを知らなかったが、正しい精神を満足させ明確にする唯一のものである。我々は、ついにその重要性を理解し始めたが、それはサン・ピエール牧師の骨の折れる情熱によるのである。[54]

その改革の方向性は異なるが、ムロンが、サン・ピエールから理論的に引き継いだのは、マキァヴェッリの問題意識、すなわち、諸国家、とくにローマが興隆し衰亡した原因を調べねばならず、それに基づいて国家の統治学を構築しなければならないということである。引用前半部分は、国家の整備と統治にあたっては古代の先例を参照せよとのマキァヴェッリ『ディスコルシ』における前に引用した表現[55]とよく似ており、ムロンが、マキァヴェッリの問題設定を意識していたことをうかがわせるものである。そして、その問題意識はサン・ピエールも受け継ぐところであった。しかし、国家存立の法則を求めて、究極的には国家を超える次元の創出を構想したサン・ピエールと異なり、ムロンはあくまで国家存立の法則の探究にこだわる。

ムロンもまた、歴史に国家盛衰の法則を探ろうとする。ローマについて、「ローマは、皇帝たちの時代までは、都市というよりも野営地のようであり、その住民は、自らを統治秩序に服させ、不足しているものを平等に獲得することに従事する市民というよりも兵士であった[56]」。皇帝たちは、傭兵によってその地位に上り詰めたので、横柄な傭兵を抑えることにつねに困っており、境界について考えることも確定させようともせず、国家を統治秩序づけようともしなかった。そのようななかで人々は戦争以外に、名誉も富も獲得できなかった。時勢と規律の不足により、征服の精神が柔弱になると、初期のローマ人のように獰猛であった北方の諸民族により容易に従属させられた。以下同様のことが繰り返される。アジアもヨーロッパと同じ運命をたどる[57]。歴史上、征服をその存立の格率とする国家は、時勢とともに、征服力が衰えると、逆に征服されることになる。歴史は征服と被征服の繰り返しであった。

一国において、征服の精神 l'esprit de conquête と商業の精神 l'esprit de commerce は、互いに排除しあう。しかしながら、確実さと重要さにおいてそれに劣らず重要な別の観察を付け加えよう。すなわち、征服の精神と保存の精神 l'esprit de conservation も同様に両立しないということである。すなわち、征服国家がそうであることをやめると、とたんに征服される。しかし、商業の精神には、つねに国家の保存に必要な知恵が伴っている。平穏を守るための砦の建設する以上に境界を拡張しようとはしない。大航海に伴う危険によって勇気が維持されている。それは隣国の土地に侵略しようとする激しい野心に鼓舞されてはいない[58]。

この箇所で、ムロンがどの程度実際にマキァヴェッリを意識していたのかは不明であるが、すくなくとも理論的には、征服と被征服という歴史の繰り返しというこの観点は、ムロンが、征服か防衛かというマキァヴェッリのアポリアを意識していたことをうかがわせるものであると推測できよう。征服型国家であっても、征服することにより当面征服されることは逃れられるにしても、時が立てば征服され滅びるのであるから、国家存立のためのよき格率ではありえない。こうして、マキァヴェッリの推奨した征服型国家をムロンは拒絶する。

その代わりに持ち出したのは、サン・ピエール流の国家連合ではなく、新たなる国家発展のための格率の提唱である。それが、「商業の精神」である。マキァヴェッリのアポリアは、ムロンにおいて、商業の精神の発見という形で乗り越えられることになるのである。

商業に加えて、勢力均衡がヨーロッパにおいて成立していることもあり、

平和の精神はヨーロッパを照らし出してきた。正しい均衡が、ある権力を恐れられるほどに征服により上昇することを常に阻止するであろう。もし一時的な何らかの私利がこの幸福な調和を乱そうとしても、征服者はその境界を拡張させることをもはや望めないであろう。その危険な進歩を阻もうと、すべてが団結するであろう。一国は、その国内統治の賢明さによってしか、もはや大きくなることはできない[59]。

したがって、征服か防衛かというアポリアによって国際秩序が形成されている古典古代と、商業の精神により影響を受けた同時代ヨーロッパという時代の相違が、ムロンにとってマキァヴェッリのアポリアを克服しようとする際に重要なものであった。商業を知らず、征服以外に富を得る手段を知らなかった古典古代と違い、同時代ヨーロッパにおいては、依然として征服の精神によって阻害されているものの、商業によって富を得るという手法が広く知られるようになっている。その時代状況の相違の認識が、ムロンにおいて古典古代の征服と被征服の一連の経過の単純な反復という循環的な歴史観を克服することを理論的に可能にした。征服のみしか知らない古典古代と違い、商業という道が開かれているということである。さらに、それはサン・ピエールの提示した国際連合の不可避性というテーゼを、国際連合というプランがなくとも一定の国際秩序が保たれるメカニズムの説明に代えることにもなった。

そして、商業の精神には、ポリスの精神が伴っていた。「商業の精神とそれと不可分のものであるポリスの精神によりトルコの立法者が鼓舞されていたとすると、ヨーロッパが団結してもほとんど抵抗できなかったであろう。しかし、それがないのでトルコはおそれるにたらない[60]」。商業も政治体も人々を結び付けるものであ

るが、商業の持つ人々を結合させる力は、人々が互いに対立しあう征服の精神のもとでは実現しない。商業に交流の活発化は、征服ではなく平和を求める国家方針と不可分である。そして、ポリスの精神とは、国内統治の賢明さによる繁栄を求める精神と言えよう。

したがって、ポリスの精神とは、戦争や征服という対外攻撃による政治ではなく、国内政治（行政）による繁栄を目指す精神と考えられる。ムロンは、商業の精神の発見により、マキァヴェッリの征服か防衛かという国家理性の選択上のアポリアに代わる、新たな国家理性の原理として商業の精神とポリス（行政）の精神を提示する。サン・ピエールにおいて、力のもとに服さないと相互破壊的とされたホッブズ的な人間観に抗して、人々が相互に結びつく社交性を人間本性に見出し、それが商業と政治秩序双方において人々を結びつける力となっていることを示した。

ムロンにおいて商業の精神とポリス（行政）の精神は不可分のものとして結びついていたが、では、ポリス（行政）の精神、あるいは国内の統治学は、いかなるものとして捉えられていたのであろうか。ムロンのポリス（行政）論を考察する前に、ムロン以前にポリス（行政）論というジャンルを提唱したニコラ・ド・ラ・マール（Nicholas de la Mare, 一六三九―一七二三年）を取り上げたい。

ド・ラ・マールは、ポリスを定義する前に、ポリスという語が同時代において多義的になっていたことを指摘する。ギリシャ人「の意図では、最も秀逸な解釈によれば、ポリスの名に服従することは、公法を構成する法と、各々の都市を構成し形成している政治社会の保存のための法の執行と解され、この二つは不可分とされた」。すなわちギリシャ人において、ポリスには法と行政の双方が含まれていた。「ポリスというこの名は、ギリシャ人からローマ人へ、我々にいたるまで同じ意味で伝わっているが、ポリスには異なった形態のあらゆる統治が含まれ、多くの種類が存在するので、ポリスの名はあいまいなものとなった」。ある分類では、ポリスの語は、君主政、貴族政、民主政に分割され、別の分類では、教会のポリス、政治ポリス、軍事ポリスに分割された。プラトンは、ポリスを「都市を維持している傑出した生活、規則、法律」と定義する。アリストテレスは、同様の格率を発展させて、ポリスの名を、「都市のよき秩序と統治、人々の生活の維持、善のうちで主要で最も偉大なもの」とした。

だが、通常のもっとも限定された意味においては、各々の都市の公的秩序のためのものと解される。ポリスの語法はこの意味ですっかり定着してしまったので、絶対的にかつ脈絡なく言明されたときはすべて、この最後の意味においてしか解されていない(61)。

では、秩序の維持としてのポリスはいかなる内実を有するのか。

ポリスの固有の目的は、人間をその人生において享受しうる最も完全な幸福に導くことに存する。その人間の幸福とは、各々が知っているように、三種類の善、すなわち魂の善、肉体の善、財産と人が呼ぶ善である。第一の善が欠けると、人の精神は闇におち、その心は腐敗し、主要な義務を忘れる。第二の善が欠けると、衰弱と苦痛に委ねられる。もし第三の善が欠けると、上位者からの施しやすべての私人の助けがないと、真の休息を享受できることがまれとなる。〔中略〕魂の善に関するのは、宗教と習俗に関するすべての法である。肉体の善に関するのは、健康、生活、居住、宿泊、公道の快適さ、生活の安全と平穏を目的としたすべての法である(62)。

さらに、第三の善には、「商業、製造業、工芸」または「人が財産と名付け、それを同じ順序にある学問や自由学芸」が属しているが、商業は多くの監視を必要とする。「貪欲や利得の強欲がもたらしうる独占や高利や他の悪弊を防ぎ強制する」ために、小麦・パンの生産から職工に到るまで多くの監視と予防、配慮が必要であるとド・マールは述べる[63]。

したがって、ド・ラ・マールにおいては、ポリス（行政）論とは、為政者のための規則としてあったが、生の全般にわたって、為政者は人々を監督すべきものとされていた。

ムロンは、ド・ラ・マールのポリス（行政）論という発想を受け継いでいる。すなわち、国内行政という点において、国家にはなすべきことがあり、それは何かを述べねばならないという発想である。ただし、ド・ラ・マールにおいて、ポリス（行政）論とは、ムロンのようにポリス（行政）が規準とすべき経済社会認識に基づいたポリス（行政）論の探究という形をとらなかった。確かに、ド・ラ・マールもポリス（行政）を三分野に分類した。しかし、その内実は、国家運営が基づくべき原理の考察ではなく、古代から同時代までの具体的で詳細な行政規則の羅列・整理・分類であった。いわば、行政規則詳細集のようなものである。

そこが、ポリス（行政）のあり方についての原理的考察を行い、統治の学を提唱したムロンとの違いである。ムロンは、国家運営の原理を探究するために、統治の基づくべき科学的標準の確立を重視する。そこでムロンは、ペティが発案した政治算術を評価し[64]、目標を政治算術に基づく統治の科学の樹立においた。自らの統治学の原理を打ち立てるためには、「全ては算術に帰される。それは純粋に精神的な事柄にも拡張される。算術の最も偉大な確率が見出されうるのは、その確率のもとで、立法者や大臣や一個人が、提案や計画を拒絶したり受け入れたりすることが決定されるときである[65]」。統計的確率は、国家運営の科学的な規準を提供するが、それは、統計的規準が、社会の把握を可能にする手段でもあるからである。

幾何学の崇高さに到達しえなくても、全ての人は普通の幾何学者たりうる。すべての店の商人は、その売り物に、買ったものに比例して値段を付ける。大仲買人は、仲買取引や、遠くへの輸送や海事業の算術を行う。財政では、最も下位の行政官でさえ、収入と支出の算術を知っている。彼は、一方が増えれば他方が減ることを知っている。

〔中略〕その目的はそれほど込み入ってはいないときには、慣習で非常に迅速に計算するので、そこにある事実には気付かないであろう。かくして、決定的な原理についての明白な注意がなくとも、通常の物事を人は行っている。しかし、立法の目的においては、最も偉大な天才でさえ同時点で理解するように強いられる異なった多くの対象の全ての側面を発見は、大いに労苦を伴ってのみなしうる。彼は、人間の数の計算、仕事の数、仕事の価値、仕事を増やし価値あるものにする手段に立ち入った多くの確率から、自らの選択を決断せねばならない。なんらかのことのために、道徳的なものにも立ち入る。人々の注意と素質を向けねばならないのは、商業、信用、土地の耕作などに対してであり、その意味では、最良の算術を行う者は、最良の立法者となるであろう[66]。

ペティの『政治算術』の算術的規準という手法に学びつつ、ムロンはそれを統治の学の体系として昇華する。そこには、経済活動が数量的に表現可能なことと、社会諸現象の統計的確率は統治者により把握と統御が可能であることへの着目がみられる。その着目こそは、その統治論が生全体を監督するものとしてありまたポリス（行政）論も行政の詳細な規則集たらざるを得なかったド・ラ・マールとの相違をもたらすことを可能にしたものである。また、サン・ピエールにおいて、それ自体非合理的な欲求を増幅する無秩序的な側面を持つとされた商業は、こうして統御可能なものへと変化した。

では、具体的には、ムロンにおける統治学とはどのようなものか[67]。ムロンは、統治者の役割の第一として、生命の維持に必要なものである小麦の確保を挙げ[68]、小麦の流通の自由化、および小麦を量る尺度の共通化[69]により、小麦を余剰な所から不足している所へスムーズに流通させるべきことを説いた。

第二に、農業や製造業において進歩があるとすると、それは人口の増加からであることから、人口の増加を統治者の役割として挙げる[70]。

最後に、交換を容易にし促進する手段（＝貨幣）の円滑な流通と信用の保持を、統治者の第三の役割として挙げる[71]。貨幣鋳造権が濫用されなければ、増価は貨幣量の増加をもたらすことにより、流通と消費の増加をもたらす[72]。だが、それには、経済社会における貨幣必要量の実態に基づいた、為政者による慎重な運営が伴わねばならなかった[73]。ムロンにおいて、貨幣・商品という、それ自体留まらず流通することで用をなす経済秩序をどう統治するかという観点が存在した。

このようなムロンの構想は、次のような商業観に基づいたものであった。商業は自由と保護のみを欲する。もし穀物商品に関して自由が抑制されるとすると、他の商品にもそれが行われるであろう。商品の希少と豊富、高い安いはほんの一時的なものであり、小さな帰結しかもたらさない。このような変動は人々には有害なものではなく、勤労を促すので交易者には有益である。自由と保護では、自由よりも保護を取り去る方が、害はすくない。なぜなら、自由があると、唯一商業の力で、保護の代わりができるからである[74]。だが、この自由はムロンにおいては完全な自由放任ではない。「商業における自由は、すべての種類の商品を自由に送り受け取る取引者の慎慮なき放縦にあるはずはなく、輸出入により各市民が余剰品を不足する必需品と交換する機能を獲得しうるような商品にのみ存する[75]」。

ヨーロッパの商業社会化が国家理性の国際関係における破壊性を増幅させかねないものと捉えていたサン・ピエールと違い、また為政者による恒常的監視・監督が必要なものとしてあったド・ラ・マール的商業観とも違い、ムロンにおける商業活動は、それが数量的・確率論的に統治者に把握可能なものとしてあった。そして、それに沿って統治運営の規則とすべきことをムロンは説いた。もちろん、ムロンにおいては、フーコーの述べる調整的権力ほどに徹底的な経済秩序の自由を前提としているわけではないが、フーコーがフィジオクラートに即して述べた統治学の革新は、奇妙なことに、フーコーが言及していないムロンにおいて一定程度見出されるのである。これは一部は、ムロンがフィジオクラートの発想に大いに影響を与えたからとも言えるであろうが、同時に、フーコーの捉えたそれとは異なる統治学の革新の行われた文脈も明らかにするものである。

管見の限りでは、ムロンにおける統治学の革新は、マキァヴェッリの征服か防衛かのアポリアの克服に関わっていたと考えられる。その克服にあたって、ムロンが着目したのは、古典古代の人々は征服の精神という行動様式であったが、同時代ヨーロッパは商業の精神と平和の精神が人々の行動様式として広まりつつあるという時代の相違であった。それはまだ、のちにルソーやスミスが行ったように「未開」と「文明」というような対比的な社会観（文明社会史観）として整理されているわけではない。しかし、文明社会史観が形成される一つのきっかけを提供した。また、ムロンの研究は、文明社会史観が形成される潜在的な理由の一端に、マキァヴェッリ流の征服と防衛のアポリアがあることとの推測を可能にしてくれる。

V　おわりに

サン・ピエールが国家を超えるヨーロッパ連合を構想する前提となる状況認識は、権力のもとでの結合なき人々の相互戦争の不可避性である。それは、ホッブズの理論の国家間への発展的適応形態とも言えよう。しかし、ホッブズ自身は国家を依然として最高単位としていた。国家間関係においては、サン・ピエールの構想は、マキァヴェッリの征服か防衛かのアポリアにも強く影響されたものと言えよう。サン・ピエールには両者の影響がみられるのであるが、同時に両者にはない社会の商業化への認識がみられる。

ムロンにおいては、商業の精神という視座により、征服か防衛かというマキァヴェッリのアポリアがあてはまる状況を、征服の精神のはびこる過去として閑却することが理論的に可能になった。

スミスにおいて、「諸国民の富」を導くものとしてのポリス（行政）論という部門が重視されたのは、少なくとも一部には、おそらくマキァヴェッリ流の征服型国家モデルの拒絶に関わることであったように思われる。スミスが『国富論』第三篇において述べるのは、現実のヨーロッパ史の展開のなかで、いかに征服と戦争という暴力により、ヨーロッパ社会の発展が阻害され、遅れたのかということである。終章で述べることになるが、征服的過去か、商業の精神の時代か、このムロンの視座はスミスに継承されて、発展段階論的社会・歴史の視座に結実する。

第4章

分業と位階秩序と権力の連関をめぐって

I　はじめに

なぜ国家が必要なのか。そして、なぜ国家により人は法律を強制されねばならず、統治者に法律強制のための権力が付与されねばならないのか。このような問いは、時代や地域を超えて、ほぼ全世界において国家が存在する謎に関わるものである。そして、国家を正当化されるためのさまざまな試みが古今東西なされてきた。しかし、国家を国家たらしめるのに必要な強制権を持った権力をそれ自体として露骨に考察することは、何がしか嫌悪感と衝撃を与えるかもしれないものであり、古今東西国家が存在する限りにおいてなされてきたとは言えないかもしれない。このような権力がなぜ必要なのかという露骨な観点からの国家論をなし、おそらくそれゆえに衝撃を与えたのがトマス・ホッブズであった。

スミスの『国富論』は、経済学の書であると同時に、第三章冒頭で述べたように、統治の一般的原理の探究の書でもあった。そしてその統治の原理の探究[1]は、全体として、自然法学の一部をなしていた[2]。スミスが統治を学問的対象として追求したのはいったいなぜなのか、そのことに迫るためには、ホッブズの権力論の衝撃を考察する必要がある。その衝撃は、統治と位観秩序と道徳論との古代・中世以来の理論的複合体への打撃ゆえにである。なかんずく重要なのは、分業論は、この複合体との関連抜きには、正確に把握できないということである。それが、本章の問題設定である。

本章における自然法学史の叙述は、レオ・シュトラウスやクヌート・ホーコンセンのともシュナイウィンドのとも異なって[3]、共通善（皆の共通の目標）はいかにして達成されるかという問題意識への各思想家の取り組み方を追うことを軸としている。ホッブズが同時代に衝撃を与えたことはよく知られているが、シュトラウスからホーコンセンに至る自然権の系譜史の探究でも、シュナイウィンド的な主意主義と主知主義の葛藤の思想史的研究でも、ホッブズは通過点的人物とみなされてしまい、ホッブズがなぜ衝撃を与えたのかは捉えきれないように思われる。古代・中世を通じて統治の目標として扱われた共通善であるが、その所在をホッブズがどう問い直したのかという観点から眺めると、ホッブズがなぜ衝撃を与えたかがよりよく理解できるであろう。

ホッブズの突きつけた難問を、その後の自然法学者、すなわちザミュエル・フォン・プーフェンドルフ、ガーショム・カーマイケル、フランシス・ハチスンがそれぞれ探求した。まず、ホッブズ以前における位階的秩序観を簡単に振り返ったのちに、ホッブズによる難問の提示を、次に、そのプーフェンドルフへの影響を、さらに、スコットランドにおけるさらなる自然法学の展開を、そしてハチスンを、最後にスミスについて検討したい。

II　プラトン以来の分業論と位階秩序

本節ではホッブズ以前の位階秩序的人間観およびその統治と分業との連関の了解図式に簡単に触れておきたい。

まず、プラトンを取り上げる。プラトンにも分業論があり、それは中世を経て、ハチスンにも流れ込む。プラトンの分業論はポリスがなぜ必要かを、ポリス成立に必要な成員の分析からなす段に著されている。

「ではどうだろう――一人で多くの仕事をする場合と、一人が一つの仕事だけをする場合と、どちらがうまく行くだろうか?」

「一人が一つの仕事だけをする場合です」

〔中略〕「それぞれの仕事は、一人の人間が自然本来の素質に合った一つのことを、正しい時機に、他のさまざまなことから解放されて行う場合にこそ、より多く、より立派に、より容易になされるということになる(4)」。

このように、分業一般の必要性に触れた上で、プラトンはより具体的に、ポリスに必要な成員を論じる。ただし、この場合のポリスとは、国家機構や官僚がない、人々が集まって自ら政治決定と運営をなし、相互扶助する自足的な共同体を含意していることに注意が必要である。ポリスとは政治空間でもあれば経済空間でもあった。プラトンは、人間が衣食住を必要とすることが、ポリス形成の要因であるとし、「国内で生産するものは、自分たちに充分であるだけではなく、必要なものを供給してもらいたいその相手の人々の需要をも、種類の点でも量の点でも、満たさなければならない」のであり、また「市場に腰を落ち着けて売買のための世話をする人々」が必要なことも認める。[5] しかしながら、「牧畜や農耕に充分なだけの土地を確保しようとするならば、隣国の人々の土地の一部を切り取って自分のものとしなければならない」のであり、戦争が必然となり、戦士が必要となる。[6]

このようにして、生活必需品の提供に携わる「金儲けを仕事とする種族」、勇気という徳による卓越により戦争を行う種族、さらに、全体を配慮する知恵という徳や気概の徳による「守護者の種族」の三者が国家には必要であるとプラトンは論じる。「三つある種族の間の余計な手出しや相互への転換は、国家にとって最大の害悪であり、まさに最も大きな悪行で」あり、不正である。対して、それぞれの種族が、「自己本来の仕事を守って行う場合、このような本務への専心は、さきとは反対のものであるから、〈正義〉にほかならないことに」なる。[7]

プラトンにとって、分業とは、人間の能力的・質的差異に基づく。より高度な徳を有する者が下位の徳しか有せない者を支配することによって国家の秩序は維持されるべきものであり、下位の者が上位の者と立場を入れ替わることは、下位の徳が上位の徳と入れ替わるという道徳的観点から認められないものなのであった。このようにプラトンにおいて、道徳論は分業論と結びつき、分業論は位階秩序肯定論と結びついていた。

では、アリストテレスの場合はどうなのか。注意しておかなければならないのは、公共の利益か私的利益かという「利益」の対立のみならず、古代から中世にかけては、「善」の追求をめぐる対立として道徳は思考されていたということである。アリストテレスにおいて、善とは、あらゆるものが目指すものとして、すなわち人々が一般に行動の目的や欲求の対象として設定していることとして定義されていた。アリストテレスにおける善とは、単に道徳的な含意のみではない。善は、外的善（財産、権力など）、身体善（健康、身体の美しさなど）、魂の善（節制、知恵、勇気などの徳）に区分して考えられている。それはプラトンの区分を継受したものである。[8]それぞれの善を追求する者は、それぞれ先述の三つの種族を構成する。何を追求するかによって、人は本性的差異が生じる。

統治が共通善を実現していることが正しい統治とアリストテレスはみなしている。[9]アリストテレスは、統治者の利益を追求する政治になると、国制は堕落した形態を取るが、そのような変化をひき起こすもとになるのは、どこでも価値の平等に基づく権力配分が損なわれるときであると述べる。その上で、共通善の実現につながる価値の平等（生まれのよさと徳）は少数の人しか持たないので共通善を具現した正しい国制は実際にはまれであり、数の平等による支配、すなわち富の多数による支配である寡頭制と、人数の多数による支配である民主制が現実には多く生ずると主張する。[10]しかし、統治の目標を共通善に求め、個人の利害よりも共通善を優先する人が理想の支配者である。そして、自然的卓越性を有する者が自然と共通善を体現する形で統治するようになることを前提としていた。

アウグスティヌスは、理性ある人間同士が支配したり支配されたりするのは人間の原罪による堕落の結果であり、国家とは堕落から帰結する人間の宿命であると主張する。[11]

これらの諸見解を統合しようとしたのが、トマス・アクィナスであった。アクィナスはまず、国家にとって必要な共通善とは何かを論じて、各個人の行動・意志の目標である私的善と、国家共同体に共通する目標としての共通善は、本来一致するものではないからこそ、誰か共通善に配慮する者が国家において必要と主張する。[12]なぜならば、「もし集団の社会のなかで生活することが人間にとって自然的なことであるのならば、人間たちの間に、かれら集団を統治する何らかの手段が存在するのが当然のことになる。というのも多くの人間たちが共にいて、そのおのおのが自分たちの利益だけを求めるようなところでは、もし集団の共通善に属することについて配慮する者が存在しなかったとしたら、その集団は壊れ、バラバラになってしまうだろうからである」[13]。

アクィナスは、「支配 dominium」には二種類あることを指摘する。支配者が共通善を指向することで人々を支配するのは、相互に共通の善のために相手を支配しているのであり、人間の原罪以前の無垢の状態 status innocentiae（神与の人間本性）にも存在した。アウグスティヌスの言う人間の堕落の帰結としての国家とは、人間の原罪以降に存在するようになったもので、支配する当の相手を、支配者自身の利害と結び付けている状態の国家である。前者の無垢の状態にも存在する国家では、自己のために存在するものである自由人として人々を支配している。原罪以降に存在する国家は、他者のために存在するものである奴僕として人々を支配している[14]。

人間には共通善を指向できる人と私的善の領域に引きこもる人に分かれるという位階的人間観から、前者による支配の正統性を導き出したがゆえに、アクィナスは私的善と共通善の矛盾を避け得たのであった。このように、分業論と位階秩序は理論的に結びついていた。

Ⅲ　統治をめぐる困難

ホッブズという人物は衝撃を与え、多くの人の批判を招いた。批判者の中には、プーフェンドルフ、ハチスンら次節以降取り上げる自然法思想家がいる。しかし、衝撃をそれだけ与えたからには、何か衝撃を与えた要素があるのは確かであろう。ホッブズの国家論については非常に良く知られているので、ここでは、その衝撃の部分の分析に留めたい。

ホッブズは、自然状態において、人間の能力が平等であるという、それまでの位階秩序肯定論の理論的前提の否定を出発点とする。ところが人間のこの能力的平等から、目標実現の可能性への希望の平等が生じ、お互いに自分の目標を優先させようとすることになるので、利得や安全を求めて争いが生じる。ただ、人間は利害のためだけに争うわけではない[15]。「いかに多数の人々が so great a Multitude あっても、もし、彼らの諸行為が、かれらの個別的な判断、個別的な欲求に応じてみちびかれるならば、かれらはそのこと〔多数であること〕によって、共通の敵に対しても、相互の侵害に対しても、なんの防衛も保護も期待しえない。その訳は、かれらが、自分たちの強さの最善の利用と適用に関する意見において、混乱しているために、たがいに助けあわないで妨げあうからであり、そして、相互の対抗によって、かれらの強さを無にしてしまうからである[16]」。自然状態において争いが生じるのは、単なる利害をめぐる対立によってのみではなく、何が目標かについての意見の相違によっても争いは生じると指摘しているのである。そもそも、蜂や蟻において、「共通の善 Common good は私的なそれ the Private と、ちがっていない」のに対して、人間は共通善と私的善（個人にとっての行動の目標）の間に相違がある[17]。蜂や蟻は斉一的な欲求と目標を持っており、本能に導かれても調和は保たれる。ところが人間は、お互いに異なった欲求や目標を持ち、そもそも私的善が斉一的ではない。そこから、共通の目標についての見解の不一致が生じる。

したがって、各人の善の考え方の相違は争いのもとであり、しかも皆平等に目標を追求できるという前提下では、自然と一致させることはできない以上、善についてあるあり方を決定し強制できる権力をもつ統治者がいないと調停不可能なものであるとホッブズは主張することになる[18]。そもそも、善とは単に道徳的なもののみに関わる概念ではない。ホッブズは、「だれかの欲求または意欲の対象は、どんなものであっても、それがかれ自身としては善とよぶものである」と定義づける[19]。それを踏まえつつホッブズの所説を解釈すると、各人の善についての考え方の相違、各人が共通の目的として追求すべきと考えていることについての相違から発生する相互のいさかいを防ぐために、社会契約を結び、国家状態に入る。その際、人々の善とは何かの意見の相違からくる不和を防ぐには、一人の人物であれ一つの合議体であれ一者の考える特定の善でそれによる命令に服従することが不可欠となる。

人間の目標の自然的不一致から為政者やあるいは何らかの一者が、みんなの意見と善を強制せずに一致させたり、体現したりすることもできない。各々の善が一致することも、一つの目的・意見へと強制力なく代理 representation されることも本来不能であるという根本的現実からホッブズは出発した。何が正しいか、何を追求すべきかを皆が一致させることは不可能である以上、それらは一方的に為政者が決定し、人々に強制せねばならない。人間はそれぞれ個々別々の目的を追求し活動しているという、価値観の多様性を含意するこの一見すると近代的な出発点の論理的帰結は、個々人の目標と価値観が調和することの不可能性である。

ここで注意しておきたいのは、クエンティン・スキナーが明らかにしたことであるが、ホッブズにおいて、一者への自然権の代理委託という発想は、『リヴァイアサン』以前の著作にはみられなかったということである。『リヴァイアサン』以前には、一者への代理という発想はなく、自然権を各人が断念することが、統治体設立の前提であった。ところが転機が訪れる。一六四〇年代の国王のいない共和制期における国家のあり方をめぐる論争のなかから、国家とは人民総体を代理したものであるとの考えが登場する。そのような考えは、人民主権論につながるものであり、ホッブズには受け入れがたかった。ホッブズはそのような意見に反論するなかから、国家における権力とは、人民総体を代理した政治権力を有する議会に存するものであり、人民それ自体に存するものではないと主張した。人民主権論が理論的に内包する政府への抵抗の正当化を警戒したのである。為政者への政治的権限の代理という発想は、『リヴァイアサン』において初めて現れるものであるとスキナーは主張する。そして代理という発想の選択は、自然権を放棄しなくとも、統治体が成立しうる道を理論的に切り開くことにもつながった[20]。スキナーのこの主張を認めた上で筆者が付け加えたいのは、議会への代理にしても、それが各人の私的善と共通善についての見解一致するように代理されたものではないことも前提となっている。議会における人々の意見の代理において、いったん代議士が選ばれると、政治的権限は代議士に移るとされ、人民総体の意見の一致に基づいて政治が行われることをホッブズは前提としていない。

ホッブズの社会契約という契機では、各人の自己保存を図るために政治共同体を作ることに人々は同意したのだとされており、ホッブズ理論には、各人の善について一致できる契機も存在する。しかし、その一致できる契機とは、死への恐怖という極限状態にのみ可能である。逆に言えば、死への恐怖という極限にでも陥らない限り、皆が意見を一致させることは不可能であることを、ホッブズは前提としていた。それ以外の通常の統治の営為において、為政者による強制がないと、各人の私的善が常に一致することはそもそも不可能である。ホッブズにおいて、統治性とは、一人一人の個人の意見・善の一致不可能性というアポリアに基づいたものであった[21]。

プラトン、アリストテレス、アクィナス同様、ホッブズとほぼ同時代のグロティウスにおいても、私的善・共通善の自然的一致不可能性は矛盾としてあらわれない。友人や兄弟のような平等的社会もあるが、不平等な個人からなる社会もある。後者は、一部の個人の能力の卓越という能力的差異を前提とするものであり、統治者と被治者の関係がそれに当てはまる[22]。すなわち、能力的・質的に卓越した者が自然と統治者となり、それ以外の者は自然と服従するようになるというのである。

それらの思想家が共通して理論的に基礎としていた、人間の自然的能力不平等という理論的前提を否定したのがホッブズであるが、それは、アリストテレスからアクィナスにいたる、私的善を共通善へと一致させる理論的道筋が断たれることに結びついた。そこにホッブズの衝撃の理論的前提があるように思われる。個人の目標は多様であり自然的に一致しない。ホッブズにおける人間の能力的平等は、自然的に出現する共通善を体現した統治者と被治者という位階的秩序観を根底から否定するものであった。自ずと共通善を体現した統治者が不可能であるがゆえに、統治とは統治者の考える共通善の強制としてあらざるを得ない。統治者と被治者の分業体制は、それが位階秩序論的な能力的不平等という契機を捨て去ると、道徳論の外皮が脱がされ、むきだしの権力論となる。

Ⅳ　社交性の原理

ホッブズの人間の目標の一致不可能性という立論に対して、プーフェンドルフ[23]が持ち出したのが、人間の自然的社交性である。ただし、人間の目標の一致不可能性という理論的根本そのものではなく、利益を求める存在へと人間本性を矮小化させている。この社交性原理こそが、のちの分業論発展の基礎となったものである。人間は、人間以外の被造物と同じように、自己保存の欲求を有しているが、そのことが即万人の万人に対する闘争につながるわけではない。人は、相互扶助をなす。というのも、「自らの時間と力でほとんどの有用で必要なものを獲得することができないという限りにおいて、隣人の仕事と供給を恒常的に必要とするのである[24]」。人間は結婚し、家族を築き、やがて諸家族が交流する[25]。したがって、人間には、孤立ではなく他者と社会を求める自然的社交性が備わっている。人間の利己性は、自己保存のために相互扶助を求めるのである。

だが、人間には自然的社交性があるということからは逆説的なことに、必ずしも人間の欲求と必要のみが国家成立の原因となる訳ではないことが帰結する。多くの土地と家畜を持つ家長を想像してみよ。国を超えた輸出入を考えてみよ。国家のもとにあった、多くの時代において、国家なき古代の家長よりも豊富さにおいて劣った条件に住んでいたことは現実にあった。したがって、利益や豊かさを求めることが、国家の原因ではない。

「なぜ家長は自らの自然的自由をあきらめることと、国家を設立することに同意したのかについての真の主要な原因は、ある人が他の人から持続してその危機にさらされているような加害から自衛するためである」[26]。

すなわち、国家成立の原因は、自然の性向によってではなく、人間本性の堕落によってのことである。人間は、飢餓や渇望のような獣も有する自己保存欲求のみではなく、獣のもたぬ情念や悪徳、ぜいたくや野心のような有害な悪徳をも追い求める[27]。

人間には自然的社交性も存在するが、それは人間のあるべき本性という規範としてあるのであって、現実には腐敗し堕落した本性も存在する[28]。人間本性を、神から与えられた「本来の」(あるべき)本性(社交性が属する)と、堕落した本性(神与ではない、肉的・物質的部分と交じりあうことによる本性。情念や欲求)にプーフェンドルフは区分する。人間には社交的本性が存在するものの、そこから堕ちた欲求と情念も存在する。「人間は衣服の必要性を、虚栄と名誉の機会に変えた」[29]。すなわち、人間は自己保存に必要となる以上のものを求めて止まない。本来の人間本性と堕落した人間本性という区別は、アクィナス的な無垢の状態における人間本性と原罪以降の堕落した人間本性という二元論(人間本性論)の変種ともみなしうる。

人間が相互交換によって利益で結びつくという社交性は、それ自体では十分ではなく、自己の利益という次元を超えた国家の為政者による統率を必要とするという位階的秩序観が、おそらくプーフェンドルフの立論の背景である。プーフェンドルフは、人間の相互扶助という次元においての社交性と分業の必要性を把握していたにもかかわらず、ホッブズを理論的に反駁するために、プラトンに淵源を有するアクィナス的な神学的・位階的人間観に立ち戻ったとも推測しうる。

人間の自己保存欲求から財や必要を満たすための相互扶助が自ずと求められるとして、人間の自然的社交性を認めることで、ホッブズの人間本性論へ反論した。しかしながら、その反論は、人間の目標の不一致というホッブズの根源的立場そのものではなく、利益を求めて相互扶助し、人間は、過剰な利益追求や過剰な情念と欲求により、相互に破壊的になるという、利益を求めて助け争うという次元の議論を矮小化することに基づいていた。その過剰な利益願望こそが、国家を必要とさせるとし、人間の合意不能性ゆえに統治による強制が必要になるというホッブズの統治性のアポリアを部分的には解消しつつも根源的には継受しているように思われる。

V　スコットランドにおける自然法学の受容

プーフェンドルフの自然法学のテキストは、ヨーロッパの各地の大学で教科書として採用されるが、それはスコットランドにおいても当てはまる。スコットランドにおいて、その発展がなされた。

カーマイケル（Gershom Carmichael, 1672–1729）[30]は、グラスゴー大学初代道徳哲学講座教授として、プーフェンドルフを教科書として用い、それに注釈を加えた。なお、その教授職は、ハチスン、スミスへと引き継がれるが、プーフェンドルフを重視する姿勢も同時に引き継がれた。

カーマイケルは、プーフェンドルフに基本的に従っているのであるが、しかし、重要な例外もある。その例外は、ゴットフリート・ヴィルヘルム・ライプニッツによるプーフェンドルフ批判に関連している。自然法学の領域と神学の領域の峻別をプーフェンドルフが唱えたことに対して[31]、ライプニッツは、人間の正義感の源泉をあの世の救いへの期待と罰への恐怖という絶対的根拠から引き出すことを止めれば、正義は不安定なものになるであろうと批判した。このライプニッツのプーフェンドルフ批判をカーマイケルは受け入れている[32]。自然法における正義の根拠を神に求める発想は、ハチスンにおいても受け継がれることになる。

法律が上位者の命令であるとしたホッブズとプーフェンドルフの考えについて、カーマイケルは、それが自然法と実定法、社会契約の際の同意などに制約されていることを強調した[33]。また、抵抗権について積極的に言及せず為政者への服従を重視したプーフェンドルフに抗し、ロックに同調して、自然権を侵害した場合には、抵抗する権利があると述べた[34]。にもかかわらず、

主権権力は実際市民の同意に由来しているが、いったんその権力が委譲されると、主権権力により、それが委譲された人物は、個人としてのみならず全体としての残りの市民に対して真に上位にあるものとなされる。したがって、上位者として、主権者の行為は、いかなる者によっても無効となされ得ない[35]。

とも述べる。このように主権者への権力移譲の絶対性という制約付きながらも、抵抗権の強調という論点において、カーマイケルは為政者の政治が間違ったものに陥りやすいことも認識していた。

これには、権力乱用と悪政の可能性というジャン・バルベラックの論点を認識していたことが背景として考えられる。バルベラックは、プーフェンドルフの『自然法と万民法』に、序文と詳細な注を付した仏語訳者として十八世紀にはよく知られた人物であり、カーマイケルと手紙のやりとりもしていた。また、スミスも『自然法と万民法』のバルベラック版仏語訳を有していた。

プーフェンドルフ『自然法と万民法』において、自然状態の不都合さを描いたホッブズ説をプーフェンドルフが肯定した箇所に付した注において、バルベラックは、自然状態よりも国家下にあることが必ずしも常に望ましいわけではないが、それは、為政者が

法律を免れる道を容易に見出す。というのも、情念が最大に激しており、それが社会にとって最大に有害なやり方で支配している人とは、矛盾なく、権威ある人々であり、そのようなことは自然状態においては一例も見出しえない[36]。

というように、悪しき為政者がたびたび登場するからであるとした。政治状態と自然状態では、政治状態の方が幸福であろうが、それはよく統治されていることが前提である。というのも、「権力の乱用から戦争、惨事、悪徳が現れ、それらは自然状態においては免れているからである[37]」。

権力が濫用されればかえって社会秩序が破壊されるとバルベラックは批判することで、ホッブズとプーフェンドルフの統治理論にひそむ困難さを鋭利に暴いた。バルベラックが指摘したこれらの論点を受容することで、カーマイケルは、プーフェンドルフの自然状態論の修正をしたし、プーフェンドルフよりも為政者の統治権力の法的・道徳的制約を強調し、悪い為政者が現れたときの抵抗権の強調という方向性を取ることにもなった。カーマイケルは、ロックを援用しての抵抗権の強調に権力の濫用への抑制策を見出していた。しかし、理論的には、それはあくまで非常時のものであり、為政者の意志の強制としての権力と統治性の本質についてのホッブズ理論の核心自体を変更するものではなかった。

Ⅵ　分業論にひそむ位階秩序的含意

カーマイケルの後任の教授であり、自然法学をスミスにも教え[38]、かつプーフェンドルフの社交性概念を変容発展させたのは（その内には特筆すべき分業論も含まれる）、ハチスンであった。

ハチスンは、社交性について検討し直している。その際、プーフェンドルフらの社交性が前提とする人間本性は利己主義であると主張する。「というのも、自己愛のみが、すなわち自らの私的快楽や有利さに対する各人の欲求が、すべての行動の源泉で」あり、社会を人間にとって自然的なものとしたのも、快や事物を得、人間の悪から逃れるために他人の助けを必要とするためであるので、プーフェンドルフらの社交性原理は、利己的な人間観を前提としているとハチスンは批判する。[39] 加えてハチスンは、人間本性には、快楽や利益に迫られたものとしてではなく、賞賛や名誉や仲間のような精神的満足を求める社交性が存在すると主張する。[40]

自然状態とは神によって与えられた人間の善良な本性による状態であり、社交性や道徳感覚のような神与の本性は、その神与の本来望ましき自然状態において存在するものであり、下級の肉的欲求を支配するものとしてある。[41] では、通常用いられている、政治状態と反対の状態としての自然状態はなんと呼ばれるべきか。それは、「人間統治から自由な状態 state of liberty from human government」と呼ばれるべきである。[42]

にもかかわらず、ハチスンは必要性に基づく人間の社交性と相互扶助を無視した訳ではない。人間の本源的社交性が、現実社会にも一定程度働いていることを説明するために、人間相互の扶助に言及する。そもそも、神が与えた我々の本性の中には自然的欲求と感覚の満足も含まれている。[43] 人間本性には、社会適合的な利己性が存在する。[44]

第一に、衣食住に必要なもの「多大な職工と労働、我々の同胞の友好的な助けなしには手に入れられない」ものである。

例えば二十人といった所与の人数の労働の生産物は、生活の必需品や便宜品を生産するのに、仮に二十人のうちの各々が、十分な技巧なく自らの生存に必要なさまざまな労働すべてをかわるがわる自分でなすときよりも、一人の人に一種類の特定の種類の労働を割り当て、別の人に別の種類の仕事を割り当てることによることの方が、技術と技巧をすぐさま獲得することになるので、よほど大量であろう。後者の手法では、各々が大量の一種類の財を獲得し、その一部分を彼が必要とする他者の労働によって得られた財と交換することができる。ある人は耕作に熟達し、別の人は牧畜と牛の繁殖に、第三の人は石工に、第四の人は狩猟に、第五の人は鉄工作に、第六の人は機織の技術に等、残りの人すべてに到るまで熟達するのである。したがって、完全な専門家の作品との交換という手段によって、すべてが供給されるのである[45]。

分業により生産性は向上し、社会は物質的豊かさを獲得する。

この一見するとスミスに近似する分業論は、スミスとは異なる道徳的制約下にある。すなわち、人間の利己心が理性の管理の下に置かれるという制約下においてのみ良きものである。「我々の習俗への主要な危機は、公共の利益に関わる我々の本性のより良き部分〔理性〕の制約をたびたび破る、我々の利己的な欲求と情念の暴走から生じる[46]」。そのための処方せんとしては、「正義を維持し加害者への実際の罰を課す十分な実力を有する政治権力 civil power ほどに実効的なものは、他にありえない[47]」。

ここから言えることは、ハチスンの分業論は、明示的ではないにせよ、根底においては、理性的部分＝統治者によるそれ以外の部分の管理という、プラトンに淵源を有する秩序観を変容させつつも残存させていたということである。相互に必要なものを交換しあうという意味での社交性と分業は、それ自体では、「利己的な欲求と情念の暴走」への歯止めとならず、国家という「理性の制約」を課す部分が必要である。すなわち、私的善のみの追求ではなく、共通善を追求する部分が必要であるという道徳論から、人間能力の自然的差異に至り、分業論が潜在的には位階秩序肯定論に至るという点において、プラトンに淵源を有し中世に大成された神学的位階秩序観の視座の残存がハチスンには見られるということである。

それはホッブズによって否定されたはずであるが、ハチスンは社交性と分業論を深めるなかで、それをひそかに復活させている。ハチスンの分業論は、スミスの分業論と、それがいかに機能するかという点で大きく異なっている。スミスの分業論それ自体は、位階秩序肯定論として書かれたものではないからである（その点は九章で言及する）。

しかも、国家なき状態での各人の正義の実行は、復讐の連鎖を招来する可能性があるので、国家なき状態は人間にとって不十分であり、為政者の考える正義の命令への従属の強制を伴う国家が通常の人間には必要とされており[48]、ハチスンは、ホッブズを引き継いで、自然状態から国家へというラインを維持させていた。他方で自然状態においても社交性がありうること（それは卓抜した分業論へと結びつく）を強調していた。両者は理論的に矛盾するものである。それが矛盾として露呈しないのは、ハチスンが社交性を神に由来する人間本性と考え、原罪以降の堕落した人間にはやはり国家は必要なのだというアウグスティヌス的な神学的世界観を持続させたからであろう。ここにみられるのは、人間の能力的平等というホッブズの根本的立場なき、ホッブズ的社会契約説と、神学的世界観の奇妙な混合である。近代への歩みは一直線ではなく行きつ戻りつ進んでいく。

Ⅶ　統治の難問の解決の困難さ

このように、ホッブズからハチスンまで自然法学の展開をたどってきたことによって明らかとなったのは、ホッブズの難問がいかに厄介な問いだったかということである。スミスにおいても、一者による権力の集中としての国家というヴィジョンは依然として持続しているのであるから（その点は終章で述べる）、スミスはホッブズ主義を克服できなかったといえる。スミスは、しかし、ホッブズ主義をめぐる難問を、ある一定の部分で解決する（厳密に言えば逸らす）。それが、スミスの統治学であり、経済学である。ホッブズ主義の難点は、自然法学自体がパラダイムとして抱える問題でもあった。すなわち、統治者と被統治者からなるという秩序観、そして、統治が正当か否かという観点からしか社会秩序を見つめられないという点である。

そのパラダイムの限界を破るためには、統治が前提とする空間が発見されなければならなかった。人と人はお互いに関係を切り結び交流する。それは国家という枠組みとは相対的に独立した経済社会という営みにそれは当てはまる。為政者を一端媒介せねばならない政治社会という人と人との結びつきとは別の、個人と個人の経済行為による結びつきの空間が、こうして、統治の原理の考察に充てられるはずの『国富論』の論考の対象となる。完全な政府を期待するケネーの統治観をスミスは批判し、政府が時として誤りに陥ろうが、「各人が自分の状態を改善しようとして絶えず行っている自然の努力が、政治体においては、ある程度不公平で抑圧的な経済政策の悪結果を、多くの点で防止し是正しうる健康保持管理だということを、彼は考慮しなかったようである」[49]。経済は、政治とは区別される独自の社会過程をもつ。それは、四段階論という、固有の歴史的発展過程をもつ。政治社会の存在を前提にしつつも、それとは区別された経済社会では、一致不可能・代理不可能なる善を何者かによって強制的に統御される必要はない。カーマイケルやハチスンにおいて、統治とは、統治者の善を前提とし、悪政のような、為政者が人々の政治への期待を体現しているという前提がくずれると抵抗権という統治自体の転倒を要するがゆえに現実には困難である選択を迫られる。

スミスにおける特色は、それ自体目新しさのないそれまでの自然法学者も肯定したであろう統治者の役割（所有権の保護、司法、公共事業）を、ポリス（行政）論において、国家による全面的統御が行われなくとも、経済社会では私的善同士の交流（商業）のなかで、意図せざる結果として社会的効用（共通善）が実現されることを説いたことにあった。私的善・共通善の一致不可能性をめぐる逆説が当てはまらない領域（経済社会）は、為政者の悪によってむろん影響をこうむるものの、必ずしも為政者の善を前提とせずとも、独自の発展法則を有するものであった。いわば、統治の誤謬可能性を前提とした理論である。むろん、政治社会においては、私的善は統合不可能でありゆえに統治者による意志の強制が不可欠であるとするホッブズの逆説を、スミスは完全に乗り越えたのではない。社会の空間の発見にもかかわらず、政治という空間自体に存在するある強制性、意志の一者による自然的体現の不可能性は理論的に解消されていないからである。スミスが北米植民地人についてその例外的に達成した共和主義的自治を称揚していることから、[50]逆に、大多数の現実のヨーロッパ文明社会の統治は、人々の公共への参与としての自治からはほど遠く、世襲の君主・貴族支配（それはたびたび恣意的で抑圧的たりうるものであった）によっており、望ましき政治など理想にすぎないような現実をスミスは踏まえているように思われるのである。

そして、スミスの分業は、政治社会の原理から離れ、経済社会の空間の原理となるがゆえに、位階秩序論との連関を離れ、経済力という量的差異こそあれ、能力的平等を原理としえたのであった。

Ⅷ　おわりに

スミスの分業論は、ハチスンの社交性・分業論から少なくとも部分的には影響を受けているのであろう。しかし、ハチスンのような神学的世界観（神与の自然本性と堕落した人間本性の二元論）の系譜を拒絶すると、ホッブズの難問はその難問としての性質をあらわにする。下手をすれば専制の肯定になりかねない。

スミスが危うい橋を渡りながらも、なんとか専制の肯定に陥らなかったのは、ひとつには『道徳感情論』において、正邪や正義というものが、為政者が一方的に決定するもの以外にも、同感原理を通じて人々の間で暗黙の同意が成立していることの観察があった。スミスが、その危うい橋から落ちなかったことのもう一つの理由は、スミスが、非統治―統治という政治的過程とは区分されるものとして、物質的富の生産方法によって区分された経済社会という過程を見出していたからである。人と人が結びつく空間は、政治社会のみではない。たしかに国家というのも人と人を結びつける重要な空間である。しかし、スミス以前の自然法学者の陥った陥穽は、ホッブズ主義克服のために社交性原理を発展させておきながら、結果としてそれらを政治社会という人と人の結びつきの空間の説明へと収斂させてしまったことにあった。人と人は、自分の経済利益を追求するなかで、交換を通じて他人と関係を切り結び、一つの循環を作り出す。この、政治社会とは区別される人と人の結びつきの空間の、相対的な自立性を見出したことこそ、スミスのホッブズの難問に対する一つの答えであった。分業論も、スミスにおいては、それ以前の位階秩序肯定のために機能させていた用い方とは異なった用い方がなされている。経済社会における分業とは、個が個として自律的に判断し対等に結びつく原理としてある。その結びつきは、売買の場である市場を通じてなされる。なるほど、プラトンにおいてすでに売買の場としての「市場《いちば》」は論じられていた。それがスミスの「市場《しじょう》」となるのは、意見の不一致をめぐる困難への認識を経てのことである。お互いに異なっており、異なる職と生産にたずさわりながら、その異なりは、無秩序につながるのではなく、お互いに自分が持っていないものを補い交換することへと導く。市場において、異なることこそが原動力である。その点が、法という形で斉一性を要求する統治空間とのちがいである。

ただし、国家という人間相互の結合の空間においては、ホッブズの難問は克服された訳ではなかった。

そもそも、スミスにおいては、経済社会とは、全体を統括する視座が不在であっても、個が個の視野と意向に留まっていても可能な社会論である。この一見すると近代的な個人主義は、国家のもとでの諸個人の完全な平等という意味で「近代的」なわけではない。「それぞれの独立国家は、おおくのちがった階層と社会に分割されていて、そのおのおのは、それ自身の個別の諸権力、諸特権、諸免除をもつ。各個人は当然、かれ自身の個別の階層または社会にたいして、他のどんな階層や社会にたいしてよりも、おおく愛着をもつ[51]」。それぞれの階層と団体は、自己を維持しようとし、その侵害に抵抗する。したがって、社会の安定をもたらす。現実のヨーロッパ文明社会の多くは、世襲君主による支配と、貴族が厳然と君臨する階級社会であった。完全な能力的平等という理論的抽象から出発したホッブズと違い、スミスは現に、個人間で力の差がある状態を政治社会考察の出発点とする。その点で、人間の能力的平等から出発したホッブズの立論から後退しているとさえ言いうるのである。ホッブズのアポリアに直面してスミスが持ち出したのは、権力の相違に基づく秩序というヴィジョンであった。

しかし、この既存の諸特権と階級の肯定論は、国王や上位者への絶対服従の肯定を意図したものではない。秩序の破壊者は、一般民衆からよりもはるかに権力者それ自体である蓋然性が高い。既存の秩序を破壊し、ある想像された体系に基づいて国家の基本構造を変えようとする「体系の人」は、その秩序の調和を破壊しようとする。それらすべての人のなかで、「主権者たる王侯たちは格段にもっとも危険なのである。かれらは、自分たちの判断のかぎりない至上性について、なんの疑いもいだかない」し、彼らは、「国家を自分たちのためにつくられたものとみなす」のであり、「かれらの改革の大目的は、それらの障壁を除去すること、貴族層の権威を減少させること、諸都市諸属州の諸特権をとりのぞくこと、国家のなかの最大の諸個人および最大の諸階層をともに、もっとも弱くもっとももとるにたらない諸個人諸階層のように、かれらの諸命令に反対しえなくすることである[52]」。『通徳感情論』第六版の出版は、フランス革命の直後であったことから、このスミスの記述はフランス革命への批判を含意していたかどうかが議論されている。その是非をここで論ずる用意はないが、少なくとも言えることは、スミスは改革自体を否定しているわけではなく、「決して暴力をもちいない」という原則がある場合に、国家制度の改革を容認していた(53)。スミスは、その「改革」が、急進的な既存の諸特権の廃止を志向する場合、それへの抵抗を「障壁」と見なして、国内民への「暴力」が用いられかねない危険性を指摘しているのである。

確かに、スミスは、急進的改革により諸特権を廃止し国民平等を目指すという意味において「近代的」な訳ではない。様々な団体・特権・階層からなる社会秩序を前提としている。しかし、それが「望ましい」としているのではない。あくまで、その秩序を急進的に変えようとする場合の危険性を指摘しているのである。人間皆平等という理想の追求は、時として、その平等を疎外する勢力・団体の暴力的排除をたびたび招いてきたのが近代の歴史であった。その後、フランス革命でのロベスピエールの独裁、社会主義諸国の急進的国家改造による人々が味わった苦難を思い起こしてみれば、スミスのこの憂慮が必ずしも杞憂ではないことが分かるであろう。

ホッブズの人間はそれぞれ平等に目標を追求するがゆえに本来的に一致は不可能であり、したがって正不正の判断を特定の統治者に委ね、彼らの命令に服従する必要があるとのアポリアを提出した。人間それぞれの目標の不一致という根本的現実は、人間の平等性を前提としていた。結局のところ、スミスは国家論として正面きって、人間の平等性から出発することができず、階級社会的現実に逃げ込んだということは、スミスの理論の限界であったことは確かである。現に有力者がいて影響力を行使し、一般の人々は従っているというヨーロッパの現実の文明社会のあり方を立論の前提としていたし、その内部秩序と諸団体の権利を暴力的に変更しようとすることには否定的でもあり、せいぜい穏健な改革を容認したに過ぎないからである。しかしながら、その限界を超えることは、近代において実際に行使されるに至ることたびたびであった平等という理想に近づくために国家を手段として用いることの危うさをも指し示しているのである。

第5章

初期近代における利己心論の系譜

Ⅰ　はじめに

前章においては、共通善と私的善という観点から叙述がなされた。初期近代においては、このような観点に加えて、利己心という観点も重要であった。むしろ、共通善・私的善という観点から利己心・公益という観点へと相対的な強調点が移行していくのが初期近代の道徳論の特徴とも言えよう。ところが、この利己心の捉え方もまた複雑なのである。

初期近代の利己心に関しては研究の蓄積が進んでいるので、本章では、初期近代における知られざる利己心論の一系譜、すなわち利己心の二元論（自己保存欲求中心の段階と欲求が増幅された段階の二段階に利己心を区分する理論）の変遷の探究に焦点を置いた。利己心二元論者は、むろん、社交性や道徳感覚のように、人間本性に利己心以外の本性があると考えていた。ここで主張したいのは、彼らは、通俗的に理解されているように利己心と社交性（道徳感覚）という人間本性観をもっていたのは確かであるが、その場合の利己心を単一的とすることは不正確であり、彼らは利己心それ自体を二つに区分して捉えていたということである。これに対するものとしては、人間本性を利己心でほぼ一元的に捉える理論が存在する。人間の根深い利己心から出発したのはホッブズであった。為政者による「共通善追求」の領域すら個人の利己心に帰し、したがって人間本性をほぼ利己心のみから捉えたのはマンデヴィルであった。それら利己心一元論者に対抗するなかから利己心の二元論が発展した。それら思潮をふまえた上で、やがて、ジャン・ジャック・ルソーやスミスへと至ることであろう。

なお、利己心二元論の一つの背景としては、ストア主義が存在するように思われる。ストア主義者が考えるには、人間には自己自身を保存する根源的な衝動が備わっており、自己保存は必ずしも悪徳ではない。ただし、動植物と違う人間に固有の自然（＝理性）に従って生きること（＝徳の探究）が、人間に相応しい生き方とした。ストア主義においては、人間行動を善悪に二分する中立の領域のエピクロス主義と違い、善でも悪でもなく、真の幸福にも不幸にも寄与しない中立の領域が設定された。その中立の領域のうち、自然と一致和合した生に寄与するという意味での「望ましいもの」の領域には、魂に関すること（素質のよさ、技能）、身体に関すること（生、健康、強い体力、美貌等）、外的なこと（富、名声、生まれのよさ）が挙げられる。「望ましくないもの」は、それらの欠如の状態である。[1] こうして、ストア主義者においては、世俗的・利己的目標の追求が、「悪徳」とみなされずに済む立場がとられた。それは、初期近代の利己心二元論の淵源となった。

II　ホッブズの能力的平等論

まず初期近代における代表的な反利己心二元論的立場をとったホッブズを取り上げたい。前章で明らかにしたように、共通善（皆にとっての目標）を体現した存在としてあるべき政治を描いたアリストテレスやトマス・アクィナスにおいて前提とされていた位階的秩序・人間観（人間には共通善を目指しうる人と、私的善（個人のための行動目標）しか探究できない人の二種類あり、後者が前者に従うことで秩序は成立するという考え[2]）をホッブズは斥ける。人は皆私的善しか追求できないとして、人間の能力的平等から出発することで、それら位階的人間観を斥けたのである。そうであるがゆえに、共通善に常に適うか適わないかに関わらず、為政者の目標の強制が統治には不可欠という逆説を唱えた[3]。

Ⅲ　プーフェンドルフの二元的利己心論

ホッブズを批判しつつ自然法学を構築しようとしたのがプーフェンドルフであった。その際、ストア主義の採用、すなわち人間にはそれ自体悪ではない自己保存欲求が存在するという人間観の採用で、彼はホッブズに対抗しようとした。自己保存欲求は、ホッブズの言うような対立を必ずしも招かない。人間は、「主な助けと快適さをお互いから引き出す。というのは、特定の個人の力では自らの保存と維持を達成するのが非常に不可能であるので、幸福で快適に生活するために、自らの時間と力でほとんどの有用で必要なものを獲得することができないという限りにおいて、隣人の仕事と供給を恒常的に必要とするのである[4]」。最初の時代、人間は、結婚し、別々の家族を築くという意見もあるが、一緒に住むことで、別々に住むことの不便を解消できる。人は、別々に住んでいた段階から、その不便を悟り、一緒に集まって住む[5]。国家が存在しない自然状態であっても、人間の自己保存欲求はそれ自体として破壊的ではなく、それが欲する相互扶助と自然的社交性により、ある程度平和に暮らせる。

しかし、人間以外の動物は法による秩序なき自由を享受しているのに、なぜ神は人間に獣が享受するほどの自由を許さず、秩序と法とを必要な存在としたのか。第一には、人間が理解力と知る能力をもった不死の魂を与えられており、単なる肉体の保存という目標を超えて、信仰と社会生活に属する事柄を行使するよう目的付けられているからである[6]。さらに、「獣と同じほどに人間の自由が拡張することを許すことが不都合であるもう一つの理由は、獣をはるかに超える人間の巨大な腐敗と堕落である」。人間の肉的欲求は、獣と違い、人類の保存に必要なもの以上に追及しないというほどに、心が穏和であるわけではない。人間は、衣服の必要性を、虚栄と名誉の機会に変えた。「強欲、野心、虚栄、嫉妬、競争、機知競争、迷信、未来のことへの配慮、好奇心の衝動などはすべて、人間の胸の楽しみであり、もの言わぬ獣は知らないものである。〔中略〕その獰猛さは非常に暴力的で、その情念と欲求は非常に多様であるので、人類を結合し調和させる法律の利益を欠いていたならば、人類はどのような生活を送っていたことか」。そのとき、人間は獣以上に高い能力を持っているがゆえに、逆に人間生活は最も破壊的ともなるであろう[7]。また、人間はそれぞれ皆自分の意見や所有物を優先させようとするので、国家と法によって調和がもたらされなければ、混乱と争いが尽きないであろう[8]。これは、国家を人間の堕落の罰としたアウグスティヌスの考えの変種とみなせる。

人間の社交性は、人々を相互に結び付ける力として存在したが、それ自体現実の人間社会に秩序をもたらすほどのものではない。プーフェンドルフは、ホッブズ主義を克服しようとして、結果として失敗した。しかしその副産物として、利己心の二元論（本来の自己保存欲求からなる状態と、欲求が増幅した堕落した状態）が展開された。

社会秩序の形成という観点からというより、個人としての生き方の観点から人間本性のあり方を考察する見地からも、利己心の二元論は展開された。

アンソニー・アシュリー・クーパー・シャフツベリー（Shaftesbury, Anthony Ashley Cooper, 3rd Earl of, 1671–1713）は、人間本性に潜む自然的社交性を唱えた。人間は自然状態において一致した正・不正の観念や正義の観念を有することはできないとのホッブズ的な社会契約説の前提となっている考えを、シャフツベリーは批判して、社会契約自体、自然状態において契約がなしうる能力を有することが前提となっているのであるから、信仰や正義や徳は自然状態と同じくらい古いと主張する。そもそも、人間には同胞愛というものが備わっている。飲食が人間に自然的であるように、両性の情愛、子孫への情愛、子孫間での情愛は自然である。こうして部族が徐々に形成され、共同体が形成されるが、その間の同胞愛もまた自然なものとなる(9)。

人間は自然的社交性を有すると同時に、利己心も抱く。利己心が、共通善と両立しなければ悪であるが、そうでないなら必ずしも悪ではない。むしろ、適切な自己保存、衣食住への配慮、異性への関心は、人間本性にとって自然的なことである(10)。利己心と共通善への配慮は矛盾するものではない。両者ともに適切な状態であることが必要である。ただ、奢侈への人間の無制限の利己的欲求は、他者への依存を増やし、不規則な行動をとらせるものであるため、悪徳であり、人間の真の利益に反する。こうして、自己の利害と社会の利害が離れれば離れるほど、他者との絆となる情念は薄れる(11)。なお、利己心と利他心は一致するとしたジョゼフ・バトラー（Butler, Joseph, 1692–1752）も、自らの生活と健康に配慮する正当な利己心と、自己の利害に視野が限定される、悪徳的な利己心を区別した[12]。

こうしてシャフツベリーも二元的利己心観を抱いていた。シャフツベリーに反論して『蜂の寓話』を書いたといわれるマンデヴィルにおいては、後者の奢侈により堕落した人間状態を極端化したもの、すなわち利己心がほぼ唯一の人間行動の動機であるという前提から出発する。そこでは、人間の虚栄心、奢侈への憧れが、むしろ経済的繁栄の原動力となっていることが指摘される[13]。

本来的に「望ましい」とされる自己保存と社交性からなる世界と、欲求が増幅し「悪徳に満ちた」利己的世界との区別が、シャフツベリーやバトラーの立場であった。シャフツベリー説に反発し、「望ましき」世界を否定し、現状の世界は「悪徳に満ちた」世界でしかないとのマンデヴィルのあげつらいは、本来的に「望ましき」世界を維持しようとする立場を危機に陥れた。

V 利己心論という闇

ハチスン（Hutcheson, Francis, 1694–1746）は、マンデヴィルのあげつらいにより打撃を受けた本来的に「望ましき」人間像を守るため、シャフツベリーを継承して人間の本源的社交性に着目し、かつマンデヴィル的な物質的豊かさを生み出す利己的世界の効用を批判的に継承しつつ、利己心の二元論を発展させた。

人間の本来有する利己心は、社会利益と矛盾するものではない。個人が行動・所有・欲求において正当に主張しうる個人の私的権利は、神により人間が満たすことを認められた自然に適合した欲求の範囲内で認められる。しかし、それは、「我々の個々の欲求を統治し制御するように定められている、我々の本性のより高度の原理〔＝理性〕」が許す範囲内のことであり、理性は利己心を制約するものとして行使される[14]。「我々の習俗への主要な危機は、利己的な欲求と情念の激しさから生じるのであり、それは公益に関する我々の本性のより高度の原理〔=理性〕をたびたび壊すのだから、〔中略〕あらゆる種類の自利というものは、利己的原理を寛大で社会的な原理への服従を進めるようにもっていかねばならないということを承知しておくことが必要である[15]。

そこからハチスンは、社会の利益と矛盾しない、欲求が暴走せず理性の制約下にある人間の、本来あるべき利己心の発露の姿を示すことに移る。そこで導入されるのが分業論である。人間生活を支えるためには、衣食住、日用品、家具のような多くの事物を必要とするが、それらは、「多大な職工と労働、我々の同胞の友好的な助けなしには手に入れられない」ものである[16]。奇跡によって、衣食住が提供されたと仮定してさえ、孤独の人生は「恐怖と危険に満ちている」。これらの危険が取り除かれたとしてさえ、愛、社会的な喜び、快楽の伝達などは得られない。憂鬱や不満足に陥るであろう。小さな一家族数人の相互扶助、数家族の相互扶助ではなおさら、生活の必需品の大部分と、ある程度の社会的喜びを得られることであろう。

「しかしながら、よく知られているように、例えば二〇人といった所与の人数の労働の生産物は、生活の必需品や便宜品を生産するのに、仮に二〇人のうちの各々が、十分な技巧なく自らの生存に必要なさまざまな労働すべてをかわるがわる自分でなすときよりも、一人の人に一種類の特定の種類の労働を割り当て、別の人に別の種類の仕事を割り当てることによることの方が、技術と技巧をすぐさま獲得することになるので、よほど大量であろう[17]」。「より大きな結びつきにより、我々の享受の手段はさらに拡張し、あらゆる種類の我々の能力をより広範に喜びをもって行使できることになる。多数の発明、経験、技芸が伝達され、知識は増加し、社会的情動はより拡大する。より大きな社会は、より持続的で広範な利益をもたらす計画をより大きく実行できる力を有する[18]」。物質的豊かさの生産をめぐる人間の社交性の効能を、ハチスンは分業原理の萌芽的認識にまで高めた。

分業という相互扶助の利益は、各々がよくその職分を果たし、他人を害しないようにすることが条件である。なぜなら、相互扶助に用いられる人間の能力は、同胞を傷つけるためにも用いうるし、人間には怒りのような情念にたびたび囚われもするからである[19]。

じっさい、人間の利己心は、本来の自己保存に必要な範囲を大きく超えて影響を及ぼし、人間の合理的な判断力を歪める。「利己心が善良な人の判断すらたびたび偏ったものとすることはよく知られている」。暴力的な情念もたびたび同様の影響を及ぼす。「したがって、人間は、大部分は善良であるが、権利についての異なった意見から、お互いに有害なことをなす傾向にある。そして、彼らの情念にいったん火がつけられると、挑発した相手からの説得は不可能であり、相互に疑念を持つようになり、お互いを監視するのにふさわしくなくなる[20]」。相互の報復合戦を阻止するには、国家が必要となる。ハチスンが、国家成立の起源として述べるには、「人類の腐敗が、政治体をより必要なものにさせるように思われる。〔中略〕現存し実際的な対処策は、正義を維持し加害者への実際の罰を課する十分な実力を有する政治権力 civil power ほどに実効的なものはほかにありえない。大多数の人や、あるいは大多数のなかの各個人さえ腐敗し不正であるとしても、結合した人々はめったに不正な法を実行はしない[21]」。正義の維持には、利己心では追いつかない。個人間で善の調停が不可能であるので国家が必要となるのだとすれば、それはホッブズの影響を根底において克服できていないことを意味するであろう。

ハチスンは、人間の社交性についての認識を拡張するなかで、分業概念を誕生させた。そして、利己心の発露が社会利益と矛盾しないことを見出した。しかし、それは欲求が暴発せずあくまで自然が要求する自己保存の範囲内に、理性が利己心を留めているとしたらとの条件付きであった。そもそも、ハチスンにおいて利己心とは、もし幼少期において情欲のような下級の利己心の発露を満足させるがままにし、より「高度の享受」たる道徳観念その他を育てないと、怒りや肉欲のような悪徳の欲求が暴発するようなものとしてあった。「我々の利己的情念は、放縦により幼少期にその力を得る」[22]。分業のような経済活動においても、常に理性による統御が必要とされる。そこに、人間の肉体（肉欲）とそれを統轄する精神（理性）という、アリストテレスやストア派、そしてアクィナスらキリスト教徒にみられる人間観・世界観の影響を見て取ることもできよう。そして、欲求の暴発を防ぐには、最終的には国家という審級に頼らざるを得ない。自然状態の社交性と本来的な利己心の経済的有益さの認識が大幅に拡張されているにもかかわらず、人間は依然として理性と国家による指導を必要とするような「腐敗」した本性を抱え込んでもいるのである。

Ⅵ　ルソーとスミスにおける虚栄と利己心

ハチスンは、適切な利己心と腐敗した利己心という二元的な利己心観を前提としていた。両者の区分の規準、すなわち何が「自然的」な利己心の発現であるかとの規準はあいまいである。そのあいまいさは、ある意味では、自然状態から国家へという流れに基づく理論モデルのみに依拠することに伴う矛盾とも言えよう。利己心が「自然」に発現する条件・空間を求めて、より不合理さのない説明を求めるならば、自然状態から国家へという政治的な人々の結びつきの空間と並行して、かつその領域からは理論的に区別されるものとして、もう一つの人々の結びつきの空間を構築する必要があろう。こうして、ルソーとスミスにおいて文明社会史観が構築された。

ルソーが『人間不平等起源論』においてなしたのは、自然状態から国家成立へという契機の根底にある過程の探究である。[23] 人為・技術 art と財産がその契機となる。ルソーにおいて、自己保存欲求たる自己愛 amour de soi-même と、文明社会において欲求と評価に常にさらされる状態における悪徳を生み出す自尊心 amour propre という利己心の二元論は、もはや自然状態―国家という契機のみに直接結びつくものではなく、その根底に存在する社会での生活様式の変化に結び付けられて捉えられていた。こうして、狩猟採集生活における悪徳なき自己保存活動に基づく自然状態の段階から、お互いの交流の活発化により、相互評価が常態化し、他人の評価を気にして自尊心から行動し、かつ本源的な生存本能からの行動と乖離が生じる文明社会段階という区分が生まれた。

だが、ルソーにおいては利己心の二元論は依然として維持されていた。文明社会における「腐敗した」利己心を依然として問題としてもいた。それに対して、欲求の増幅という形での利己心を、単なる「腐敗」として片付けるのではなく、その発現方法の社会的基礎をより詳細に探究したのがアダム・スミスであった。

そもそも、スミスにおいては、同感原理に基づき、他人の評価を得たいという動機が、欺瞞と虚栄心のような利己的動機の源泉として組み込まれているとする。「この世のすべての苦労と騒ぎは、何を目的とするのか、それは、自然の諸必要をみたすためであるか。もっともつまらぬ労働者の賃金でさえ、それをみたすことができる。（中略）自分たちの状態の改善とわれわれが呼ぶ人生の大目的によって、意図する諸利益とはなんであろうか。観察されること、注目されること、同感と好意と明確な是認をもって注目されることが、われわれがそれからひきだすことを意図しうる、利点のすべてである。安楽または喜びではなく虚栄が、われわれの関心のひくのである[24]」。したがって、適切な自己保存と増幅した欲求は、厳密に人間の心の内面を調べれば識別することができるものかもしれないし、「英知と真の哲学について十分な確信を」もっているひとは、注目や是認目当ての欲求の増幅とは無縁であろう。[25] しかし、欺瞞と虚栄心という人間の欲求の増幅、ハチスンらが欲求の「腐敗」とみなした領域は、もはや統御を必要とする「異常事態」としてあるのではなく、人間にとって通常の事態としてある。スミスにおける人間や社会の考察は、それを前提として構築される。そこが、ハチスンらからスミスを理論的に隔てている一つの点である。

そして、虚栄心は人間本性そのものに潜むものとして、潜在的にはあらゆる社会段階について当てはまるものである。ただし、それが大幅に顕在化するのは一定の社会段階においてである。狩猟社会においては、物質的制約によりそれはあまり顕在化しない。続く、牧畜、農業社会において、富者は、欲求を満たす多様な手段（商品）を与えられておらず、貧者の雇用という形などの依存関係を作りだすのみである。それが統治が拠って立つものとされる。

だが、分業の高度化した商業社会はそれとは異なるメカニズムをたどる。商業社会は、分業原理により欲求の増幅をかなえる手段が多種多様となる段階であるので、虚栄心が大幅に顕在化・増幅する機会を与えられる段階としてある。人間は、本来の必要を大幅に超えて、欺瞞と虚栄心により欲求を拡大できる機会を有するに到る。それまでの思想史の流れのなかで本来の自己保存のためではない欲求が増幅した「堕落した」人間本性が大幅に具現化される段階の社会におけるメカニズムを解明すること、それはそれまでの統治成立史が前提とする社会発展の流れを超える社会状態（すなわち統治が成立しているかが規準ではなく、統治成立後における交流の全面化を規準とした段階）を分析の対象としたものとならざるを得ない。それが、分業の全面化した商業社会であった。

分業の全面化した段階における欲求の増幅は、それ自体、相互破壊的ではなく、市場という相互の欲求の充足を可能にする機構を通じて、慎慮から個人を勤労と資本蓄積へと促すものである。欲求の増幅は、単なる「腐敗」という精神的効果ではなく、「資本」という物質的帰結を有する。欲求の増幅という道徳的世界の用語は、資本という、経済社会の有益な活動の基礎単位を示す言葉に置き換えられた。利己心は単に統制すべきものとしてではなく、あくまで私利の追求に即しつつも他者との欲求の相互充足を行うことを可能にする市場機構を通じて、「合理的」計算によりその流路が調整されるべきものとして存在する。『国富論』の分析の主対象となる社会の枠組みたる商業社会は、こうして、旧来の自然法学の枠組みを超えるものとして存在するようになることで、単なる「堕落した欲求」という評価を超える分析の対象となったのである。

スミスの理論モデルには、慎慮による「合理的」利己心と表裏一体のものとして、「合理的」ではない利己心の発露の危険性への憂慮が理論的に内包されている。スミスが特に晩年の『道徳感情論』の第六版において関心を向けたのは、富者を過剰に敬い貧者を軽蔑するという人間本性の腐敗の問題である[26]。スミスの社会理論ではそれは理論的に解決困難である。なぜなら、商業社会におけるそのような腐敗の根底にある富への崇拝は、資本主義を駆動させる地位上昇欲求を可能にする、富者への共感という形での同感原理それ自体から派生するものだからである。またそれは、スミスがハチスン的な利己心の腐敗問題へ単純に回帰したことを意味するものでもない。なぜなら利己心そのものの腐敗がここでは問題なのではなく、同感原理の発露方法が問題となっているからである。

そして、他者の注目を得たいという同様の同感原理の発露は、人間の道徳的行為の原動力ともなっているものでもある。そもそも、ハチスンらにおいては利己心と社会利益の対立が問題となっていた。スミスにおいては、自己に潜む他者（＝社会）が見出されるに至った。その自己のなかの社会は、虚栄心を通じて経済的発展をもたらすものでもあり、また道徳感覚を各人が有する原動力ともなるものでもある。だがそれは同時に、富者と地位ある者の過剰な追従を生むものでもあった。

Ⅶ　おわりに

ここで取り上げたスミスより前の諸思想家は、いずれも適切な自己保存欲求と「腐敗」し増幅した欲求という二元的利己心論を有していた。そして「腐敗」した利己心は、人間の社交性という本性と対立・葛藤関係にあるものとして描かれた。そこに理論的に根本において前提とされているのは、社会と個人との対立である。スミスにおいては、道徳についても経済社会についても、自己のなかにひそむ他者（＝社会）が、同感原理という形で見出されるに至った。スミスは、エピクロス主義とストア主義双方の人間本性観の基本的な枠組みから外れているように思われる。自己は、もはや自己に外在的な社会との対立に常にさらされるものとしてあるのではなかった。各人の内部には、他者を気にする社会の目線が常に内在している。だがその目線は同時に、富者・地位者の過剰尊敬といった腐敗を生むものとしてもあった。しかし、その腐敗はもはや、理性や国家という上級原理によって統御・調整可能なものとしてあるのではない。それは、卓越した個人の倫理の問題としてならともかく、現実社会の多数の生き方に伴う問題としては解決不能である。なぜなら、それは、政治と区別された社会、そして市場という自律化した空間自体に抱え込まれており、訴えるべき上級原理・領域を失ったことに伴うものだからである。それはまた、古典古代の思想家やシャフツベリーらが一貫して問題とした個人にとって最高の生き方（個人倫理）という次元を閑却し、社会秩序の問題へと強調点を移行させたことに必然的に伴う弊害とも捉えうる。それは、ひいては、個人における社会性の内面化が全面化する近代資本主義に存在する困難でもあると推測することも可能である。欲求を統御する上級審理の没落は、スミスの晩年の課題であると同時に、現代資本主義の根本特徴をもなしているからである。そして、現代に往々にしてみられる市場批判と人間の道徳性の強調がたびたび抽象的なものに留まりなかなか現実社会で実効力を得ずにいるのも、自律化された市場に個人の社会活動が埋め込まれている現代資本主義システムそれ自体にひそむ困難に由来しているのである。

第6章

政治社会と個人の葛藤——自由の基礎をめぐって

I　はじめに

国家と個人はいかなる関係であるべきか。政治社会が個人に強制する規則や行動様式は、個人にとって抑圧であるのか。あるいは国家全体への個人の一致は、個人にとっても幸福をもたらすものなのか。国家と個人の葛藤の問題は、ルソーやスミスにおいてそれぞれの見地から取り組まれるものである。彼らはその難問を解くために、国家のもとで結びつくものとして人々の集合を把握した政治社会と、それとは理論的に弁別される、生活様式や個人の行動様式を軸とする人々の結びつきとしての固有の社会を見出すことで対処しようとした。では、ルソーやスミスが著述を行う以前の著述家は、この問題をどのように認識していたのであろうか。

一七二〇年代から三〇年代にかけて、イギリスのウォルポール体制下での政権に批判的な著述家により、すでにこの問題は取り組まれていた。彼らは政治社会の成立史を考えるなかで、国家成立以前の自然状態における自生的な社会の存在も捉えるに至っていたが、政治社会と固有の社会は区別されておらず、人々の結びつきとしては政治社会が認識の主軸であった。本章では、ウォルポール期の著述家における政治社会と個人の葛藤の認識を析出することを通じて、ルソーやスミス以前の段階における社会と個人の葛藤の認識を考察することをその目的とする。

本書の序で述べたように、名誉革命（一六八八年）後から十八世紀前半にかけてのオーガスタン期と呼ばれる時代に、イギリスは財政＝軍事国家の建設へと歩みだすことになる。ただ、近代的な政党による政治体制が十全に確立される以前のこともあり、政党間の対立をどう調停し、安定的な国制運営につなげるかが課題として捉えられていた。

自由を重視するウィッグと国王への忠誠を重視するトーリという名誉革命以前から続く党派対立は、名誉革命後も持続した。しかし、両者とも、多くの者は、王、貴族院、庶民院の三者に権力を分かち合うことからなる混合（制限）政体を、イギリスの自由な国制の基礎として認めるに至っていた[1]。

やがて一七二〇年代のウォルポール体制下に入ってから、政権側のコート派と、政権批判派のカントリ派という構図が政治的対立の基本となる。それは、議会での与党を増やすことで、安定的に国制を運営するウォルポールの手腕によっていた。具体的には、財政・行政の拡大を背景とした、官職等の恩顧授与などの手段の大規模な駆使であった。カントリ派の政権批判の枢要は、官職という恩顧授与による政治的操作という「腐敗」、およびそれに伴う権力の乱用と拡張を批判することにあった。また、財政革命による貨幣・債権の取引などによる金融利害の出現と増大が、旧来の土地所有を中心とする支配体制を覆すことへの不安と批判をもたらしもした。それは、この時期には、地主や商工業者よりも債権保有者がしばしば高い投資収益を得ていたこと、とりわけ一七二〇年の南海会社のバブルの破綻という金融危機に根ざしたものであった[2]。

このように、近代的財政システムの導入を契機とする社会の変化と、統治体制の変化が生じたことにより、カントリ派のなかから、統治者の悪にどう対処すべきか、そしてそもそも国制における自由とは何なのかをめぐる思考を深化させる者が現れ始める。それが、本章において取り上げるトレンチャードとトマス・ゴードンによる『カトーの手紙』、およびヘンリー・セント・ジョン・ボリングブルックである。彼らは、一七二〇年代以降におけるカントリ派のウォルポール批判において主導的な役割を果たした。

そもそも、この時期のカントリ派のプログラムは、腐敗への反対と、国制における徳の重要性の強調という点において共和主義の影響が強かったと言われる。[3]だが、同時に、自然法学、なかんずくロックの影響を指摘する見解も根強いものがある。[4]『カトーの手紙』とボリングブルックは、それぞれ異なった形で、共和主義と自然法学を特有の形で融合させて用いた。だが、体系的に一貫した政治理論へとまとめあげていたのではなかった。矛盾や非一貫性が伴ってもいた。彼らの政治理論における一つの特徴は、おそらくウォルポール期における統治体制の変容を背景として、統治者が誤りに陥ったり、悪政に陥ったりする可能性に着目したことが挙げられる。両者それぞれ、共和主義と自然法の言語を併用させつつ、統治という謎に迫ろうとした。

本章で取り上げる『カトーの手紙』とボリングブルックは、それぞれ、統治のあり方を考察するなかから、自由をめぐる考察をさらに深化させた。それは、第四章で述べたホッブズ以来の私的善の自然的一致不可能性をめぐるアポリアを、スミスがある点で部分的に解決することを可能にしたものでもあった。本章では、『カトーの手紙』とボリングブルックにおける統治性と自由についての見解を理論的に検討する。

Ⅱ　『カトーの手紙』の統治論

十七世紀末の常備軍論争においてすでに政権批判を行っていたトレンチャードは、彼より年少のゴードンと組み[5]、『ロンドン・ジャーナル』誌において、書簡形式で連続して論述を展開する。それが『カトーの手紙』であった。それは、直接には、南海泡沫危機を契機として一七二〇年十一月に第一号が発刊され、一七二三年まで続くことになる。

『カトーの手紙』をめぐっては、共和主義の系譜に位置づける立場と、ロックの影響を主張する二つの立場が存在する[6]。確かに、『カトーの手紙』には、両方の立場が混在してみられるところであり、必ずしも一貫した形で練り上げられてはいないのであるが、ここでの考究は、それらのいずれかに与することではなく、両方の思潮を駆使しつつ『カトーの手紙』[7]が深めた統治をめぐる思考を主対象とする。

『カトーの手紙』は、統治の目的をどう把握しているのであろうか。「すべての統治は、それがいかなる形態において運営されようとも、社会の善のために運営されるべきで[8]」であり、専制的統治であろうが自由な統治であろうが、元来、「為政者の権利は、私人が、自衛し、権利侵害を抑制し、それをなした人を罰する権利にのみ由来している。その為政者の権利は、社会によって私人を公共的に代理するために委ねられたものであるから、為政者はその権利を、社会の利益と安全のために為政者に要求される以上のことのためになすことはできない。為政者が彼の付託を超えるとき、彼の行為は〔中略〕無効である[9]」。

統治とは共通善の実現のためにあるという考えは、アリストテレスやトマス・アクィナスにもみられるもので、当時よく知られていた見解であると言える。しかし、『カトーの手紙』の独自性は、統治者は共通善を体現した存在であるという当時の一般的前提を疑ったことにある。「ここに人類の大部分を戸惑わせ悩ませてきた大問題が生じる。〔中略〕その問題とは、為政者が正しく行動しているかどうか、彼への信任どおりに遂行するかどうかを誰が判断するのだろうかということである[10]」。為政者が常に正しく行動しうることには、人間本性上の限界が存在する。そもそも、「人間本性には、常に腐敗と悪意の一貫したある源泉が存在しているので、それは、自らの欲求、最悪の欲求、奢侈、虚栄、貪欲、権力の渇望を満足させることがその視野と幸福の中心にない人を見出すことが極めて困難なほどである。〔中略〕そしてそれは、地位の高い人や、支配を渇望する人においてもっとも顕著に当てはまってきた。彼らは、はじめは公共のために偉大なことをなすが、最後には公共の負担となる」[11]。こうして、人間本性に由来する悪徳が、権力を持った人間においても存在し、あるいは立場上増幅されてしまうので、為政者が常に正しく行動することを前提に置くことは不合理であるということになる。

では、統治の誤謬可能性を前提とした統治をどう確保するのか。そこに、自由な統治と、恣意的・専制的な統治という区分を『カトーの手紙』は持ち出す。「自由な統治においては国制それ自体において指定され表現された〔権力への〕監視と制限が存在する。対して、専制的統治では、人々は、君主の慎慮と分別にのみ従う」[12]。では、自由な統治における権力の制限とはどのようなものであるのか。

> 自由な国では、為政者の権力と主権は、大いに制約され、様々な分野に分割され、様々な利害と視野を持つ非常に異なった人々の分別に委ねているので、為政者の大多数は、根本的な事柄について信頼を裏切ることにほとんどあるいはまったく価値を見出しえない。彼らの競争、嫉妬、恐怖、あるいは利害が、つねに、彼ら相互を監視し制約するのである。〔中略〕したがって、自由な統治を形成する唯一の秘訣は、人間の知略が考案できるかぎり、統治者と被治者の利害を同じにすることである。自由はそれ以外の方法では守ることができない[13]。

人間は腐敗により、「ほとんどの人は義務に反して利益のために行動する」ので、義務に導くために、「利益と義務の遵守を結びつけ、義務の違反と危険を結びつけねばならない。個人的な利益や安全が義務と服従の報酬でなければならない[14]」。

権力の暴走を防ぐための具体的な処方箋は、第一に、「人々の代理〔議員〕の頻繁な選挙」であり、それによって、為政者に、権力の長期継続によって起こりがちな腐敗を防ぐと同時に、支配・被支配の交互の経験により、「支配と服従に等しく相応しい」ような能力を人に授けることになる[15]。そもそも、社会において人が多くなりすぎると、「人々の代理となる代議士を選ぶより他に自由を守ることはできない」のであるが、適切に代理が行われるには、先述の為政者の頻繁な交代か、大多数を腐敗させられる手段が存在しないように代議士の数が多いことが必要である[16]。

ここで暗黙のうちにであれ理論的に前提とされているのは、民衆が直接政治に参加する古典古代的な民主制は、政治体の人口が少ないときにのみ可能なものだということである。同時代のイギリスなどではそれはもはや不可能であり、代議制を取らざるを得ないが、代議制においては人々の意思を適切に代理することは困難である。そして、代議士の数が多いかあるいは頻繁な交代を要求したのは、代議士が人々の意思を常に適切に代理する存在としてあることの困難さが理論的前提となっている。

なお、国王、貴族院、庶民院に分割されたイギリス式混合統治も自由な統治のための処方箋として挙げられている。それぞれ機能ごとに分化した権力がそれぞれ掣肘するというボリングブルックにみられる考え方は明瞭には見出されないが、三者にはそれぞれの利害があり、それぞれが掣肘しあうという考え方は見出される。それに対して、専制的統治においては、君主個人の判断に依存しているので、君主が抑圧や悪政に走っても、最終的な抵抗権の行使以外に手段がない[17]。

『カトーの手紙』においては、自由な国制と専制とを分ける指標は、権力の分割・相互監視が行われているか否かであり、それには、権力は一者が独占すると必然的に腐敗するものであるという前提が存在した。そして、国王、貴族、庶民にはそれぞれの利害というものが存在し、それが国制の中においてそれぞれ反映されることから、三者がお互いの利害を守るという利己的な目的から掣肘しあうというのである。

Ⅲ 『カトーの手紙』の自由観

『カトーの手紙』は自由な国制の称揚という形で、統治の誤謬可能性への防波堤を提供したのであるが、その際の自由とは何であろうか。『カトーの手紙』は自由の歴史的前提と条件に注目する。人々が自然の果実や狩猟で満足していた人類の初期の時代はともかく、人類の数が増え耕作が行われるようになると、食糧保有者以外は強奪するか、そうしなければ飢餓に陥るかという極端な選択を迫られた。こうして農耕が普及する。しかし、農耕以外に技芸が存在しないところでは、人々は君主、貴族や他の土地の所有者に隷属する以外に選択の余地がない。それが東洋の大部分の諸帝国、あらゆるゴシック統治、ポーランド、スコットランドのハイランドの状態であり、そこでは、少数者の自由と大多数の隷属のみが存在する。[18]

この惨めで打ち捨てられた状態から人類が抜け出すには、技芸と学問の発明以外にはない。〔この場合の技芸と学問とは〕すなわち、生活を安易で快適にする材料や便宜を探し出すこと、そして、自然が必要としたもの以外に、幸福のために他のものが必要だと、人々が信じるようにいざない、容易に信じるようにすることである。かくして、富者の奢侈は貧者の糧となる。[19]

飢えや寒さから解放されるやいなや、人は便宜や洗練を求め、そこから、競争、野心、贅沢、権力欲などが生じる。〔中略〕人々の必要と欲求を満たし、安心して快適に暮らせるようにし、彼ら以後の子孫に十分な備えを与えるようにする全ての手段を見つけ出すために、自らの機知と手を労働に用いるのは、人と社会にとって自然なことである[20]。

勤労の成果として財産を得ると、主人のもとでの隷属にないという意味での独立が得られる。

主人なく満足に住むことのできる者は誰でも、誰かの下で生活しようとは欲しない。〔中略〕幸福は独立の結果であり、独立は財産の結果である。そして、確実な財産は、自由のみの結果であり、自由な法律によってのみ確保される。その際の法律とは、同意によって作られ、同意なしでは廃止されえないようなものである[21]。

したがって、勤労が確保される自由な国でのみ繁栄と独立が得られるということになる。同時に、自由か専制かという統治のあり方が、技芸と勤労による繁栄した国かそうでない国かという、それぞれの社会の経済的条件と密接不可分であることをも『カトーの手紙』は明らかにした。

そもそも、人が欲するものは、「力か同意によるしか得られない。力はたびたび余りに危険なものである」。したがって人は同意によってしか欲するものを得られないが、それは欲するものを相互に交換する「交易 trade と我々が呼ぶもの、すなわち相互の商品の交換」によるほかはない[22]。力か同意かという選択肢は、個人のみではなく国家理性の法則にも、征服か商業かという形であてはまるものである。「征服、すなわち領土のために戦うことは、世界において大部分は、最も恥ずべきことである。統治とは、人々の善のために意図されているが、それ以外に世界における統治の任務を私は知らない[23]」。

より具体的な統治の任務とは何か。「国家を偉大にし強力にするのは、領土の広さや、広大な地所における不毛で耕作されない土地ではなく、適切な節倹 oeconomy のもとで、有利で有用に用いられている勤労的な人の数である」[24]。貿易差額によって、富がもたらされ、技芸や製造業が促されるであろう。そもそも、多くの人が集住すると、必要に迫られて、ありとあらゆる自活の道が探究されるということもある[25]。私的自由が、独立心の養成により、公的自由の基礎ともなるという考え方は、スミスと類似した方向を有している。『カトーの手紙』は、勤労の享受としての自由を、ロック的な権利と法の言語から大幅に拡張・変容させた。所有権の安定としての自由が可能にする勤労により財産が獲得されるが、その財産が独立をもたらすことを通じて、統治への参与の条件としての共和主義的（積極的）自由の基礎となる。

消極的自由が可能にする機会（所有権の保障）が、勤労という社会のなかで具体的な形をとって行使されることにより、社会にどのような影響をもたらすかに『カトーの手紙』は着目した。いわば、消極的自由的な機会のもたらすものを、積極的自由的な行使の領域（社会）において捉えたものといえよう。

それは本書第一章で考究した常備軍論争当時のトレンチャードにはみられない新論点であった。また、本書第二章で検討したようにダヴナントにおいても勤労が称揚されたが、ダヴナントにおいては統治（自治）への参与としての自由により活性化するものとして、すなわち政治社会の内部に勤労は位置づけられており、個人の自由な行為を基礎単位とする社会理論ではなかった。『カトーの手紙』においては、政治への参与に付帯するものとしてではなく、個人をその基礎単位とするものとしての自由を出発点としていた。言い換えれば、終局的には国家共同体へと個人が収斂する有機体論的国家観ではなく、個人から出発する国家・社会観への転換が生じたのである。

なお、『カトーの手紙』の時点でも、国家を含む政治社会と経済という社会の空間がスミスにおけるように厳密に峻別されているわけではない。しかし、個人の自由およびその社会全体への経済的効用というスミスへと引き継がれる認識論的基盤が、かなりの部分見出されてもいた。このように、経済政策においては異にしつつも、その自由のエートスにおいて、『カトーの手紙』をスミスは発展的に受け継いでいるとも言えるのである。

Ⅳ　社会と個人の葛藤

本節では、ウォルポール体制下において、政権批判の中心的存在の一人であったボリングブルック[26]について取り上げたい。ボリングブルックは、ウォルポール政権期において、政権批判派（カントリ派）パンフレッティアの主要人物の一人であった。彼は政権批判を行う中で、統治のあり方の基礎となるものは何かについての鋭い思考を示した。

『カトーの手紙』同様、ボリングブルックも、統治への服従は意志によるのか力によるのかという問いに取り組む。そのためにまず、同意による統治の人間本性上の基礎として、人が共通して有する社交性を指し示す。ホッブズのように「我々の道徳的義務は、自然法によってではなく社会の法に由来していると主張した[27]」立場を、ボリングブルックは批判する。ボリングブルックは、自然法思想にみられる自然状態─政治社会（国家）という二元論的な国家成立の基礎についての認識様式を受容しつつも、人間には社交性という道徳意識の源泉が存在すると指摘することで、正義の源泉を為政者の命令のみによるとしたホッブズを批判する。「人は、絶対的な個人ばらばら individuality の状態にあるのではない。それでは生きられないからである。自己愛 self-love は、本能により相互の快楽に向けられ、男女の結合を形成する」のであり、こうして家族が形成され、さらに幾つかの家族が結合した小共同体が掲載される[28]。人間の本源的社交性に着目し、そこから政治的結合以前に、家族のような社会的結合が存在したことに着目するというプーフェンドルフにおいても主張された立場をボリングブルックは取っていた。

では、どのように国家は形成されるのか。「自然が人々に社会における結合と、政治法への従属を命じたのは、共通の効用のためである。〔中略〕同意のみが、もともと人の集合体を形成しえた[29]」。かくして、ボリングブルックは、同意による統治というロックや『カトーの手紙』と共通した立場をとっており、かつホッブズの為政者の意志の命令としての法律という見解を否定した。

このように、同意による統治成立の規範的な正当性を認めたし、すべての統治は少なくとも潜在的には、同意に基礎を置くべきものであることを主張したボリングブルックではあったが、現実に多くの統治において直接に服従を生じさせているものとして、力というものが存在していることも認めていた。そもそも、人類は、共通の効用によって結びつき、家族、小規模な共同体を作った。だが、「政治社会はより頻繁には、戦争のあとの構成により、征服者の方への強制された服従により、征服を防ぐためになされた連帯により形成されたように思われる。〔中略〕したがって、恐怖が、人類にとって、通常解されているように社会を形成する誘因なのではなく、政治的統治に服従する誘因なのであろう[30]」。政治社会の真の目的は、共通の効用と強奪に対する「共同防衛」にあった[31]。ボリングブルックは、「私は、ロックほどに、すべての政治社会が自発的結合から始まったということに説得されているわけではない[32]」と述べる。

国家以前の家族による結合の生活においては、「個人は共同体に属し、人格 persons に属するのではない。自然状態では家族が、人間ではないにせよ個とみなされることもありえた」。しかし、国家のもとでは、「自然的社交性は衰退し、自然的非社交性が始まる。自己愛の影響がこれ以上ないほど広がる。社会はすべての観点で個人となり、すなわち、自己に関係していない限り他者への配慮を有さなくなる」[33]。政治社会成立以前には、家族という共同体なくして個人は生きられず、また個人と家族共同体にさほどの乖離もないことから、個人としてよりも家族共同体の一体化した存在として、各人は自己意識を保持しがちであった。国家共同体が成立し、家族という共同体に全面的に依拠せずとも、個人が個人として生きられる状態になるやいなや、個人としての意識が発達する。ボリングブルックは、この契機を、自己愛と不調和が発達する否定的契機として見ており、個人主義を称揚する近代的立場には立たなかった。

もし、いったん自由な国制が力によって失われ、過度の力による支配と恣意的支配が確立されたとしても、ボリングブルックはそれが永続的に続くことを想定してもいない。「あらゆる統治において、明示的にせよ暗黙的にせよ、人々とその支配者のあいだに、両者が良心によって遵守するよう義務付けられているある条件というものが存在する。より恣意的な王国においては、原始契約の痕跡はより見分けにくいものである」[34]。自由は失われやすく弱いものである。それと同時に、自由は、どのように奪われたにせよ、人々が生来有するものであるがゆえに、人々自らが本来有する自由に覚醒することで、取り戻すことも可能なものとしてあった。ロック的な合意による統治という立場を受け継ぎつつも、統治における合意という契機を、ロック的な抽象的・理論的な権利・義務からなる空間において述べるのではなく、現実の力からなる統治の世界においても根底において作用している力として述べているところにボリングブルックの特色が存在する。

ボリングブルックの特色は、自然法学的な個人の自由を、現実の力からなる統治空間のなかに、すなわち統治がたえず悪と矛盾をひき起こす空間内に位置づけたことにある。したがって、政治社会における自由とは、共通善と私的善の恒常的闘争、絶えざる共通善への意志が必要とされる領域として存在していた。

V おわりに

『カトーの手紙』とボリングブルックが共通して認識していたのは、ウォルポール体制期における財政・行政の拡張という現象は、国制の均衡に危機をもたらすという認識であった。それを、両者は統治そのものに潜む危機という形で認識していた。従来の自然法学・共和主義双方の恩恵を蒙りつつ、自然法学的な自然状態――国家という契機を理論的終着点としなかった。統治の悪にどのように対処するかにより力点が移行していた。『カトーの手紙』は、統治者による共通善の自然的一致不可能性というホッブズのアポリアを受け入れ、統治において共通善がなぜ体現され難いかをさらに深く考究した上で、各々の私的善を掣肘させることによる統治という発想に達した。為政者が恒常的に共通善を体現できることなどもはや期待することはできない。現実の世界には、共通善を体現できていない統治が多くある。

利害の調和という『カトーの手紙』の理念に対して、ボリングブルックは、その個人の自由を守ることとの重要性の強調にもかかわらず、政治社会における共通善への献身というアリストテレス以来の理念を最後のところで守ろうとした。だが、同時に、共通善を体現した統治者という理念がいかに困難であるかも十二分に認識し考究してもいた。

『カトーの手紙』とボリングブルックの対立の根底は何か。それは少なくとも一つには、『カトーの手紙』においては、力の対立からなる世界、征服の精神に代替するものとしての、経済という領域が見出されていたことに由来する。そこでは個人の自由が可能にする自発的勤労が、公的な繁栄の基礎ともなるのである。

それに対して、ボリングブルックにおいては、経済という私的利害の領域が、それ自体として公的な繁栄の基礎にあるという認識に乏しかった。いわば自他未分の一体感のうちにある原初の社会を理想視する視座は、ある意味では、個人主義の対極にある。政治社会の出現後は、太古の個人と社会の理想的な一体感は失われ、個人と政治社会とが乖離し、そこでの個人は、本来の社会との一体感から疎外された存在でしかない。第四章でみた私的善と共通善の不一致を、ボリングブルックは現実の政治社会の前提としている。ボリングブルックにとって、政治社会とは、失われた私的善と共通善の一体性を回復させるという不可能性への絶えざる挑戦が求められる空間である。

『カトーの手紙』は、自由を、単に自然法学的な権利と義務の言語に留めずに、他の領域にも拡張し、自由観の変容を行ったことに意義があった[35]。自然法学的な政治的自由が可能にする個人の勤労は、財産の獲得による独立としての自由（共和主義的自由の系譜）を可能にし、それは個人の精神に独立心を与える有徳な効果をもたらす。私的善と共通善の対立という図式がこうして一面において揚棄され、自由が、私的善の追求にも、徳性の改善にも、共通善へも寄与するものとして捉え直された。

第7章

一七四〇年代の自然観の転換——自然誌・言語・分業

I　はじめに

人間とは何か。この問いを解くために、動物と人間との相違を考察することは、アリストテレスら古典古代の著述家以来なされつづけてきたことである。それに関することであるが、スミスは、『国富論』において、生産力の増大による生活必需品や便宜品の豊富さをもたらす分業という原理は、「人間本性のある性向、すなわち、ある物を取引し、交換し、交易する性向の、きわめて緩慢ではあるが、必然的な結果」であると説明している。そして、この性向が、「人間の本性のなかにある、それ以上は説明できないような、本源的な原理の一つであるのかどうか、それとも、このほうがいっそう確からしく思われるが、推理したり話したりする能力の必然的な結果であるのかどうか、そのことは、われわれの当面の研究主題には入らない。それはすべての人間に共通で、他のどんな種類の動物にもみられないものであって、彼らはこの種の契約も、他のどんな契約も知らないように思われる」と述べる(1)。さらに、それを説明して、二匹のグレイハウンドが同じ兎を追いかけるときに協同行動しているようにみえても、そのときの情念の偶然の一致の結果にすぎず、熟慮した交換をする動物などいない。すべての動物は成熟すれば完全に独立し、他の動物の助力を必要としない。それに対して、「人間は、友情は何人かしか得られないが仲間の助力を必要とするので、相手の自愛心に働きかけて生活に必要なものを交換して生きるのだ」と説明している。(2)

この著名な自愛心のくだりは、スミスが動物と対比して出てきた言葉なのである。では、スミスの動植物観、ひいては自然観はどのようなものだったのであろうか。ここで問題となるのは、この時代、動植物観・自然観が大いに変容しつつあったということである。動植物や自然現象を説明する学問的枠組みは「自然誌 natural history」と呼ばれ十八世紀前半から中葉にかけて大いに発展した。スミス自身一七五六年の『エディンバラ・評論』同人への手紙の中で、「諸科学 sciences のなかで、自然誌にまさって、フランスで熱心に育成されているものは、ないようにみえます」(3)と述べ、フランスにおける自然誌の発展に着目している。

なかでもジョルジュ・ルイ・ルクレール・ビュフォンについては、「植物の形成 formation of plants、動物の発生 generation of animals、胎児の形成 formation of the foetus、感覚の発達 the development of the senses などについての、推理的で哲学的な部分は、ビュフォン氏によるものです。たしかに、この紳士の体系は、ほとんどまったく仮説的なものと考えられるかもしれませんし、そのような発生の諸原因にかんしては、その体系についてなにかひじょうにはっきりした観念を形成することは、ほとんどできないと、考えられるかもしれません」と述べ、留保をつけつつもかなり着目しているのである。(4)ビュフォン『自然誌』は、スミスが述べたような配列の著作ではない。初巻には地球の歴史の理論も含まれているし、様々な動植物についての説明がアトランダムに配置されている。スミスの述べたビュフォンの著作内容の配列は、スミスの興味の対象が、ビュフォンの動植物の発生と形成の問題であったことを示しているのである。

実際、同時代において、ビュフォンの動植物発達論は、神学的動植物観への攻撃と受け止められた。自然誌の発達以前は動植物、およびその人間との関係についての説明は自然神学の一部をなしていた。人間が「理性的被造物」であるという考えは、動物と人間の種的差異を前提としている。その種的差異とは神が与えたそれぞれの種が永遠不変であるという自然観に基づいていた。ビュフォンはその種の不変性という考えから脱却し、動植物の発生と発達の問題に取り組む。それはまた、種が固定されたものではなく可変的なものであると捉えることにより、十九世紀の進化論を準備したものでもあった。

なお、ビュフォンはアイザック・ニュートンの方法論を取り入れたと主張してもいた。スミスにもニュートンの方法論が影響を与えたのはよく知られている。現象をうまく説明できるためになるべく少数の原理を見つけることがそれである。しかしながら、方法論においてスミスが影響を受けたことは認められるにせよ、物理法則のように厳密なものが人間行動の法則において成立するわけではない。斉一的な法則の成立が可能な物理学の世界と、多種多様な人間行動を好むと好まざるとに関わらず意識せざるを得ない人間社会とでは、前提が違うからである。この点で、物理学的斉一性は望むべくもない動植物界の把握に、ニュートンの手法を取り入れたと称するビュフォンの自然誌は、スミスも「仮説的」と評しつつも着目していたものであり、したがってスミスが人間社会の把握する上で示唆を与えた可能性がある。

本章は、スミスも影響を受けた自然誌の発達による自然観の変容、なかんずく種についての考えの変化を考察したい。加えて、その、人間社会の法則化の方法論（それはスミスの自然観形成の根拠となるものである）への影響も考察したい。ニュートンに代表される十七世紀のいわゆる「科学革命」は物理学を念頭に考えられたものである。十八世紀中葉にはニュートン主義に影響されつつも、自然誌において学問の独自の発達・変容が起き、それは自然観の変容をももたらした。

生物学的思考は、ルソーやスミス等の啓蒙主義時代の思想家に大きく影響を与えることになる。本章では、ビュフォンらにおける、生物的自然および人間の自然を説明する方法の変容を分析することに焦点を当てて、十八世紀中葉における自然観の変容を説明したい。それは生命の起源の問題にも関わっている。冒頭引用したスミスの一見すると分かりやすい動物と人間の違いの指摘の背景を探るには、神学も交えた複雑で難解な思想史をたどらねばならない。一見「自明」に見えることの背後には、たびたび自明ならざるものがひそんでいるということは、思想史を探らねば分からないことである。

なお、一七四〇年代には自然誌と並んで、言語起源論の分野でも新たな視座が見出された。それは発達論という視座において共通していることも取り上げたい。

十八世紀中葉には、それぞれニュートンにより影響を受けつつも、物理世界より複雑な生物世界と人間世界の現象を説明できる手法が模索された。それは、スミスを含む啓蒙主義時代の思想家に大きな示唆を与えたであろう。

Ⅱ　時計仕掛けの世界観

本節においては、十八世紀中葉における自然観の変容を説明する前提として、十七世紀の機械論哲学が確立した物理学的世界観について説明したい。

現代の自然科学にあたるものは、中世において「自然哲学 philosophia naturalis」(ただし、たびたび scientia naturalis とも呼ばれた)と呼ばれ、感覚に現れる物理世界を探究する学問であった。それには天文現象、気象、鉱物などの研究が含まれていた。ただし、植物と動物の研究(今日の生物学)は、厳密には自然哲学の範囲にはなく、非生物と生物を分けるものと解釈されている魂の研究に位置づけられていた。[5] 中世の大学等において、これらの学問分野は別個のものとして探究される傾向にあり、その点はルネサンス期も変化がなかった。[6]

そして、コペルニクスによる地動説の提示や、ガリレオやケプラーらの理論により、自然哲学（今日でいう物理学・天文学）は大きく転換・発展する。しかしながら、近年の研究では、「科学革命」と説明されてきたようなそれまでのパラダイムとの劇的な断絶という形ではなく、コペルニクスからニュートンの時代に至るまで、一四九〇年から一七三〇年までに変化は長期間にわたる徐々のものであった。[7] 科学史家パークとダストンは「科学革命という神話」とまで表現する。[8]

ただし、ニュートンが同時代に衝撃を与えたことは事実であるし、その衝撃を与えた前提として、十七世紀において機械論哲学が隆盛したのも事実である。

そこで機械論哲学についての説明に移りたい。そもそも機械論哲学の創始者の一人はガリレオ・ガリレイであるとされており、一六一〇年代から二〇年代にかけて、オランダやフランスにおいて導入され、マラン・メルセンヌやピエール・ガッサンディやホッブズにおいて、機械論哲学は導入され始める。しかし、刊行された著作において意識的に機械論哲学を述べて、その隆盛の基礎を築いたのは、一七二〇年代後半におけるデカルトであった。[9]

デカルトは、存在それ自体の研究としての何らかの形而上学 metaphysics（むろんその内実は中世スコラ学とは多くの点で異なっているが）が、自然学 physics の基礎に置かれなければならないとする点で、アリストテレスの伝統を受け継いでもいた。デカルトは自らの立論の前提として精神と物質の世界を完全に区別する。「われ思うゆえに、われあり」によって導かれる主観と精神の世界は、明晰で判明なもののみを真理として認める。物質にある色や匂い等の属性は、人により感じられ方や見え方が異なる不確実なものであるとして捨象される。

そして、誰にとっても異ならないのは、物質がある大きさ・広がり（延長）を有しているということである。そこで、デカルトは、物質の本質は延長のみにあるとする。[10] こうして、デカルトは物理世界を、単なる延長としての物質、したがってある大きさ、形を有するものとしての物質と、その運動のみによって把握しようとした。

彼以後、延長とその運動によって物理世界を捉えるという自然哲学の発想は、多くの人に受け継がれることになる。

デカルト以前の中世において、物理世界は神の意図という目的因（事物存在の原因としての、事物が存在する目的）に導かれるものであった。デカルトにおいては、物質および物質の最初の運動を作り出したのは神であり、その後は時計のように事物がそれ自体で運動するとして、物理世界の説明それ自体から、目的因を排除した。[11] 物質はそれ自体として自ら活動的に運動するわけではない。あくまで消極的に動かされ、相互の接触にさらされる存在である。物質世界は作用因（現実に物質の変化・運動をひきおこすものとしての物質の原因）の世界である。精神の世界はそれとは別の存在である。

これに対して、ライプニッツは機械論哲学を受容しつつも、目的因を復活させようとして、以下の二点で変容させた。第一に、物質は消極的な力であり、作用されるのみであるとの考えに対して、自由な運動を与えられた生命あるものの力等の、作用されずして作用する活動的な力も存在するとした。[12]

第二に、延長と運動による物理世界というヴィジョンを認めつつも、運動法則そのものは、デカルトのように神の本性に由来する必然的な法則というよりも、神の自由な選択と英知の結果であり、必然性ではなく完全性と秩序という原理から引き出されると主張した。自然法とはライプニッツにとっては神の自由な選択の結果であった。[13]

ただし、その際、物質相互が法則によって動かされるという点を変化させたのではない。ライプニッツは作用因の世界と目的因の世界を区別する。その背景にはライプニッツの神学的世界観が存在した。そもそも、神は全知全能なのであるから、あらゆる可能性のなかから最善（オプティムム）なものとして世界を創造した。そして、宇宙は最も小さな運動でもその影響は遠くまで及ぶのであるから、あらゆる事物の運動は連続しており、したがって世界とは「現に存在する事物の全体的連続」である。[14]

そして、個別の被造物は、作用されるのみであって、おのずから作用するかけらもないということはない。意志を与えられた被造物がみずから意志的に動き作用していくように、被造物が作用するという性質は、被造物の性質としてそもそも神が与えているからである。意志を与えられた個別の被造物は、みずからの認識する限りの善・目的を追求する。[15]

では、悪の存在はどのように説明されるのか。神はむろん悪をなさないし悪を欲したわけではないが、しかしながら現実に悪は存在しているのはなぜか。そもそも意志とは、あることに含まれている善（目的として追求されること）に応じてそのことをなそうとする傾向性に存する。「意志が、それだけ独立して、一つ一つの善を善として別々に考慮するときには、先行的（antécédente）意志と呼ばれる」[16]。すなわち、個別の被造物は、それぞれ自らが欲求する目的を追求するということは、それ自体神が容認しているということである。したがって、その結果悪が生まれるとしてもそれは神の容認するところである。個別の被造物がそれぞれ自らの目的を追求して、悪が生じたとしてもそれを神が容認するのは、神は、個別の先行的意志の相互作用の全般的結果をも、意志しているからである（全体的意志と呼ばれる）[17]。個別に様々な悪が生まれたとしても、その相互作用の最終的帰結として世界が最善となるように、神は意図しているというのである。それが、神の世界に対する目的因である。「神は先行的に善を欲し、帰結的に最善を欲する、ということになる」[18]。こうして、ライプニッツは、個別の活動からなる作用因の世界と、その全体的帰結である目的因の世界を区別する。後述することであるが、この個別の目的追求活動と、最終的帰結の分離、そして最終的帰結が神の目的であるとの視座は、全体の利益を考えない個別の利益追求活動の結果として社会全体の物質的利益が達成されるとするスミスの「意図せざる結果の法」と通じるところがあるように思われる。

このような目的論の設定にもかかわらず、物理世界の法則に関する限り、ライプニッツは機械論哲学を固持してもいた。

この機械論哲学の変容でもあり大成でもある自然学を創出したのがニュートンであった。デカルトが空虚の存在を認めず、物質と物質を包む粒子ただよう空間（エーテル）の相互作用から物理世界を説明しようとしたことをニュートンは拒絶する。彼は空虚の存在を認めたうえで、距離を隔てた対象間でも働く力として重力・引力を導入する。引力とは、距離を隔てた物質間でも引き付けあう活動的な力であり、その点ではデカルトらの機械論哲学にみられる消極的な力の衝突からなる機械論哲学の変容をなした[19]。さらに、ニュートンによる引力の導入により、惑星運行の観察結果と整合的な形の、物理法則が導出されるに至った。

また、ニュートンは方法論上も変革を行った。まず、現時点で観察可能か、あるいは将来において観察されうるであろう諸現象を観察する。それらから原因を推測する。その際、自然の事物の現象を説明するに真実であり十分であるよりも多い数の原因を認めてはならない。同じような結果をひきおこしている原因は、同一のものとして計上される。こうして、なるべく少数の原理により物理現象は説明される方が望ましいということになる。加えて、こうして現象の観察から導き出された命題は、その命題を否定する他の現象が起きない限り、真実であるとみなされる[20]。

したがって、ニュートンは、自明な前提からの演繹によって出発するデカルトの方法論を「仮説的手法」として否定したうえで、経験と観察に基づく経験的手法を採用するに至るのである。ただし、その際ニュートンは、数学的論理を組織化する際の論理として用いたのである。それをなすために、観察された現実の諸現象を、数学的に処理可能な物質性そのものに還元している[21]。数学を原理とすること、そして延長とその運動を軸に物理法則を考察する点において、ニュートンはデカルト以来の機械論哲学を引き継いでもいるのである。

ただし、ニュートンは、自然世界に常に神が働きかけているとする点においてデカルト以上に神の働きを認めていたにもかかわらず、デカルトやライプニッツのように自然学の基礎として何らかの形而上学の体系を述べるということをしない。そもそも、十七世紀の初頭の段階では自然学と形而上学は分離されていなかった。十七世紀末においても完全に分離されたわけではないが、自然学の研究と自然学を基礎づける研究はかなり分離され、かなり別の学問領域となっていた。十七世紀末においては、自然学の形而上学的基礎づけに最も熱心なライプニッツさえ、形而上学と神学は、自然学者の固有の関心対象であるべきではないと論じているのである。ニュートンの厳密な数学的手法は、この分離を加速させるものであった[22]。

にもかかわらず、現実の十八世紀のイングランドにおいては、ニュートンの著作を自然神学と結びつける動きも活発であった。そもそも、当初はその数学的な難解さゆえイングランドでは理解が浸透せず、最初はエディンバラ大学等のスコットランドにおいてニュートンは受容された。しかし、徐々にケンブリッジ大学を中心としてイングランドでも受容されるに至る。名誉革命後、旧体制との結びつきの強かった啓示中心の神学は追いやられ、理性に重要な役割を与える神学がイングランド国教会内部では主流派となるに至る。特に、創造主の手が聖書と同様に自然そのものにも見出されることを示すために、自然哲学を彼ら主流派は用いるようになっていった。そのような目的のために、ニュートンが引き合いに出されたのである。例えば、神の意図を自然に見出しキリスト教を守るという目的で、ニュートンの援助のもとに、ボイル講義が一六九一年に設立された[23]。

現体制に批判的な側からのラディカルなニュートン受容もありえたものの、こうして大学の教師やボイル講義などを通じて、イングランドとスコットランドにニュートンは浸透した[24]。

フランスにおいては、一七二〇年代に、デカルト主義者やモーペルテュイら知識人の集団において受容がなされはじめた。一般に広がったのは、ヴォルテールが一七三八年に『ニュートン哲学綱要 *Élements de la Philosophie de Newton*』を出版してからであった[25]。

こうして、ニュートンが浸透するにつれて問題となるのは、ニュートンにより自然哲学から切り離された形而上学や道徳哲学を、どのように説明するかという課題である。むろん、先述のような神学的に用いる向きもあった。しかし、人間や動物の本性の考察、そして社会の哲学としての道徳哲学は、ニュートンの自然哲学それ自体には存在しないがゆえに、神学的なもの以外の多様なニュートンの受容も可能である。

こうして、十八世紀中葉において、ニュートン主義を受容しつつそれを大きく変容させて用いる形で、生物学という学問領域の基礎が成立するに至るのであり、それらにより生物と人間の「自然」への見方は大きく変容する。次節以降、ビュフォンに至るまでの生物についての視座の変遷を検討する。

Ⅲ　生命をどう説明するか

本節では、ビュフォンによる生物学を論じる前提として、機械論哲学において生命という現象がどう扱われていたかについて述べたい。

デカルトとライプニッツにおいては、機械論哲学が採用されていた。その際、身体が属する物質性の次元と、魂と知性が属する精神の次元をどう整合的に説明するかが大きな難問として存在した。デカルトの機械論哲学により、時計のように、物質間の相互作用と法則でもって動く世界を想定すると、では、人間精神と物質と身体の世界の関係をどう説明するかという問題が生じてくるからである。周知のように、その問題についてのデカルトの回答は、身体を精神が直接動かすのではなく、動物精気とよばれる極小物質が脳と身体を行き来することにより精神と身体の交渉が保たれるとする動物精気説である。

だが、その説にも根拠の不確実さが存在する。身体と精神の関係をめぐる困難に答えようとしたのがライプニッツであった。ライプニッツは、物質間の相互作用を超える、生命現象を説明するものとして、ラルフ・カドワースの形成的自然に着目する。

ここで、ライプニッツの生命論に言及する前に、カドワースの形成的自然について言及しておきたい。事物の本性と形相を与えるのは知性と精神の働きである。そして人間による知性と精神の働きをも支え、事物の本性を与えるのは、神の知性である。したがって、「神性そのものに直接依拠する宇宙の形成的自然が存在する」(26)。

こうして、カドワースは、究極的に事物を形成するのは神であるとしながらも、植物や動物それ自体において種からの成長のような「形成的自然」がみられる原因を説明した。

だが、知性と魂を構成する非物質的な現象と、物理的法則によって支配される物質世界とをどのように整合的に説明できるのであろうか。カドワースは物質世界にみられる受動性のみではなく、ある能動的原理としての知性と魂を認めていた。しかし、その能動的原理はそれ自体非物質的なものであるので、物質世界自体の法則を説明できるものではないのである。

このようなカドワースの形成的自然論をライプニッツは取り入れる。しかしながらその際、機械的法則は、あくまで普遍的法則として自然の運動においては妨げられないとし、機械論哲学を維持しようともした。有機的身体には必ず魂が伴うが、身体の運動の法則と展開と、精神と魂の進行は、それぞれ別々の運動である。しかしながら、二つの時計が同じ時刻を指しつつ運行していくように、同時並行的に進むとした。いわゆる予定調和説である。

では、人間を含む生命体の成長はどのように説明されるのか。その際、カドワースの形成的自然に言及しつつ、しかし、カドワースにおいてはあくまで非物質的であり物質世界に根拠のなかった生命の成長原理を、ライプニッツは物質・身体の世界に求めようとする。それが、動物はその母胎よりの誕生と成長の以前から、極小さな形ですでに完全な形状の生命体として存在していたという前成説である。「胚種」と呼ばれる生命のものとのようなものがそもそも有機体内には含まれているとした。「胚種」はそれ自体不死のものであり、生命体の成長した姿と形状と機能を非常に小さい形ではあるが備えている。「胚種」は女性の胎内に無限小の物質として存在するが、男性からの接触により刺激されて、成長する。「胚種」とは神が与えた生命体としての不変の性質と不死性を備えたものであり、男女の生殖によってその性質が変異するものではない。ただ、その大きさが変化するだけで、不死のものであるとされる[27]。こうして、近代的な生物学理論と大きく異なる形で、ライプニッツは生命現象を説明しようとした。

カドワースにせよライプニッツにせよ、神はあらかじめ自然世界の形を創造されたが、その際個々の生命体の原理をも創造したと考えたのである。このように、この時代の生物と自然の理論は、神の創られた秩序との直接的な関係において説明される傾向にあった。

これら生命体をめぐる論争と関連して、人間以外の動物の生命現象をどう説明するかという問題も存在する。それも争点の一つであり、デカルトやライプニッツがその論争に加わった。それを批判的に総括したのがピエール・ベールであった。

獣に魂はあるのかという問題に関して、アリストテレスおよび彼から影響を受けたスコラ学においては、獣にある魂は感覚や記憶や情念を備えているが理性は備えていないと主張された。これに対して、人間の魂を除く獣を含むあらゆる自然世界は、物体相互の物理現象により支配されること、物理世界と精神世界は根本的に別のものであることを主張するデカルトにおいては、獣の魂の問題は難問となった。それに対するデカルトの答えは獣には魂はなく機械に過ぎないというものであった。ベールは、デカルトの動物機械説がおかしなものであることはいうまでもないと言う。ただ、犬の魂に感覚を認めることは、感覚能力に伴う思考能力、すなわち理性能力を犬に認めることになるので、スコラ学派もまた矛盾していると批判する。[28]

両者にみられるこの矛盾を回避しうるものとしてベールが認めるのがライプニッツの説である。ライプニッツの説をベールは要約して、「1、神は世界の始めに当たってあらゆる体の形相、したがって獣の魂のすべてを創造された。2、これらの魂は以来、神が住まわせられた最初の組織された体〔有機体〕と離れがたく結びついて常に存続している」[29]。犬をはじめ各生命体は、神から与えられた本質的形状と生命を常に有しており、ただ出産後の成長により大きくなったり小さくなったりするだけだとすることにより、スコラ学派の説から帰結する感覚を有する犬が理性を持ちはじめるという矛盾が生じる余地がなくなる。また、デカルトの動物機械説に頼らずに、動物の能力を説明できるであろう。

しかしながら、この説にも困難さがある。人間の魂も動物の魂の活動が、人間や動物の身体の運動が属する物質の運動とは全く別箇であるとライプニッツがした予定調和説に関わることである。魂の活動を、物質の活動とは別のものとすることにより、魂が空腹を感じるのとちょうど同じ時刻に、身体は食物を欲するように変化しているが、両者に直接の連動はないとすることになるからであるが、それは「やはり呑み込みにくい点」である。[30]

このライプニッツの予定調和説のような、同時代人にとってさえ荒唐無稽に思われる説は、ライプニッツが、機械論哲学を保持したことと、そこから帰結する、身体を含む物質の運動は物質の運動法則に律されているのであり、魂や精神の活動とは別であるとする考えから導かれざるを得ないものであった。

機械論哲学を生命体の活動のメカニズムに単純に適用することからは、いずれにせよ、通常生活していて感じる身体と精神の働きからはかなりずれる結論が生じるのである。

Ⅳ　生物の観察による知識の発達とプルーシュの分業論

機械論哲学の生命現象への適用におけるある種の行き詰まりから脱却する道が、十八世紀には徐々に登場する。

そもそも、狭義の機械論哲学の伝統の外部において、大航海時代以降、諸外国からもたらされた膨大な数の動植物の標本や情報がもたらされていた。そして、動植物の多様性をいかに説明するかが課題となっていた。中世における自然神学による自然誌支配以前の、古代のアリストテレスやテオフラストスにおける多様な動植物の生き生きとした描写に示唆されつつ、より詳細な動植物に関する知識が十八世紀には集積されてきていた。加えて、アントン・フォン・ルーウェンフック（1632–1723）による顕微鏡の発見により、これまで肉眼では捉えられなかった小生物が発見されてもいた。十八世紀にはまだ、十九世紀のように、自然誌が動物学と植物学に分化してもいなかった。

厖大に増加していた動植物の分類体系を、その主著『自然の体系』において確立したのが、スウェーデンの自然誌学者カール・リンネ（1707–1778）であった。そこでは、自然の動物・植物・鉱物を、「綱 class、目 order、属 genus、種 species」に分けて分類する。リンネ自身はスコラ学的論理学の実践者ではあったが、この分類法は、それまで支配的であったアリストテレスの論理学による二分法に代わるものだったからである。その二分法とは、『動物誌』等におけるアリストテレス自身の動植物記述ではなく、あくまでアリストテレスの論理学に示唆され、十八世紀に至るまで支配した手法であり、ある動植物を、生物か否か、さらに生物であれば動物か否かのように、同じ特性を有するか否かによって分類するのであるが、この手法の難点は、同じ特徴を有するもののなかに、しばしば全く別の動植物が当てはまってしまうことである。対して、リンネの分類の方法は（彼は自らの分類方法を、いささか誤解を招く言い方であるが「性の体系 sexual system」と呼ぶ）、生殖手法を非常に重視したものである。生殖器官の数、目に見えるか否か、オスとメスの結合が生じるか否かなどである。この手法を使うと、例えばどの植物学者であろうが同一の結果に花を分類できるという利点がある。このような便利さからリンネの分類法は広く受け入れられ、生物学の基礎を築いたといわれるのである。

しかし同時に、リンネはスコラ学的論理学の実践者でもあり、かつ神から与えられた動植物の各々の種は不変であるとの信念の持ち主であり、その点では近代生物学を特徴づける進化論的発想、種は変化するとの発想からは程遠い中世的特徴をも有していた[31]。種は変化するとの発想の到来は、ビュフォンを待たねばならない[32]。

リンネとほぼ同時代に、一七五〇年から一七八〇年代におけるパリの図書目録から調べられたかぎり、ピエール・ベール『歴史批評辞典』、クレマン・マロ（1496–1544）の詩集、ビュフォン『博物誌』に次ぐ最も売れた著作であったと言われる『自然の光景 *Spectacle de la nature*』（一七三二年に第一巻が出る。全八巻。最終巻は一七五〇年出版）を出版した、ノエル・アントワーヌ・プルーシュ（Noël–Antoine Pluche, 1688–1761）[33]をここでは取り上げたい。ベストセラーの四冊のうちの二冊が自然誌の著作であることからも分かるように、この時代、自然誌はかなりの人気を博した。しかしながら、彼はリンネと同じく種は不変との信念の持ち主であり、その点では古い型の自然誌学者ではあるが、百科事典的な著作であり、動植物の記述のみならず、人間本性や社会についての記述もなされ、さらに様々な学問分野や技術や職業の記述までなされているからである。後述のようにその中には分業も含まれる[34]。

そもそもプルーシュはフランスのランス地方にパン屋の子供として生まれ、神学教育を受け、ランスのコレージュの教員となるもジャンセニストとなる。その信念は堅かったようで、表面的な恭順による妥協を拒否し、ジャンセニストを弾劾する教皇勅書 Unigenitus の遵守宣誓を拒否し、失職したほどである。その後パリで教育に携わったのち、全精力をつぎ込み完成したのが、一七三二年に第一巻が出版される『自然の光景』であった。その著作は評判となり、プルーシュはパリで文人として扱われた。この著作は、英語(一七三五年)、イタリア語とオランダ語(一七三七年)等ヨーロッパ各国語に翻訳される[35]。

プルーシュはその著作の目的を、自然の美を特に子供に示すことで、子供に好奇心を開花させ、それにより知性を開花させることにあると述べる[36]。

その際の手法として、「系統的に一般的で普遍的な知識から個別的な知識へと進む代わりに、われわれは自然それ自体の秩序をここで模倣すべきであると信じているし、われわれのまわりに存し、いつもわれわれの手の内にある最初の対象からもったいぶらずに始めるべきだと信じている。その最初の対象とは動物と植物のことであると私は述べたい。われわれは最も小さな動物から始めている。虫や貝類からわれわれは鳥、陸上動物、魚に至る。それらがわれわれになしてくれる奉仕の一部を検討したのち、われわれは、植物から引き出される奉仕に移る」と述べる[37]。その際、自然が見せる美の光景を楽しむことに著作の叙述を留めるのであり、「自然の根底それ自体を究明しようと主張すること、自然の結果をその特定の原因と結びつけようと欲すること、自然の原動力の巧みさと動き、そしてその原動力が構成されている最小の要素までも理解しようと欲すること、それは向こう見ずでかつ成功が非常に不確実な試みである。そのようなことは、上位の秩序に属する精霊や、それら神秘の中に分け入り見ることが可能である存在に任せておこう」と述べる[38]。

このようにプルーシュが著作の目的として述べることは、自然の見せる表層の観察にとどめるという極めて謙虚なものであり、自然現象の原因にまで探究しようとしない。確かに、プルーシュの著作は個々の動植物など森羅万象についての表面的記述が中心で、自然現象の原因にまで迫ろうというものではないという側面は否めないように思われる。しかしながら同時に、この言明は、生命体が生じる原因をめぐるデカルトやライプニッツらの論争を、それは人知では知り得ぬ領域に立ち至ることであるとみなす不可知論的な立場の宣言であるともみなしうるのである。

事実、種の起源をめぐる論争にはプルーシュは詳細には立ち入らず、例えば、昆虫について論じる章において、胎生種は、生まれる前から小体のまま完全に形成されており、「世界の始めから存続しているものであり、変化していない。〔中略〕虫は、地を這う毛虫は一匹の母を持っているように、ライオンも一匹のライオンから生じてきたのです。ライオンは一匹の母を有していますが、この母親はこのライオンと同じようなのです。そしてこのライオンから別のライオンがというように、それらすべてのライオンの誕生は、神が地に与えられた最初のライオンに結びつきます[39]」と述べる。先述のライプニッツにみられるような、生物の各々の種は不変であること、そして各生命体は、直接の母胎からの誕生により生命が与えられるのではなく、神が創造したときにすでに全生命体のもとが含まれているとの旧来の立場をそのまま肯定している。

しかしながら、プルーシュにおいて特徴的なのは、そのような種の普遍性およびその神による創造という立場を、神の被造物の見事さの賞賛と結びつけることである。昆虫はごく小さいが、それでも見事な構造を有している。したがって、「人間がなすことには、不平等と亀裂と粗雑さしか見出せないでしょう。そのすべては、勤労という限界、人間が用いる手段の粗野さの限界を有している。そこでのすべてには、作品を作るときの素材のことを知らない技量の悪い職人が見出される。反対に、創造主の最も小さな作品であっても完全である」[40]とするのである。生物の構造の複雑ながら見事に調和した構造は、創造主の英知の表れなのであった。

しかし、プルーシュは同時に、全生物の位階的秩序を認める。神に人間が従うように、人間は自然を従わせる。「自然とは、一連の年数の間に人間が手中に置く壮大な領域である。人間は星や天空の秩序の様相を享受する。人は地の宝と地が生み出すすべての保有者である。〔中略〕人間はそれらを人間の有用さに従わせるのみならず、人間の統治にも従わせる。人間が住む地球は実際、人間の勤労の産物と手からの作品に覆われている。それは実際、地のすべてに価値を与える活動である」[41]。このようにプルーシュは、上位の存在が下位の存在を従属させることによって秩序は成り立つという意味での存在の大いなる連鎖の支持者である。自然は、人間が支配し手を加えることで、自然たらしめられているのである。

では、自然の有用さを示そうとしたプルーシュの意図は何であろうか。これまでの著述家が十分になしてきたのは、「人間を恥じさせるためには、人間の欠点を示すことが必要であるし、そして、人間がその惨めさから抜け出すことを欲するために、人間の深い惨めさを知らしめることが必要である」[42]ということであった。実際、人間の小ささは生き生きと叙述されてきたし、「人間の利己心 amour-propre のあらゆる偽装を白日の下にさらしてきたので、われわれはこの主題については手直しすることを免除されている」[43]。人間の堕落をとりわけ厳しく指摘してきたのは、ピエール・ニコルやパスカルら十七世紀のジャンセニストであった。彼らは人間の悲惨さを強調することで、神によってしか人間は真の幸福が得られないことを主張しようとした。

プルーシュは、彼ら十七世紀のジャンセニストの主張は認めつつも、もはや同じ手法は取らないと宣言する。「人間の真の偉大さを証明する」別の道もある。人間を傲慢にすることなく、人間の適切な有利さを認識させることもできる。人間が高貴である証明をなしてしまう危険性を避けつつ、「戒律や教訓なく人間の義務の知識を獲得させせられる」[44]。それが、ここで人間について考察する際の観点である。プルーシュは、神への讃嘆と帰依へと導く道として、十七世紀のジャンセニストの手法を転倒させた立場を取ったのである。

彼の人間観は、自然の支配者というものであるが、それは、神の崇拝者として人間をなすための、神の意図でもあった。神は人間本性に、理性のみではなく快楽を与えた。人間が自らを保存するためになすべきことを維持する助けとなるように、快楽が永遠の忠告者となった。創造主による快楽の付加なくして理性のみでは有することができない、差し迫った無限の欲求が存在する。飢え、乾き、われわれを脅かす感覚、われわれに予期されるあらゆる快楽などである[45]。しかし、快楽は人間が自己保存するために必要なことであり、それにより栄養摂取や生殖を行うものの、それが人間の目的ではない[46]。

動物は栄養の摂取に地の生産物の利用を制限しているが、対照的に、「人間は知性を備えていることを自覚している。その知性とは、あらゆるものを判断し、あらゆるものを自ら用いるようになす」ことであるとし、これが人間と動物の具体的な違いである[47]。「規則的かつ不変の誕生により、毎日地の多様な生産物が増殖される。人間は、この富が自らが介入することなく再生されることを見出すが、人間はその用い方を統御する[48]」のが役目である。

具体的には、人間の手はあらゆるものを掴むことができるが、手は見かけは非常にか弱い。しかし「道具の力に助けられたときには、奇跡をなす[49]」。人間は道具を用いて、非生物を活用し、動物を支配する[50]。地と動物の支配のための人間の活動は、労働である。労働こそ、神の似姿としての人間の活動の第一のものであり、「労働とは人間の力の永遠的な行使である。地を耕し、地の生産物を獲得できるようにするのに比例して、人間は創造主を模倣している[51]」。

しかし、この際、「知性の果実と地の果実は、もし他のひとの協力と互酬の義務がなければ、十分な範囲ではわれわれのいずれも獲得しなかっただろう。各人は共通善のために自らの個々の勤労を評価される一方で、社会は、その人が必要とするあらゆる他人の手助けをその人に供給することで、その人に共通善についての認識を示す。社会は彼に、あらゆる時代の発見物とあらゆる場所の産物を渡す。あらゆるものが与えられるのは、適切には各人に対してではなく社会に対してである」[52]。そして、神は人間に腕と多様な才能を与えたが、それは同胞とともに社会のなかにおいてのみ有効に活用されるのである[53]。

ところが、社会のなかでの労働には、労苦がつきものである。その際、プラトンのように人間の境遇を嘆いて財産共有社会を構想するのもドン・キホーテの試みと同じくらい現実離れしているし、ライプニッツのように最善世界などと現実ではないあるべき姿としての世界や人間を思い浮かべたところで、「われわれの労苦をなぐさめるのに、この慰めはいかに弱いことか」と述べる[54]。プルーシュは人間のあるべき姿から考える人間観を否定する。

土地と境遇の同様の不平等さから、あらゆるもののない人が、それなしではすませえない自分の食べ物と自分を助けるものを、自らの腕と奉仕とを提供するということが生じるはずである。自然の実際の傾向から、明白に人間を働かせ、行動させ、相互に気を配るように強いられる。〔中略〕したがって、人間がみずからの保存が依拠する身分に従属し、人間がそれにより生存する労働を多様化することを欲したのは神である。お互いに愛し合わず、嫌悪を以ってお互いに破壊する用意が常にある人間が、にもかかわらずお互いに近づき、相互の扶助を獲得するために協力するのは、神の摂理の工夫によるのである[55]。

人間は堕落しているがそれでも社会は存続している。そのことのうちに神の摂理が存在する。そのような立場はジャンセニストが取った典型的なものであったが、プルーシュの特徴は、労働を神への義務として重視する彼の立場に由来する、人間の労働と労働の成果の交換に軸足を置いたことにある。

社会において、利己的で堕落した個人間の相互交換から社会が成立する前提として、プルーシュは分業に説き及ぶ。

すべてのひとは明白に自分のために働いているが、にもかかわらずすべてのひとは社会に役立っている。ある人はあなた方に靴を提供する。別の人はあなた方のために帽子を作る。帽子は魚や布地と引き換えに売られるだろう。魚や布地は果物や飲み物と引き換えに売られるだろう。ロンドンとパリのあらゆる看板は奉仕の約束である。これら都市とほかの至る所で、各人は自分のために働くと信じており、そのことに思い違いはない。しかし、あたかもあらゆる住人が社会への奉仕しか視野にないかのように、地の端から端までものごとは配置されていることが見出されている(56)。

そして、この分業によって、各人が自らの職業により熟練するにつれて仕事の効率化がよくできるようになる。「多数の人が従事する技芸や手仕事の正しい知識を獲得するに応じて、自らの仕事をより良く果たすようにならない人は誰もいない(57)」。靴作りや帽子作りは、それが哲学者の存在によりもたらされるものではない。同様にして、「才能の行使を規制する立法者はそれによって発明者となるわけではない(58)」。

このようにして、プルーシュは分業の発達による生産技術の向上にまで言及しているのである。さらに、生産技術の向上の結果として、より効率的な機械が生み出されることの利点についても述べている。「機械は、仕事を早くするために人が用いるものである」。粉引き小屋やポンプや印刷機などの発明により、人は「労働なき多数の腕」を手にした。すなわち、機械のない状態で働いていた労働者が、機械の登場でいったん失業する。しかし、「それによる仕事のない人の余剰からはすぐさま、より急な〔機械の〕仕事〔が生じる〕。〔中略〕水を運んでいた人は布を織ったり鋤で耕すことを習得するであろう。〔中略〕人の追求する欲求が無限であるあいだ、腕の増加がいかにして存在しうるのか」。維持されるべき道はつねにより多くなる、なすべき輸送はつねに増えてゆく[59]。各人が、分業により各職業に専念し、技術と仕事の向上に励むことで、より享受物が増加する。

このようにプルーシュは、自然にみられる秩序メカニズムを観察することのうちに神の働きをみるという目的で、動植物の構造の見事さを説くことに始まり、さらに、地と動植物を支配するものとしての人間の存在、その人間が地と動植物を支配する手段としての労働と道具、相互扶助により社会の成立と維持を可能にするものとしての労働の交換〔分業〕、分業の進展と道具・機械の発達による生産性の向上へと順々と説明していくのである。スミスはプルーシュの著作『自然の光景』を所有していたようであり[60]、スミスに示唆を与えたとしても不思議ではないであろう。

ただしプルーシュの分業論は、人類の「境遇の多様性」による相互扶助に神の摂理を見ようとするためのものであり[61]、「ある者は腕によって奉仕し、別のものは頭によって仕事する[62]」ことを示すものであった。プラトンに起源を有し中世に花開き、ハチスンらも引き継いだ系譜において、分業論は、統治的部分、思慮的部分などを頂点に据える、各々の階層と職分を受容せよとの位階秩序肯定論〔それは神が与えた種的本質と職分を遵守せよとの神学的価値観の反映でもある〕の色彩を強く帯びていた。プルーシュの分業論もその系譜を引き継いでいるのである。

また、ここで、プルーシュは、全体的な帰結としての共通善を直接追求せず〔あるいはなし得ず〕、個別の目的（善）のみを人間が追求しているにも関わらず、意図せざる結果として全体の福利が達成されるという考えに立っている。それは、ライプニッツから影響を受けたと考えることも可能である。先述のように、ライプニッツは個別に個人が目的を追求する先行的意志と、神が欲する全体的帰結を分離して考えた。ジャンセニストにおいても利己的な個人の意図せざる結果という観点を有していたが、その前提となる利己心そのものは悪徳とされているので、プルーシュの視座とは異なるのである。個人がそれぞれ善いと思うことを追求し、全体の帰結は誰も予期し得ないが、結果として全体の利益が達成される。そこに神の意志と摂理がみられるという考えにおいて、プルーシュはライプニッツの視座を引き継ぎつつ、しかもライプニッツには乏しかった経済行為の領域にそれを適用させて用いたと推測することも可能である。それは、スミスの「意図せざる結果の法」と近似したものであった。

ただし、プルーシュにおいては、依然としてあらゆる時間と空間を通じて成立する斉一的な人間と社会を前提としており、スミスのように段階的に発展する社会という時間的側面はいまだ乏しい。そして、単純な状態から複雑で発達した状態へというスミスの発展段階論へ示唆を与えたと推測することも可能な自然観を打ち立てたのがビュフォンであった。

V　ビュフォンにおける発達論への転換

本節では、ビュフォンを取り上げたい。ビュフォン（Georges Louis Leclerc, comte de Buffon, 1707–1788）は、リンネと並ぶ近代生物学への道を開いた博物学者として知られている。ビュフォンは、高等法院の弁護士をしていた父親のもとに生まれ(63)、初期には数学の研究に没頭する一方、ニュートンの信奉者でもあった（この点、ニュートン体系を否定したプルーシュとの違いがある)。しかし、パリの王立科学アカデミー会員に選ばれるためという目的もあって、モンバールに自身が有する森において木材の強度実験に取り組む。当時フランス海軍は軍艦を建設するための木材を必要とし、木材の強度と寿命を強化する方法を模索していたからである。こうして、パリの王立科学アカデミー会員に選ばれる。やがて一七三九年に王立植物園園長に選ばれ、彼はその職を終生保持することになる。(64) 王立植物園長の立場により収集しうる厖大な標本や資料のおかげもあって、ビュフォンの著作は一七四九年に最初の三巻が出版される。やがてそれは、諸動物や諸植物の記述のみならず、地球理論、鉱物論、人間論をも含む浩瀚な大部の著作となっていった。

リンネがスコラ学的な論理学に依拠していたのに対して、ビュフォンはニュートンらから影響を受けているが、では、ビュフォンの生物研究の方法論はどのようなものであろうか。

自然史研究の第一の障害は、対象の多様性から生じるが、予断なくなく観察を積み重ねることにより、次第に恒久的な印象が形成される。あらかじめ一定の視点と順番と体系でしか事物を考察しないと決めると知識の拡張には達しえないとしてリンネを非難する。(65)

さらに、デカルトにみられるような数学的手法、すなわち自明な命題から出発する手法について、「多くの種類の真理が存在し、数学的真理に第一の順位を置くのが慣習であるが、それは定義付けによる真理にすぎない。それら定義は単純だが恣意的な仮定に基礎を置いている。この種類のあらゆる真理は、定義づけにより構成されたつねに恣意的な結果にすぎない」(66)。こうして、ビュフォンは、十七世紀から十八世紀前半の段階では熱狂的に追い求められた、数学的に厳密な手法を、そのまま動物や人間等生命体の分析に持ち込むという手法の不十分さを指摘する。

それに対して、「反対に、自然学的真理は、恣意的ということが全くなく、われわれがなした仮定に基づくのではないので、われわれに依拠するということもなく、事実のみに基づく。一連の類似する事実、もし言ってよければ、出来事それ自体の絶えない頻繁な反復と継起が、自然学的真理の本質をなしている。したがって、自然学的真理と呼ばれるものは、蓋然性にすぎないが、確実さと同等の大きな蓋然性である[67]。繰り返し観察された事実は、「われわれにとって自然の真理の法である[68]」。ただし、数学的な明証性も重要であり、個別の観察から引き出されうる帰結の蓋然性を評価するために数学的手法は有用である。さらに、ある結果がある原因に基づいていることを見出したとき、蓋然性の計算を、「この原因と組み合わせられた結果がどれほど生じるのかを確証することに適応される[69]」。

ここで自らの自然研究の手法として参照されているのは、ニュートンの経験的手法である。ビュフォン自身、ニュートンは、みずからの体系の自然学の諸観念を、正確で数学的な評価で支えていなければ、今と同じような力はもたなかったであろうと述べている[70]。確かに、先述のように、ニュートンもまた、観察の積み重ねから機能的に引き出された一般的帰結を、考察の出発的にしなければならないと考えた。その点はビュフォンと一致する。しかし、物質相互の運動よりもはるかに複雑な生物の観察には、ニュートンの手法が機械的に適用できるわけではない。ここでのビュフォンのユニークさは、物理的世界よりもはるかに複雑な生物のメカニズムの解明に相応しい手法を案出したことにあるだろう。

なお、この手法の含意は、生物の研究は、自然神学とは別個の領域にあるということの宣言にあるように思われる。神学的根拠から種と生命を説き起こさねばならないことが、先述のようにデカルトやライプニッツを悩ませた種と生命をめぐる困難さに突き当たらせてしまったものである。神という根拠からではなく、あくまで観察に基づくということ、これは自然神学の従属下にあるものとしての生物の探究から独立した生物学への道を開くものであった。

この観察に基づくという手法を用いて、ビュフォンは、種と生命の起源という、デカルトやライプニッツをも悩ませた難問に取り組む。リンネが神が与えた種は不変であるとの古くから存在する考えを依然有していたのに対して、ビュフォン自身は、種が微妙に変化していくこと、種間の差異は固定的なものではなく、連続的で可変的であることを捉えた点で、自身は進化論者ではなかったものの、十九世紀のラマルクやダーウィンの進化論（実際、ビュフォンはラマルクには影響を与えたと言われる）につながる発想を有していた。神が創造した種による不変の秩序と発想から脱却するには、厳密に言えば存在するのは種ではなく個々の個体であり、種とは典型にすぎず、そこからの変異もありうるという発想にたどり着くのが第一歩であり、ビュフォンはその点に至ったのであった。(71)

ビュフォンは、「胚種」をめぐる論争にみられるような、神が創った生命体の起源は何かとの問題にも一石を投じる。ビュフォンは、生物は生殖するものであることを主張する。先述の「胚種」をめぐる論争ののち、一七四〇年には一見植物のようであるが、触手で粒子を捕食し移動も行う動物であるポリプが、オランダのジュネーブ人で博物学愛好家によって発見された。ビュフォンはこれに着目する。ポリプの再生を手掛かりにして、生命形成の謎、生殖 reproduction に迫ろうとした。それまで理解しがたい例外とされたものが、ビュフォンにより、普遍現象の最も単純な事例となったのであり、ラマルクをはじめ十九世紀の学者はすべて、同様に最も単純な生体において生命の研究を行った。(72)

ポリプの観察から、ビュフォンは、ポリプが、類似した幾つかの有機体からなる生体であるだろうと結論した。生物は、「生きた有機部分」（のちのこれをビュフォンは「有機分子」と名付け、それは十九世紀まで一般に用いられることになる）からなる。(73)「自然においては、無限に多くの、生命を有する有機的部分 parties organiques vivantes が存在し、組織化された存在は、それら有機的部分から構成されており、それを生み出すことは自然にとって何ら喪失ではない。〔中略〕同時に、動物や植物が生存の糧として吸収している物質は、有機的物質であり、その物質は動物のも植物のも同じ本性を有する」[74]。この説は一見すると、生物は小さな胚種に由来するとの「胚種説」に近いように見えるであろう。しかし、ここでビュフォンは、生体は、生命を有する「有機的部分」の結合によって成立しているのであり、言い換えれば、極小ではあっても生体として完成した構造を有する「胚種」ではなく、物質の組織化原理を有する複数の「有機的部分」の結合によって成り立つとしている。そして、生命を持たぬ有機物質を吸収することで生体は成長するとしているのである。

では、子孫の誕生は、どう説明されるのか。「栄養を取ること、発達すること、生殖することは、したがって、唯一の同じ原因の結果である。すなわち、組織された身体は、自らに類似した栄養物の諸部分から栄養を取り、自らに役立つ有機的部分の親密な受入れにより発達し、自らに類似した何らかの有機的部分を入れることにより生殖する」[75]。したがって、生体は有機的部分からなり、その部分の組み合わせに応じて変化しうるし、子孫の誕生も自らに類似したものを産む活動ではあり、したがって生誕も成長も死もすべてこの有機的部分の組み合わせ、および有機的部分による物質の吸収・排出活動から成るものとして説明される。こうして、ビュフォンは、発達、生殖など人間の生命の誕生と維持活動のすべてを、一貫した「再生＝生殖 reproduction」活動として捉えなおしたのである。ビュフォンの評伝の著者ジャック・ロジェは、このビュフォンの理論を、「ビュフォンの理論は、生物の秩序に自然的・自然学的な起源を与えることによって、「動物の発生」の問題を、はまりこんできた袋小路から脱出させることができた。この秩序はもはや神の創造から直接生じるものではなく、〔中略〕両親の体制から直接生じ」るとした[76]。こうして、神の与えた種という視座に代わって、種の発達が課題とされるに至るのである。

Ⅵ　ビュフォンとスミス

ビュフォンは動物の種的不変性ではなく、その発達構造を通じて各動物種のメカニズムに迫ろうとする視座を採用したが、それはビュフォンの人間観にも及ぶ。冒頭に挙げたスミスの分業論との関連がとりわけ強いのはこの箇所である。

では、ビュフォンの人間観はどのようなものであろうか。胚種説においてはあくまで、生体は誕生の瞬間から固有の本質を備えているとされる。ところが、複数の有機的部分の結合により生じ、物質の吸収によって成長するものとされるビュフォンの人間観においては、人間の精神活動の漸次的発達が説明される。ビュフォンは、人間は身体のみではなく魂を有し、魂は思惟であり、不死で非物質的であるとして[77]、同時代の神学的観点への同意を示す一方で、精神活動が不変のものではなく漸次発達していくものであることを主張する。

そもそも、動物と人間の違いはどこにあるのか。人間と動物は、共に、肉体すなわち組織化された物質と、感覚、血、運動、無限の類似性を有している。しかしすべての類似性は外在的なものにすぎず、人間本性が動物性にあるとは言えない[78]。人間には、動物にはない、言語と思惟がある[79]。動物が言語を有さないのは、言語が思惟の連続を前提とするからである。

この思惟と言語は人間に何をもたらすのか。動物においては、各々の種において、なぜ同じことを同じやり方でなすのか。動物の斉一性はなぜか。少しでも人間を照らす思惟の光を有するなら、動物にも多様性が生じていただろうが、現実にはそうではない。反対に、われわれの産物と作品がかくも多種多様なのはなぜだろうか。それは、各人の魂が、それぞれ他人の魂からは独立しているからである[80]。したがって、動物は、物質性に基づき、本能にしたがって生きるが、人間は、個人に個別の思惟という魂が宿っているがゆえに、行動の斉一性は生じない。

人間の精神活動は、はじめから発達していた訳ではない。猿に近い状態からそれは徐々に発達した。「手を有する動物は最も精神的なように思われる。猿は人間の機械的行動と非常に類似したことをなす[81]」。ただし、人間は、自由に動かせる五本の指を有しており、また肌が柔らかく敏感に感じ取ることができるという、動物にはない利点が存在する。人間においても、赤ちゃんや幼少期は手を自由に動かせない。あらゆるわれわれの知覚が依存している触覚というこの重要な感覚の発達の人間における遅れがあるのは確かであるが、触覚はものごとの形状についての最初の概念を認識する[82]。

触覚により、人間の精神は発達する。「人間はおそらくほかの動物よりも、この最初の幼児期において触覚を最大かつ最も迅速に用いるようになるためによりたくさん精神を用いる。幼児が手を用いる自由を有するようになるやいなや、幼児はこれをおおいに用いずにはおかない、〔中略〕それは、そのもののあらゆる側にかなり長い間触れることで身体の形状について知ろうとしていることのように思われる[83]」。われわれが完全で本当の知覚を獲得できるのは、触れることによってのみである。こうして、触覚という知覚により諸対象に触れることで、諸対象の観念を有するようになり、人間精神は発達してゆく。

こうして、ビュフォンにおいては、人間精神の発達について、神が付与した本性という根拠から論じることのみに主眼を置くそれまでの自然神学的観点からの転換を可能にする視座、すなわち子供から青年、大人へと人間の発達過程に沿って人間精神が発達するさまが描かれる。人間の精神活動を、単純な当初の状態からの徐々に複雑な大人の状態へという、時間軸に沿った発達過程として説明されている。このようにして、複雑な人間精神活動を、自然的に説明することに成功した。

複雑な現象を説明する際に、ある単純な状態を想定することで、本質を見抜き、そこから順次の発達過程を追うことで複雑な現象を説明するという発達論的で歴史的な手法は、『国富論』においてスミスが、分業論においても、初期の分業未発達の時代から分業の完成した社会への流れで説明する際に行ったものを思い起こさせる。本章冒頭に引用したように、スミスは、人間の分業を必要ならしめる交換性向を、「人間の本性のなかにある、それ以上は説明できないような、本源的な原理の一つであるのかどうか、それとも、このほうがいっそう確からしく思われるが、推理したり話したりする能力の必然的な結果であるのかどうか、そのことは、われわれの当面の研究主題にははいらない。それはすべての人間に共通で、他のどんな種類の動物にもみられないものであって、彼らはこの種の契約も、他のどんな契約も知らないように思われる[84]」と述べる。人間の交換性向が「本源的な原理」ではなく、「推理したり話したりする能力の必然的な結果」であるということは、人間の交換性向が、神から与えられた人間の「推理し話す」という理性的被造物という種としての永遠不変の原理に基づく永遠不変の本質としてどの社会にも存在するものというのではなく、また、人間が原始から行っている行為なのでもなく、動物と人間を区別することになる会話と推理という能力の発揮の帰結として徐々に形成・発達されてきたものであるということを意味している。ここでは、人間は、種的不変性という視座からではなく、発達し変容するという視座から、すなわち、相互の交流を通じて知識と技術を改善・拡大し、自らの状態を変容させていく能力を有するものと捉えられているのである。

なるほどプルーシュにおいても分業論は存在した。しかもそれは、自愛心への訴えかけに基づく相互交流という視座においてスミスと共通する部分を有する。しかしそれは種的不変性という位階秩序を説明する原理としてであった。スミスの言う「分業」は、人類の起源から存在したものではなく、人間の活動の発達の帰結としてのみ存在しうるものである。人間は発達し変容するものであるというのはスミス『国富論』の根底にある価値観でもある。あくまでも理論的可能性の次元において整理すると、プルーシュの分業論を、種の永遠不変の営みとしてではなく、ビュフォンの発達論の視座から捉えること、すなわち、人間活動の結果として一定の発達段階に達した社会でのみ存在しうるものと捉えることで、スミスの分業論の視座に達するように思われる。

では、ビュフォンにおいて、人間の精神の発達の帰結はどう捉えられているのか。「動物の本性に適合するものすべて、動物の保存に貢献するものすべて、動物の存在を支えるものすべては快楽である」[85]。こうして、動物においては、快楽を追求し、苦痛を避けるという本能による活動が、そのまま生命を適切に維持する活動へと直結する。

だが、人間において、同様のことはあてはまらない。「人間において、快楽と身体的苦痛は、人間の苦痛と快楽のうちの最小の部分でしかない。継続的に働く人間の想像力はあらゆることをなすか、あるいはむしろ人間の不幸以外のことをなさない。なぜなら、想像力は、むなしい幻や誇張された映像を魂に示すからである。〔中略〕実際の対象がなしうることよりもこの幻影によって動かされるので、魂は判断する機能を失い、同時に人間の支配力を失う」。こうして、極度の欲求が苦痛になり、むなしい望みが、失望と喪失をもたらす[86]。

幸福は人間のうちにあり、幸福は人間に与えられているのに、こうして人は不幸になるのである。「身体には、悪よりも無限に多くの善が存在する。したがって、恐れるべきは現実ではなく空想である。〔中略〕われわれも〔動物におけるのと〕同じような〔快楽による自己保存の〕機能を有しているが、快楽のための別の手段も有している。それは、精神を行使することであり、その欲求は知ることである。もし情念が厄介をおこさなかったら、この快楽の源泉はより豊富でより純粋である」。情念のもとにおかれ、理性が沈黙すると、諸悪と不幸をひきおこす幻想が活発となる[87]。人間には身体と精神が存在する。身体は身体の本能を追求し、精神は精神固有の活動を追求していれば人間は幸福であろう。人間の不幸は、身体と精神の活動が入り混じった情念によりかき乱されることにある。

なお、このような考えは、どこかしらルソーを思い起こさせるものがある。実際、ビュフォンの著作は、ルソーにより賞賛されたし、事実や方法の点でビュフォンから多くを借用したとも言われている。そして、ビュフォンもルソーの著作に感動し、手紙のやり取りもしていたようである。[88] 人間の精神活動は、その発達により、本能によって生きる存在にはない混乱と不都合をもたらすものでもあるという視座は、ルソーと通底しているものである。また、それは、ビュフォン自身や、あるいはビュフォンを通じたルソーと、『道徳感情論』において、人間の境遇改善活動は、他人の目線を気にしたものであり、本能により必要なものを超えたものを求めており、欺瞞であるとの立場に立ったスミスとも、通底しているように思われる。

VII 言語起源論

なお、自然誌という分野に加えて、一七四〇年代においては、言語学の分野においても、エチエンヌ・ボノ・ド・コンディヤック（Etienne Bonnot de Condillac, 1715–1780）による言語起源論の提案という形で、人間の認識を探究する方法論の転換が行われた。

コンディヤックの言語起源論の基点は、ロックの言語論である。ロックにおいては、人間の言語は、そのもの自体・本有観念を表すことはできないという不可知論を前提としつつ、人間は感覚によって精神に印象を取り込み観念とし、それを言語化するものとされた。言語においても経験主義を取り入れたのである。

ロックの経験主義を取り入れつつ、コンディヤックがなしたのは、デカルトのコギトの否定である。

確実な知識に到達するためには、自分が獲得したと思い込んでいるあらゆる知識を一旦全部投げ捨てることから始めなければならないと、こうデカルトは考えたが、それはもっともなことである。しかしデカルトは、これを実行するには一切の知識に懐疑を挟むだけで十分だと考えたのであるが、これは間違っている。二たす二は果たして四であるかとか、人間は果たして理性的動物であるのかといったことを疑うにしても、それは二、四、人間、動物、理性的といった観念を持っているということを前提にしている。それゆえこの懐疑は、これらの観念を、その内容には手をつけずに温存してしまう。(89)

デカルトのコギトに類似した否定はエドムント・フッサールにもみられるものであるが、フッサールは、デカルトのコギトの否定から現象学に向かった。コンディヤックの場合は、デカルトのコギトの否定は、それが暗黙のうちに前提としていた言語に改めて焦点を当て、その起源を追うことに向かう。

コンディヤックが提案するのは、「我々の持つ様々な観念の起源にまで遡り、それらの生成を辿り、自然によって定められている限界に至るまでこれらの観念〔の発展〕を追跡し、そのことをとおして我々の認識の広がりと限界を確定し、人間の知性全体を一新しなければならない。この探究をうまくやりとげるためには、観察という道以外に方法はない」という方法論であり、具体的には魂の働きを発展段階に沿って追跡し、記号を身につけ使用するようになる起源と発展の探究である。(90) こうしてコンディヤックは、魂の働きの発展段階に関しては、人間が感覚により知覚を取り入れ、それを観念にし、観念同士を結合していくのである。また、言語に関しては、最初、言語なき二人の子どもの状態を想定し、彼らが叫び声によってお互いにやりとりを始めると推論することから始め、叫び声が身振り言語となり、身体の激しい動きによる身振り言語の代わりに、音声言語が登場するが、それは当初は声の激しい抑揚により意志を伝えるもので、詩的で音楽的であった。やがて人間社会の人口が増え社会が複雑化し、法律が増加するにつれ、書き言葉が発達し、言語も感情的なものから穏やかで分析的なものとなった。この言語の発展を、古典古代を中心にした様々な文芸や社会によって裏打ちされつつコンディヤックは辿った。

ここにおいても、ビュフォンと同様に、人間の精神活動を、その永遠不変性から論じるのではなく、徐々に変化し発展するものとして描くことにより、段階的に発展するものと捉える視座にコンディヤックは立った。なお、スミスもまた、コンディヤックによって示唆されたらしき言語起源論を執筆しているが、そこでは、ラテン語から近代語への格変化のあり方の変化を叙述しつつ、諸言語は発展につれその構成は複雑化するが、格変化という点では単純化し、明晰になったと論ずる。その反面、その変化により言語は冗長なものとなり、ラテン語であれば可能であった韻文的・劇的表現が損ねられたとの分析がなされている。[91] 言語の発展のメカニズムはどのようなものか。

言語は、その構成において複雑になっていくのにまさに比例して、その諸基礎と諸原理においては単純になってくるのであり、機械装置にかんしてふつうに生じるのとおなじことが、それにおいても生じてきたのである。すべての機械は、一般に、最初に発明されたときには、それらの原理においてきわめて複雑であって、それらが遂行すべきことを意図されている個々の運動のおのおのについて、個別的な運動の原理があるということが、しばしばである。ひきつづく改良者たちは、一つの原理が、それらの運動のうちのいくつかを生み出すように適用されうることを観察し、こうしてその機械はしだいに、ますます単純なものとなり、まえより少ない車輪、少ない運動原理をもって、その諸効果を生み出すのである。[92]

こうして言語においても機械においても、一見するとその発展した状態は非常に複雑多様ではあるが、その内的諸原理においてはむしろ単純化しているということ、むしろ単純化したからこそ発展が可能だったという視座をスミスは取る。これは、仕事の単純化を原理とする分業が、かえって発展した社会の原理であるというスミスの『国富論』における視座と共通するものである。ビュフォンの自然誌やコンディヤックの言語起源論にみられる発展段階論という視座をスミスもまた取っていた。しかしその受け売りではなく、言語起源論を通じてその内的原理について、むしろ複雑から単純な原理へという流れであるという観察がなされているのであり、その内的原理はスミスの根底にある視座の一つである。

Ⅷ　おわりに

十七世紀からビュフォンに至るまで、神が与えた各々の動植物の種は不変であるとの視座が強固に存在した。それは、自然誌が、自然神学の領域に属するものとされたからである。

同時期に、デカルトの登場等により興隆した機械論哲学の世界観は、物質相互の運動から世界を考えるものであったが、そうなると人間の精神活動や生命現象をどう説明するかという難問が生じる。そこから、デカルトの動物機械論や、ライプニッツの予定調和論など、精神世界と物質・身体世界が別箇のものであるという、感覚と矛盾した立論に至らしめることになってしまった。

だが、同時代に、海外との行き来の活発化によってもたらされた厖大な動植物に関する情報、顕微鏡による微小生物の発見を受けて、それら動植物の情報を経験的に集積・分類しようという試みがリンネによりなされた。

プルーシュもそのような時代の人であり、そこに彼の著作のきっかけがあったのであろうが、プルーシュは依然として、神が与えた種の永遠不滅性と胚種説を信奉する者でもあった。生物の仕組み、動植物の差異、動物と人間の差異を彼は鋭利に観察した。しかしそれを、上位の被造物は下位の被造物を支配すべきであるとの神学的世界観に収斂させてしまってもいる。その奇妙な混合として、地と動植物を支配するものとしての人間、その支配の手段としての労働と道具、労働の成果の交換による社会、分業という観念にまで至った。特に、個々人が利己心から労働しているが、その帰結として生産物の交換による相互扶助の達成という全体の利益が意図せざる結果として得られるというプルーシュの考えは、ライプニッツの思想に示唆されつつそれを経済行為の世界に適用したものと推測することも可能である。プルーシュの「意図せざる結果の法」は、スミスのそれと近似しており、スミスに示唆を与えたと考えることも可能である。

スミスにおいても、自然に働きかけて有用なものを引き出す人間という観点は残っており、プルーシュの自然観と連続性も存在する。

しかしながら同時に、プルーシュにみられる、上位の被造物による下位の支配という位階的秩序、永遠不変の種とその本質という視座は、スミスの視座と大きく異なるものである。

プルーシュにみられるそのような神学的視座からの転換をなしたのが、ビュフォンであった。ビュフォンは、ニュートンの経験と観察に基づきつつ、原理を抽出するという手法を、本格的に用いた。それによって、ビュフォンにおいて自然は、もはや神との直接的関係において捉えられるものではなく、自然の事物それ自体のメカニズムに即して考察されるべきものとなった。

その際採用した視座は発達論である。動物も人間も、誕生、発達、生殖、子孫の誕生という、発達過程から把握されている。動物が本能的快楽を追求することは、そのままこの再生産過程を持続させるものである。物質的な生命維持活動に即して、生命体は把握されるべきものとなる。そこに、神学的世界観からの決定的離脱の第一歩を見て取ることもできよう。

では、人間の精神活動の発達はどう捉えられるべきか。ビュフォンは、幼児期における精神活動に乏しい状態から、ものを触ることを通じた徐々の観念の発達など、精神活動が人間の発育・発達過程に沿って発展するさまを描いた。人間の精神活動等のきわめて複雑な事象を、非常に単純な当初の状態を想定し、そこから漸次的な発達過程を描くことで捉えるということがビュフォンのなしたことであった。

きわめて複雑な状態を、原初の状態からの発達過程として捉えるというこの視座は、スミスの発展段階論と共通するものである。ビュフォンの自然解明の手法は、言語起源論と並んでスミスに影響を与えたと推測することもできよう。一七四〇年代における自然誌・言語学における新展開は、人間の活動を考察する新たな視座を生み、そこからスミスも多大な影響を受けたと推測することも可能である。

例えば、単純な状態を想定して価格調整メカニズムを捉えることから抽出される市場価格と需給均衡のメカニズム、同じく資本に乏しい状態を想定しそこから社会発展に望ましい資本投下の順序を考えるという資本投下の自然的順序の説明において、スミスは、単純な状態を想定することで抽出された原理でもって、より複雑な社会現象の原理をも解明しようという手法を用いている。スミスがニュートンの方法論から示唆されたのはもちろん正しいであろうが[93]、物理世界と異なり極めて複雑な人間社会にそれを適用する際には、ビュフォンによるニュートン主義の自然世界と人間への発達論的アプローチに示唆を得ていると考えることも可能である。

実際スミスは、冒頭でも挙げたように、「植物の形成 formation of plants、動物の発生 generation of animals、胎児の形成 formation of the foetus、感覚の発達 the development of the senses などについての、推理的で哲学的な部分は、ビュフォン氏によるものです。たしかに、この紳士の体系は、ほとんどまったく仮説的なものと考えられるかもしれませんし、そのような発生の諸原因にかんしては、その体系についてなにかひじょうにはっきりした観念を形成することは、ほとんどできないと、考えられるかもしれません」[94]と述べつつ着目していた。

推測するに、この箇所が意味しているのは、第一に、動植物の発生・形成という複雑な現象は、物理学ほどには明瞭なメカニズムで説明できず、ニュートンを含めた物理学の手法をそのまま当てはめられないということである。実際、自然の結合諸原理を示し、「ばらばらな対象をいっしょにする見えない鎖を示す」哲学の営為のなかで[95]、ニュートンについて「あらゆる所で、想像されうる限りで最も正確で最も具体的であり」かつ、「他のどんな体系に探してもむだな程度の堅固さと確実さをもっている」[96]と称揚しているのは確かであり、スミスがニュートンから少数の原理により現象を説明するというアプローチを示唆されたのもほぼ間違いがない。しかしながら、前段落の引用文にみられるように、動物の発生という複雑な問題では、「ひじょうにはっきりした観念を形成することは、ほとんどできない」と述べていることから、ニュートンのアプローチをそのまま動物の発生と発達問題に当てはめることの困難さもまた認識していたと言えよう。

そこで、第二に、ニュートン的アプローチに示唆を受けつつ変容させたビュフォンのアプローチ、すなわち、推測と哲学で、「ほとんど仮説」のようにして動物の発生と発達の起源に迫るというアプローチの有効性を認めたのである。ニュートンが仮説を嫌っていたことは著名であるが、複雑な自然現象の説明では、推測と仮説はやむをえないとも言える。その推測のビュフォンの手法は、現在の複雑な状態を、それをさかのぼった当初の単純な状態を想定して、そこからの徐々の形成・発達を考察するものであった。

人間の営為は、種として永遠不変なのではなく、一定の発達もみられる。このような変化し発達する人間活動という考えは、スミスによる四段階理論や、チュルゴの進歩論を思い起こさせる。それらのアプローチは、「推測的歴史」と呼ばれる。「推測的歴史」は、現在の複雑な社会状態をさかのぼる、非常に単純な社会状態を想定し、そこからの段階的発展を推測することで、現在の複雑な社会状態の原理をうまく説明しようとするものである。「推測的歴史」が、ビュフォンの「推測」による発達論のアプローチと近似している。ビュフォンが、「推測的歴史」の手法に影響を与えたと考えることも可能である。

特にスミスにおいては、未開の狩猟社会から、最高段階の商業社会までの社会の発展段階が説かれるが、その最高段階は分業の全面化によってもたらされるもので、未開の原初の人間の状態にそれがそっくり当てはまるものではない。ホッブズ、ロック、プーフェンドルフら、スミス以前の自然法学論者にも、自然状態から国家へという一種の「発展段階」は存在するが、それは国家の元にあることが、神から与えられた人間の固有の本性に相応しいとの含意を含んだものであった。スミスの商業社会の原理たる分業の全面化は、もはや神が与えた人間の本性にふさわしい永遠不変の状態を必ずしも意味しない。それは、人間の営為により発展した一定段階でのみ見出されるものだからである。市場システムも、その十全な実現は商業社会に入ってからのことであり、原始より存在する不変の社会機構ではない。なお、自然状態から国家へという社会契約論における人間の社会における発達段階は、国家が人間の本来属すべき、自然として把握されているのだとすれば、市場は、人間社会本来の「自然」ではなく、人為により達成され成立する状態としてある。

純理論的に考察すると、プルーシュやハチスンらにもみられた分業論を、それを人間の種としての固有の本質からではなく、ビュフォン流の発達する人間の活動・状態という視座から捉えなおすと、スミスの四段階理論と商業社会観が得られるであろう。それは、人間活動には、神から与えられた不変の営みを維持する存在としてではなく、自ら価値を創造し状態を変容・発展させていく積極的側面があることを捉えたものでもあった。

第8章

十八世紀中葉における文明社会史観の諸相——チュルゴ、ミラボー、スミス

I　はじめに

十八世紀中葉におけるスコットランド啓蒙とフランス啓蒙の開花は、啓蒙の時代の盛期をなすものである。経済的・文化的にも、スコットランドもフランスも（多少の揺り戻しこそあれ）繁栄を謳歌していた。その繁栄の最中にもかかわらず、あるいはそうであるがゆえに、少なからぬ啓蒙の知識人の脳裏によぎったのは、文化爛熟する同時代ヨーロッパ文明は、古典古代ローマ帝国と同様の衰亡の道をたどるのではないかという不安感であった。ローマのみではなく、有史以来、世界中の文明という文明は興亡を繰り返してきた。近代資本主義の「例外的な」発展をまだ知り得ぬ啓蒙知識人にとって、興亡の反復こそが通常の歴史感覚であった。したがって彼らは、社会の発展と衰亡の歴史法則を探究しようとした。例えば、ミークが明らかにしたように、生活様式の区別に基づく狩猟社会から商業社会への社会の史的発展段階論が、スミスと並んで、一七五〇年代にアンヌ・ロベール・ジャック・チュルゴ（Anne-Robert-Jacques Turgot, 1727–1781）により史上初めて明確に打ち出し

た。[1] チュルゴは、フランス十八世紀経済学を代表する人物の一人で、重農主義者であり、一七七四年には財務総監になった人物であるが、経済学に取り組む前に、文明への社会の歴史法則の問題を研究していた。

なお、四段階論の起源に関して十七世紀後半のプーフェンドルフに、商業社会をも含んだ発展段階論が見出せるとの見解が歴史学者ホントにより打ち出されたが、[2] 反論がなされたほか、筆者がプーフェンドルフの著作『自然法と万民法』[3] のうちホントが論拠とした箇所にあたって確認した範囲内でも、プーフェンドルフには、スミスの商業社会観の理論的基礎となる交換に基づく社交性という考え方こそ見出されるものの、商業社会と呼べるような社会観を確認することができなかった。スミス、チュルゴの商業社会把握が画期的であるということは、今もって事実であるように思われる。

チュルゴは、発展段階論に加えて、一七五〇年に史上初、完全な形での進歩史観を案出したともされている。また、ヴィクトール・リケティ・ミラボー（Victor Riqueti Mirabeau, 1715–1789）は、一七五六年に史上初めて、名詞形で「文明 civilisation」概念を用いたとも言われている。[4] このように、一七五〇年代には、英仏の両方で、歴史的視座に基づいた社会観である文明社会史観が勃興し、社会観・歴史観上の転換が生じたのである。

重農主義者やチュルゴにおける文明社会観と経済学の展開の背景は重厚であって、本来であればそのためには別の一冊を書かねばならないほどであるが、本書では紙幅の都合上もあってスミスを転換点としてその背景に迫ることに対象を限定しているので、重農主義やチュルゴについては本章におけるスミスの社会観との簡単な比較に叙述を制限せざるを得なかった。スミスの社会観・歴史観を捉えるためにも、一七五〇年代において英仏をまたいで、なぜ文明社会史観が成立したのかという、広い視野から研究をすることが必要であるが、拙著では、それを十全にはなせず、ただ、チュルゴ、ミラボー、スミスそれぞれにおける、文明社会史観の検討、比較考量を行うに留めておきたい。

II　チュルゴの螺旋階段式進歩観

先述のように、生活様式にもとづく発展段階論的認識がいつ生じたのかを研究したミークによると、四段階論の最初の二人の創始者はスミスとチュルゴであるとするが、二人は独立に、そしてほぼ同時期に、おのおの四段階論を定式化したという。その日付については推測の域を出ない。四段階論を含むチュルゴの『世界史についての二つの言説計画 *Plan de deux Discours sur l'Histoire Universelle*』(『世界史論』)(一七五一年)はソルボンヌで書かれた未刊の原稿であり、死後(一八〇八年)刊行された。一七四八年チュルゴは「進歩の原因と学問と技芸の衰退についての探究、または人間精神の進歩の歴史についての省察 *Recherches sur les causes des progrès et de la decadence des science et des arts ou réflexions sur l'histoire des progrès de l'esprit humain*」というノートを編纂したが、それはのち『世界史論』で仕上げられる考え方の概略が示されていた。そして同じ年のより早い時期にモンテスキューの『法の精神』が現われ、ノートを書く前にチュルゴはそれを読んでいたという。そのノートには四段階論の痕跡はない。一七五〇年一二月のソルボンヌでの講演「人間精神の連続的進歩の哲学的概観 *Tableau philosophique des progrès successifs de l'esprit humain*」(これは十八世紀の進歩の概念の歴史の重要な資料とみなされている)において、人間は、野蛮から洗練への進歩の様々な段階を経験すると述べられている。しかし生活様式にもとづく発展段階論は欠いている。そして、『世界史論』において四段階論に到達したとミークはする。(5)

このように、四段階論が、スミスと並んでチュルゴにおいて完成されたこと、同時にチュルゴが進歩史観を提唱したということについては、すでによく研究されていることである。したがって、本節での考察の中心は、より広く文明社会の興隆と衰退のメカニズムについてのチュルゴの基本的な社会史観がどのようなものであり、そして文明社会の衰退に対する彼の問題意識がいかなるものであったのかということである。

上述の三著作を通じて、一貫してみられるのは、学問や技芸を含む人間精神の進歩の道筋はいかなるものであり、その原因は何であるかということである。そしてその探究を通じて、チュルゴは自らの社会史観を展開している。

まず、一七四八年の「進歩の原因と学問と技芸の衰退についての探究、または人間精神の進歩の歴史についての省察」において[6]、チュルゴは学問と技芸の進歩と衰退について考察する。

チュルゴが指摘するには、学問の進歩に関しては、形而上学など精神活動に関わる諸学問においては精神の自由が要求されるが、技術の知識においては一定の経験の蓄積が要求されるという相違がある。技術の知識の蓄積は学問の前提である。例えば、望遠鏡の発明がなければ、天体の運行についての発見は行えなかったであろうし、ニュートンがその運行について考察は行えなかったであろう。「一言でいうと、技芸の知識は、その多くが物質についての知識に起因する、なぜなら技芸の知識は自然の利用にほかならないからである」[7]。物質についての知識、技術は、いったん確立すると、商業の対象となるので、文芸や思弁的学問よりも持続する[8]。

技術と違って、趣味や思弁的学問は、「一国民を覆う憂鬱、無気力の精神や、衒学、文人の蔑視、君主の趣味の異常さ、専制により腐敗することがありうる」と述べる。

では、現実の西洋の歴史においては学問・技芸がどのように進歩したのか。野蛮人によるローマ帝国の滅亡の後も、修道院などを通じて書物の知が残され、やがて印刷術の発明で、古代の書物も、近代の技術書も広く普及することになった。こうして、それまで職人の手にとどまっていた技術的知識が広まり、文人の興味をひくほどにまでなった。学問と技術知の普及こそが、その改善へ導く前提であった。しかし、単なる知識の普及だけでは十分ではない。加えて、ニュートンのような天才が存在していたかどうかが、学問・技芸の進歩に影響した[9]。

さて、技術的知識については、国制の変化、例えば専制かどうかに関わりなく、一定程度持続するのであるが、学問はそうではない。精神の抑圧は学問の形成・発達を妨げる。東洋の専制的諸国家、例えば中国では、学問が停滞しているが、それは、専制君主による学問の保護からは、一学派、一つの考えがドグマとして支配し、自由な学問を抑圧するからであった。対して、ギリシャでは、多数の共和国に分かれ、自由が存在したので、天才が自由に精神活動を行うことができた。同様の状態は、十四世紀のイタリアにも存在した。他方で、フランスのような「封土による我々の古来の統治 notre ancient gouvernement des fiefs」は、専制から政治体を解放し、書物の知の影響やと諸国との交流の影響も加わって、精神の自由を可能にしたという[10]。このように、チュルゴは、古典古代ギリシャ、ルネサンス期イタリア、同時代フランスの、それぞれにおける精神の自由、言論の自由の存在を、学問発達の前提条件として挙げている。

そしてさらに根本的に、そのような精神の自由が導く真の進歩に対立するのは戦争や国制の変転ではなく、精神の無気力や怠惰や惰性、あらゆるその不活発さであると述べる[11]。

さらに、学問の開花、天才の創意の発露には、教育も重要だという。例えば、アメリカの未開人のあいだに、コルネーユがいたとしても、受容されなかったであろう。このように、野蛮人のあいだであっても天才は存在するのであるが、高度の教育を受けた人々のもとでしか、知が開花することも受容されることもないであろう[12]。

学問が進歩するためには、言論の自由と一定の教育が行き届いた環境のもとで、天才がその能力を自由に発揮することが必要である。そして、それぞれの時代の技術や知識の蓄積の水準により、天才の能力の発揮と学問の進歩は制約される。このようにして、チュルゴは、学問の進歩をなす天才を、時代的制約を越えた存在とみなすのではなく、あくまでそれぞれの時代の知的・技術的・政治的制約に囚われた存在とみなしている。そして、技術的制約は、歴史を通じて蓄積されてゆくものであるがゆえに、時代が下るにつれ、言論の自由が存在するという前提のもとに、学問活動はより進展するであろう。天才を時代に囚われた存在とみなすことで、時代を通じた学問の進歩という視座を獲得することにチュルゴは成功したのである。

言論の自由の重視は期せずして、福沢諭吉の学問・文明観思わせるものである。すなわち、知識の普及と精神活動の自由こそが、文明と学問進歩の母胎となるという啓蒙主義的ヴィジョンを両者ともに有していたとも言えよう。

さて、続いては、一七五〇年の「人間精神の連続的進歩の哲学的概観[13]」について考察したい。ここでは、言語というものの学問進歩への貢献についてより立ち入った考察が行われている。学問活動は、その蓄積が前提となる。そして学問の蓄積のためには、言語が不可欠である。動物や植物は再生産を繰り返すことをその本性としているが、人間は、理性・情念・自由を与えられ、常に新しい出来事にさらされるので、常に変化する。そのなかにあって、「言語の恣意的な記号と文字は、人間がその観念の保持を確実にし、相互に伝達する手段として与えられたものであり、すべての個別的知識に、共有の財産としての形態を付与してきたものであり、その共有の財産とは、世代から世代へと伝えられ、その継承により各時代における発見が増加することになるようなものである[14]」。言語のあり方の文明社会における変遷を巡っては、『世界史論』で立ち入ってチュルゴが考察することになるのであるが、その背景となる問題意識は上記のような言語の重要性についての認識からであった。

さて、チュルゴは、この講演において、上記で考察した一七四八年のノートよりも掘り下げて社会史観を考察している。人類ははじめ野蛮であるが、みな平等であった。しかし、人々の野心により戦争が絶えず、人々、習俗、言語が混ざり合った。やがて、耕作により定住が行われ、多くの人を養えるようになる。そこから、「都市、商業、有用なあるいは単純な技芸、分業、教育の差別化、条件の不平等の拡大」が生じた[15]。このようにして、基本的欲求に縛られる必要がなくなった人々により、技芸が培われ、人間精神は急速に進歩する[16]。チュルゴが社会段階として明示的に名指ししたのは農業社会までにとどまっている。しかし、分業と交換により発展する社会、すなわち商業社会の萌芽的認識に、実質上チュルゴは到達してもいた。

ただ、この進歩に寄与したのは経済的条件のみではない。歴史上、大国の急速な発展と衰退が繰り返され、また一国内においては、人民と君主のあいだで権力をめぐる争いが絶えなかった。しかし、国際関係においては勢力均衡という形で国家間の勢力のつりあいを取ることにより、平和がもたらされた。また国内においては国制における人民と君主の権力の均衡の成立という形で、不安定な時代を脱して社会の均衡と安定の時代を迎えることになる。その状態においては、人々の交流が盛んになり、結びつきが増すことになる。そして、知識の伝達がより促されまた拡大し、「技芸・学問・習俗が、より早いその進歩の歩みで前進する[17]」。

古典古代ギリシャの諸都市国家においては学問がきわめてよく発達するが、それはアジアと違い言語の固定化が遅かったことで、逆に多様な表現を取り込むことができたこと、そして様々な立法者・制度を持つ国制が多数存在していたので、諸制度を比較することができたことに由来する。だが、結局のところ人々は享楽的になることにより尚武精神を失い、アレクサンダー大王により滅ぼされることになる。しかし、アレクサンダー大王の帝国より世界的な交流が可能にもなった。やがてローマが興隆し、ヨーロッパの言語に洗練がもたらされることになる。しかし、アウグストゥスの時代には興隆していたローマは、帝国の転落を迎えることになる。その要因としてチュルゴが挙げるのは、専制、奢侈（虚栄から生じ、技芸を趣味からというよりも富裕の象徴になるかどうかから判断するようになる）、新奇なものを追い求めること、貴族の悪徳の模倣などを挙げている[18]。やがて、ゲルマン民族によりローマ帝国は滅ぼされる。完全に混合するまでにはかなりの時間がかかったものの、ゲルマン語とラテン語の混交により、より調和的で明瞭な諸言語（イタリア語、フランス語など）が生じた[19]。それは、学問・技芸の発達の基礎になるものであった。そして、ルネサンス期イタリア、現代のフランスの繁栄に到った[20]。このように、国家の滅亡などにより諸言語が混交するような状態が強制的に生じ、その混合が進むにつれて、より調和的で多様な表現を持つ言語が生まれることにより学問・芸術の発展は築かれた。言語や国制における均衡の成立（固定化）は、学問・技芸興隆をもたらすと同時に、衰亡への道を用意するものである。このようにして、混合から安定化を経てやがて衰退するという一連の流れが見えてくる。

続いて考察するのは『世界史論』である[21]。ここでは、歴史叙述のあり方をめぐる自らの目標が明示される。すなわち、「世界史とは、人類の連続的な進歩、そしてそれに寄与してきたその詳細な諸原因の考察を含むものである[22]」。

そして、狩猟、牧畜、農業の各社会段階が明瞭に捉えられている。狩猟段階では人々は拡散して生活していた。牧畜段階では家畜を強奪から守る必要があったので、国家が生じたが、そこでの国家は勇敢な人が首長になる。相次ぐ戦争、征服により、諸民族、諸言語、諸習俗が混交を重ね、その中からそれぞれの民族の言語や習俗に一体性がもたらされることになった[23]。農業社会にはいると、耕作に人々は携わるので、もはや本質的に征服者的であることができなくなった。そしてそこでの生活資料の豊かさから、都市、商業、技芸、分業などが生み出される。そして、都市は、商品流通・商業の中心となり、周囲の農村を従わせ、また農村よりもより豊かになる。そこでの豊かさに引き寄せられ都市民は増加する[24]。ここでも、商業社会は、チュルゴにより明瞭な一段階として名指しされていないものの、実質的にはある程度認識されていた。

そして、ここで重要なのは、このような商業社会化が、国制に変化をもたらすということである。どこでもはじめの統治は、君主政であった。それは、同意を得るよりも、一人の人物のもとに命令する方が容易だからであった。しかし、領土が、都市とその近郊か、あるいは遠くの植民地に限られると、そこでは、「商業の精神が支配しているので、平等の精神を禁止することができない」[25]。したがって、共和政になるであろう。商業の精神は、法の力以外のすべての権力からの独立している財産所有者を前提としているので、専制的隷従の侮辱には人々は耐えられない[26]。そして、都市国家化すると、市民に平等な権力があるので、その主権の破壊はほぼ不可能となる。ただし、様々な都市を君主が征服する場合もあるだろうが、基盤は弱く、戦争が常に生じるであろう。このように、チュルゴは、商業社会を、基本的に共和政へと傾くという含意を持った社会状態であると捉えていた。そして、チュルゴの商業社会観は、第三章で述べた、ムロンの「商業の精神」に示唆を受けたものであると推測することも可能であるだろう。それは、同時に、「商業の精神」の政治的影響への考察を含んだものでもあった。ムロンは、「商業の精神」を、国の平和と繁栄を導くものであり、「征服の精神」に代わる新たな国家理性として論述した。それに対して、チュルゴは、「商業の精神」を、一定の国制形態、すなわち共和政と密接に結びつくものと捉えていた。

ここで、チュルゴは、文明社会の興隆と衰亡の構図を提供する。ある程度洗練されている農業国民を支配する君主は、野蛮人に囲まれ、野蛮人から常に狙われていた。そして、やがて野蛮人が、文明国民を征服するであろうが、そうであっても、野蛮人は、文明国民の政治と習俗を取り入れる。そして、洗練され、豊かな人々となったもとの野蛮人は、やがて柔弱になり、勇気を失い、また征服されることになる。歴史は、このような大国の興隆と衰亡からなりたっていた。しかし大国の衰亡によってさえ、そこから生じる混交により、技芸と法はより完全になる[27]。「進歩は、必要なものではあるけれども、頻繁にその衰退も混入している」と。確かに、文明社会は興隆と衰亡を繰り返している。しかし、その繰り返しのなかに進歩も存在するのである。したがって、チュルゴの進歩観は、回りながらも上っていく螺旋階段のようであって、興隆と衰亡の循環のなかにも一定の発展があるという観点を取った。

加えて、互いに離れて住む商業なき人々は、習俗・技芸の進歩度がほぼ同じように低い。しかし、野蛮人にあってはほぼ全員同水準の教育を受けている。分業により、諸職業が分割されることは、それ自体は有益ではあっても、財産と職業の不平等を産み、大多数の人が進歩についていけなくなる(28)。

チュルゴは、文明社会の興隆と衰亡の循環を、政治・経済の領域のみではなく、先に考察したように言語とその学問・技芸発展の連関という領域においても行っていたのであるが、言語の固定化により精神活動が衰退するという点に関して、『世界史論』では、さらに立ち入った内的なメカニズムが捉えられている。そもそも人間は、はじめから様々な個別的な物の観念を認識していたわけではなく、はじめは集合的にしか観念を認識できなかった。人は、はじめには、コナラの木かニレの木かなど区別せず、「木」としてそれらの木を観念していた。「観念とは、それにより我々が外的な事物の存在を認識するところの言語と様々な記号である」。我々は、言語記号を通じてしか認識できず、その言語記号は関係性にもとづき、厳密に言うと我々はその関係性しか知りえない。はじめは様々な物体に適応される一般的な記号しか持たず、また比喩などのあいまいな表現に頼る部分が多かったが、そのうち諸記号に分化し、言語は明瞭化する。しかし、記号とは関係以外のものではないので、言語の完成度に比例して観念も増加する(29)。こうして、時と共に、はじめは知られていなかった多くの抽象・一般観念が生み出されることになり、結果として推論術が発達することになる(30)。言語の初期状態ののちに、言語の混交期を迎え、思想は混乱し、不明瞭になるものの、時と共に調和と多様性がもたらされる。アジアよりも発展の遅く、またその初期には言語の固定化が進んでいなかった、ギリシャ語、ラテン語、フランス語などのヨーロッパ諸国の言語は、使用が難しいものの、より多くの領域での利用に適応することができる(31)。言語の進歩とともに、言語表現の洗練も生じる。低俗な表現を避けて、より洗練されてはいるものの、より感覚とのつながりを失った観念に頼ることになる。想像と心に語りかけ、感覚に訴える心象こそが、魂に語りかけ、幸福の源泉となる。そして、それがなくなってきたことが、同時代において物質的な新結合が、ポエジーを豊かにさせない理由であり、他の諸探究が衰退した理由である[32]。

全体として、チュルゴの文明社会史観は、一方的に進歩するのみの社会史観ではなかった。進歩と衰退が歴史上繰り返されていた。それを旧来のポリュビオスやマキァヴェッリのような政体中心の循環論ではない。また、習俗、学問、言語、経済状態を含む社会の発展をチュルゴは考察した。そこにおいては、社会・言語の安定というのは必ずしも良い点ばかりのものではなかった。異なった社会の衝突・混交は、それ自体は既成の文明社会を破壊することにより生じるものではあっても、やがては、新しいより良き言語、ひいては学問と技芸を産むことであろう。しかし、その学問と技芸の発展期は、同時に言語の混交期が終わることをも意味し、やがて言語は固定化され、ひいては学問・技芸の衰退が生じるであろう。チュルゴの文明社会観は、循環史観ではなくて、いわば螺旋階段状の進歩史観であった。それは完全な直線的進歩史観ではないのである。そして、同時代のヨーロッパが、歴史のこの循環から逃れるその例外にあたるとは、チュルゴは決して述べなかった。チュルゴにとって、社会の商業化・文明化は、終わりの始まりをも意味していた。そこに、チュルゴにとっての商業社会の両義性が存在するのである。

Ⅲ　ミラボーの農業社会のイデオロギー性

ミラボーについては、ケネーとの関連でよく知られている。だが、通俗的に理解されているような、ケネーのミラボーへの一方的影響だったのであろうか。ミラボー『人間の友』が、一七五六年に初版が出ると、都市に住み宮廷での猟官活動と奢侈にふけり、旧来の村落共同体での領主としての役割を等閑に付しがちな貴族を、古い貴族にうまれた家系という立場ながら痛烈に批判し、庶民の喝采を得た。初版が出た後、ミラボーは、ケネーに感化されて重農主義者になった。ケネーとの協力により、第四部（一七五八年）、第五部、第六部（一七六〇年）が追加されることになる。ケネーの名は記していないものの、ケネーであると推定しうる匿名の人物の影響を受けて、全面的に書き直したとミラボー自身が記している。(33) ただし、ケネーの影響はまだ全面的なものではなく、部分的なものに留まっているし、記述は必ずしも一貫していない。さらに、一七六三年にはケネーの全面的な協力のもとに、重農学派の代表的著作の一つとみなされている『農業哲学』を著すことになる。この著作においては、経済学上の認識のみならず、文明社会史観に関しても変化が見られる。

では、ケネーからミラボーは一方的に影響されただけなのであろうか。ミラボーはケネーとの接触以前にすでに有していた価値観・社会観に好都合なものとして、ケネーの経済学説を取り入れたという契機もあったと考えることも可能ではないだろうか。ここでは、経済学的認識に関わる部分ではなく、ミラボーの文明社会史観はいかなるものであったのかを、両著作の検討を通じて論考の対象としたい。

まず、『人間の友』について検討したい。ミラボーによると、人間には「社交性 sociabilité」と「貪欲 cupidité」の二つの本性を持っているが、そのうち前者からはあらゆる徳が派生し、後者からはあらゆる悪徳が生じるとしている。そして、統治にとって最も重要な関心事は、貪欲の方向をそらして、社交性の方へと習俗を向けることにあるとする。(34)

さて、習俗を貪欲へ導くか社交性へ導くかということを決定付ける要因として、ミラボーが重視（批判）するのが「奢侈 luxe」である。ミラボーは、奢侈により「無気力 mollesse」と「無秩序 désordre」が生じるとするが、ここでいう無秩序とは「誤った支出」のことであるという。(35) そもそも奢侈とは富の誤用であるが、それをミラボーは「誇示（豪奢）faste」と区別する。「言い表すとすれば、誇示とは、階級的支出 dépanse hiérarchique のことであり、すなわち市民間の位階秩序を守らせるもののことであり、奢侈とはそのすべてを逆さにすることである[36]」。

このように、ミラボーにとって、奢侈とは、身分秩序の混乱・破壊を意味するものであったが、具体的にはどのようにしてか。「隣人の富に圧倒された利己心により、その屈辱から立ち直ることが求められ、そして金による区別に、種類と質による（区別）を免除させるものである洗練 délicatesse と趣味 goût という名の仮面をかぶる別の亡霊を対置され、優雅さ élégance という気取りで埋め合わせがなされる[37]」という。そして、奢侈と洗練とは混同されているが、本当の意味での「洗練 politesse とは、国家における秩序と整序のことである」という。このようにして、奢侈は、既成の身分秩序に、見かけ上の「洗練」という虚栄的顕示をもたらすものであった。

そして、この奢侈というものを一つの主要な動的要因として、ミラボーはその文明社会史観を提示する。古典古代ローマに即して見ると、ユリウス・カエサル（100–44 B. C.）の時代に、それまでの共和政の変動が生じたが、それは、大貴族の野心による国制の動揺に起因するものであった。アウグストゥス（63 B. C. —A. C. 14）の時代は、その穏健な見かけの下で、絶対君主の基礎が作られたが、多くの傑出した著述家を生み出しもした。このようにして、内側から破壊されつつある古来の秩序が外面上はまだ維持されていた。奢侈の時代と呼べるのはカリグラ（A. D. 12–41）の時代からであるという。この時代以降、奢侈の過大さは習俗の腐敗と結びついた。真の洗練はなく、「思い上がり、気取り、言葉遊びと精神の虚妄、堅苦しい文体、堕落した趣味、高貴さや堅実や高尚さや真実ではなく新奇さの探究、真の都会的洗練はまったく感じられない」ということが生じた[38]。ミラボーにとって望ましい社会とは、階層的秩序が確立した社会のことである。階級的社会の維持に必要な顕示的支出は認められるが、それを破壊する奢侈は社会の階級的秩序を破壊するものであり、そのことにより文明社会自体の衰退を招くというのである。

このような文明社会の衰退ということは歴史上これまで繰り返されてきた。それ以降まねすることのできない卓越した「アテネとギリシャの良き時代」は、五〇年以上続かなかった。同様のことがアウグストゥス治世下のローマ、レオン十世治世下のイタリア、ルイ十四世治世下のフランスにもあてはまり、各々は傑出した時代ではあるが、そう長期間続きはしなかった[39]。

奢侈は、上述のように真の洗練を破壊するものであるが、加えて、必要なものを追及する産業を衰えさせ、安楽と顕示のための産業を興隆させる[40]。加えて、奢侈は、芸術の衰退をもたらす。

ここでミラボーは芸術の発展史と関連した三つの社会段階を提示する。まず「野蛮が諸国民の幼年時代である」。そこでは、生じる相次ぐ騒擾と動揺により、野蛮人は、悪徳を、極度の徳に変える。例えば、勇気や、力や、精神の高揚のような騒々しい気質が野蛮人を特徴づける[41]。それら騒々しい気質はそれ自体としては悪徳であるが、相次ぐ戦争の時代においては、勇気として有徳に発揮される。このように、野蛮時代にあっては、徳と悪徳が表裏一体であった。

やがて、長い動乱ののちに、あいつぐ騒擾に疲れ果てると、市民の平穏、平和が訪れる。そして精神は平和の享受へ向けられ、その高貴な感情は、詩、雄弁、絵画、彫刻、音楽等のような、「社会における真の洗練と、芸術 arts における真の天才」が生じる[42]。これが、二つ目の段階の社会である。

しかし、やがてもっとも取るに足らない享楽すら高貴で偉大であると感じられるようになる。そして、奢侈が確立されると、三段階目の社会に到る。そこでは、性格の高潔さを知らない人々の命ずるままの、顕示的支出が生じる。加えて、大多数の普通の人々は、くだらないものや退廃した趣味に専心するようになり、それが社会の最上流階級をも満たすようになる。このようにして、すべての芸術は退廃し、「空想的な新奇の趣味が全てを満たすようになった」[43]。このように、ミラボーは、直接的には芸術の領域に即したものであるものの、野蛮から文明への興隆と、文明の衰退という循環的歴史観を提示し、それが、古典古代以来繰り返されてきたとしているのである。この最終段階は同時代フランスにもあてはまるものとミラボーは考えた。

さて、次に、ミラボー『農業哲学』を検討しよう。ミラボーはここで、歴史記述のあり方をめぐる課題を提示している。歴史家は、これまで諸国家の変転の歴史を描いてきたが、「王座の変転 révolution de trônes についてしか語らず、諸国民の富の歴史 celles des richesse des Nations については無視してきたが、しかしながら、そこに、全ての何らかの王座は基礎を置いてきた」[44]。

ここでは、ミラボーは、社会の衰退は、収入の衰退から生じ、その収入の衰退はあらゆる無秩序をひき起こすとした。そして、そのような無秩序は人々に仕事がないことから生じるのである。だが、仕事がないのに強制労働をさせても無駄であろう[45]。そして、そもそも人類の生存の幹は、生活資料に存するのであるが、「近代の立法者 Législateurs modernes」は、その幹を調べようとせずに、習俗、法律、習慣における相違をなくそうとするが、それは空想に基づくものにすぎない[46]。このように、ミラボーは、旧来の叙述的歴史とは異なり、さらにその基礎に横たわる、富の変動の歴史という形で、ある種の哲学的・推測的歴史を構築しようとしていた。ここで、ミラボーが、政治社会とは区別される経済社会の空間を明瞭に認識するに至ったことは、重農学派が経済学として成立する認識論的基礎を確立したという意味において重要である。経済学が学問として成立するには、王朝の変転や政治的出来事からなる空間とは区分される、富の変転からなる人々の結びつきの空間を想定することが、認識論的に必要な前提である。ミラボーは、ここで『人間の友』にはまだ見出されていなかったその認識に到達したのである。

ミラボーにおいても、富の変転の歴史は政治形態のあり方と密接不可分に結びついている。社会の自然状態においては、財産も法もほとんどなく、人々は自己統治を欲し、共和政をとる。共和政においては、国民全体が主権者であり、法が助力を必要としない。しかし、財貨を増やすには、法の増加と確実な権力が必要である。その条件を満たされることで、欲求が目覚め、自分のために財貨を獲得しようとする一方で、主権のうち自らが担っていた部分を公共の権力に委ねるようになる。これが「合法的君主政 Monarchie légitime」であるが、確実性と持続性がほとんどないようなことがたびたびある[47]。

では、どうすべきか。そもそも動物と違い人間においては、必要を超えた多様な欲求をもつが、この多様な欲求からは、貪欲や野心などの多様な空想的情念が生じる。統治の役割とは、人々の欲求と必要とを統合させることにある。そして、その結びつきを弱めると社会が瓦解する[48]。

だが、その生活に必要なものの提供される状態も、通時的に一様ではない。ここで、ミラボーは生存様式に基づいた、三つの社会段階を示す。はじめは、野生動物を捕らえたり、魚を捕まえたりする狩猟者・漁師の社会である。次に、家畜を養う牧畜社会であり、三つ目は耕作を主な生存様式とする農業社会である。このうち、狩猟社会は、生活が不安定で、野獣のような生活を人々は送る。また生活資料の不足により、人口が多くなることはありえない。牧畜社会では、苦労も余剰もない豊かな生活を送ることができ、その支配にも束縛がない。自然法から逸脱することがほとんどないので、法はほとんど必要がない。ここでは、牧草地に大きな土地が必要なので、人口は少ない。そして、農業社会においては、所有権を確実にし、安定化させる法律が必要とされる。それは、畑を耕すことに労苦を費やす前に、収穫の成果の享受を安全に守らねばならないからである。ここでは、限られた肥沃な土地であっても、生活資料が増加するので、わずかの間に人口は増加する[49]。そして、時代と共に、人類が増加するにつれて、この三種類の社会は混合、統合されるであろう。というのは、完全な

社会を築くには、この三種類とも必要だからである。(50)

だが、この様々な社会の複合化と近接化により、その基礎と持続性においてより確実性の少ない「二次的で後から付け加わった新たな種類の社会 un nouveau genre de sociétés secondes & postiches」が生じるという。なお、「postiches」は後から付け加わったという他に、「見せかけの、人工的な」という意味をも持つことから、ミラボーはこの社会を自然に基づかない社会とみなしていたと推測することもできよう。「商人社会 sociétés marchandes」(51)とミラボーはそれを名付ける。「商人社会」と名付けられてはいるが、会社や商人組合のような何らかの団体を意味しているのではなく、「商業社会」と言い換えてもよい一定の社会段階を意味している。この社会は、自由で、豊かで、その小さく限られた国の内部においては力を持っているものの、大国を形成しえず、その余剰、競争に常にさらされるので、不安定であり、つかの間のものである。(52)ミラボーは、商業社会認識にここで到達すると同時に、それを、二次的で附随的な段階とする評価を下していたことから、正当な一段階とは評価しなかった。

農業社会においては、社会を統合する第一の法は土地の分割ではあるが、不足してものを買い求め、余剰品を売却するといった交換が、「社会における第一の絆」であり、商業は必要なものである。(53)対して、「商人社会」においては、その生存の基礎は勤労、余剰品と必需品の知識、日ごろの取引関係からくる信用にある。そして、「そこにおける全ての職業は、拡散した秘密の責務 obligations disperses & secrets からなるであろう」。すなわち、収穫量も時期も一目瞭然である農業社会と違い、各々の商業取引が多種多様であり、主権者からは見えづらく、また取引当事者以外には秘密の部分もある。またそこでは、本質的には、計算にもとづく関係性しか見出すことができない。したがって、本当の富の所在とその持ち主が、農業社会におけるように主権者にとって必ずしも判然とせず、あらゆる富は統治者に足場をあたえることがなく、主権権力に屈する必要がそもそもない。(54)「商人社会」は、計算というその関係性から、結果として自由（隷属していないこと）であることを要求し、他方で取引、預託、担保についての法を必要とする。他方、君主政は、安定性に基礎を置くので、基本的に少数の法しか含まない。したがって、一人の主権者という君主政では、商業社会を統治しきれない。商業社会では、社会における利害関係者全体が、主権に情報を与え協力せねばならないので、共和政という国制形態をとることになる(55)。

では、農業社会と商業社会はいかなる関係にあるのか。農業のみが真の富を産むので、商業社会は農業社会に依存しているが、商業が農業社会が生む財に交換価値と富の性質を与える。したがって、耕作と商業は不可分である。しかし、それは、オランダ（＝商人社会）とフランス（＝農業社会）の統合として当てはめうるものではない。フランスは、買い手・売り手が過剰に多くはないので、外国人との競争に利益があり、その競争の自由を害することはない。他方、自由は商業の魂なので、自治都市的主権ほどに商業にとって好ましいものはない。このように、農業社会と商業社会は、それぞれ別の国制形態をとりつつ、相互に協力しあうのが、ミラボーにとって望ましいあり方であった。そして、そもそも、商業社会が人口の増加に最も有利であるが、そこでの人口の増加に有利な節倹と貯蓄は、農業社会においては相互破壊をひき起こすという。それは、農業社会においては生産が動力であるのに対して、商人社会では、流通と運動が動力であるからであった(56)。

『農業哲学』においては、『人間の友』と違い、ミラボーの文明社会史観は、遊牧、牧畜、農業の各社会の発展段階を明瞭に捉えることになる。そして、『人間の友』と違って、『農業哲学』においては、商業社会を一つの発展段階として明瞭に捉えていた。にもかかわらず、商業社会をミラボーがあくまで二次的な社会とみなし、農業社会を主たる考察の対象としているのは、商業社会という社会状態がフランスにもたらされることの危険性に対する認識からであるとも言えよう。『人間の友』においては、商業のもたらす社会を腐敗させる作用について、奢侈という観点から考察が行われた。『農業哲学』においては、さらに掘り下げた分析が行われた。商業社会においては、利益のみにもとづいて互いに結びつきあうというそこでの人間同士の関係性から、必然的に相互の自由が要求され、ひいては本質的に共和政へと傾くであろう。商業社会について、『農業哲学』は、チュルゴ以上により明瞭な一段階として捉えながら、チュルゴと同様にそれが共和政への傾きを持つ状態と認識していた。それゆえに、農業社会をフランスが基礎を置くべき正当な社会段階と認め、商業社会を二次的な、フランスが目指すべきではない社会段階としてしか認めないという態度が生じたのである。

しかも、商業社会は、安定的生産ではなく、動的な競争的経済関係にその富裕の源泉を有するがゆえに、必然的に不安定さを伴ってもいた。例えば、ミラボーは、アントワープとアムステルダムの競争は、両方共栄することを許さず、必ず一方を破壊すると言い、商業社会の基礎は必然的に不安定であると指摘する[57]。商業社会を二次的なものと捉え、フランスを農業社会と定義したのは、一面で、商業社会へ突入することがフランスのような大君主国を、政治体制でも習俗の面でも衰亡に導くとの、ある種の規範的な価値観を含んだ判断からであるとみなすことができよう。商業社会は、学問的認識の問題であるのみではない。それは、政治的含意をも含んだ価値選択、価値観の問題でもあった。

Ⅳ　スミスの商業社会観の含意

スミスの文明社会史観について、より十全には終章で取り上げるが、本節では、チュルゴ、ミラボーとの対比した場合の特徴について考究したい。

チュルゴ、ミラボーの文明社会史観に共通する特徴として第一に挙げられるのは、両者とも、古典古代ギリシャ・ローマが文明社会となりやがては衰亡したという歴史が同時代ヨーロッパ文明に再帰し、再び衰亡するのかという問題意識を持っていたことである。この点について、スミスは古典古代ギリシャ・ローマ社会を、同時代とは異なるメカニズムにもとづく社会であると捉えていた。終章でも述べるが、そのメカニズムとは奴隷制である。

さらに、チュルゴ、ミラボーの文明社会史観に共通する特徴の第二として、商業社会が社会段階として明示されておらず、実質的に農業社会の発展により生み出された状態として示されているに留まっていたことが挙げられる。しかし、スミスにおいては、商業社会は第四の社会段階として明示的に捉えられ、しかも『国富論』における考察の中心をなすものであった。この違いは何に由来するのか。推測するに、一つには、チュルゴ、ミラボーが農業のみを富の源泉と見ていたのにたいして、スミスがそのような農業のみを富の源泉と見ることはなく、分業というものを社会の富の進展度の源泉と見ていたことによるであろう。チュルゴ、ミラボーも分業を認識してはいたが、分業自体は、富を産むものではなかった。したがって、産業・商業は、農業にあくまでもとづくものに過ぎないことになり、西欧全体を分業にもとづく商業社会と捉えることは論理的には不可能となる。また、チュルゴ、ミラボーにおいては、商業社会といっても、都市国家的商業社会を想定の中心に据え、またそのような社会としてのオランダやイタリアの諸都市国家と区別して、フランスの社会段階を農業社会として捉えていたのに対して、スミスは西欧諸国を商業社会と見なしていたことも理由として挙げられる。さらに、チュルゴ、ミラボーが商業社会を明示的な段階として言及しなかったまた別の理由としては、チュルゴ、ミラボーには、都市化がもたらす表面的「洗練」と奢侈を、人間精神を腐敗させるものとして認識しており、したがって全面的な都市化＝商業社会化には、おそらく賛成しえなかったであろうという価値観も挙げられよう。スミスは、分業とそれによる富裕の進展を考察の中心にすえることで、単純な奢侈による腐敗という社会認識からは脱却している。

より重要なのは、商業社会は、望ましい社会像をめぐる価値判断の問題でもあったということである。チュルゴとミラボーにとって、望ましい社会とは、国王、貴族、庶民などからなる階級的秩序が守られた社会のことであり、富の力で人々を平準化することにより階級秩序を破壊する商業社会は、価値観の問題として決して望ましい状態ではなかった。そのことが、重農主義者が商業社会を捉えながら、農業社会を社会モデルとするという価値選択をもたらしたのであろう。対して、スミスにおいては、商業社会を第四段階として明瞭に認めていた。それは、終章で述べるスミス自身の共和主義的傾向とも関連するものであったと考えることもできる。スミスは個人の従属を嫌い自立を重視する価値観を有していたが、商業社会とはそのような自立を個人にもたらすものであった。自立の重視という点に、共和主義的な価値判断が潜んでおり、したがって、スミスにおける商業社会認識も、ある種の価値選択の問題としてもあった（それのみではないが）と考えることも可能であろう。

スミスは、終章で述べるように共和政をある種の理想としながらも、しかしながら、現実のヨーロッパ社会においてその十全な普及が即座に可能であるとは考えていなかった。多くのヨーロッパ諸国は、文明化し繁栄すると同時にいまだ君主政のままである。商業社会が共和政をもたらすのであれば、ヨーロッパ全体が共和政化してもよいはずであるのにそうなってはいない。文明化しながら、多数の国家が君主政のままであるヨーロッパの現状を、重農主義者の理論では説明できないであろう。政治体制がいかに不完全であっても、人々は日々経済行為を行い、そのなかからある種の繁栄が生まれ、商業社会が生じる。チュルゴ、ミラボーにおいて、商業社会は、その本性上共和政と親和的であると捉えられていたが、スミスはそうではなかった。暴君殺しが、古典古代ギリシャ・ローマにおいてはありふれており、実質的に許容される向きもあったのに対して、なぜ同時代ヨーロッパでは、大罪となり、許容されなくなったかを説明する中でスミスが述べることには、古典古代においては、共和政が統治の慣習の基調を与えていたが、「しかし、現在では、それ〔暴君殺し〕はヨーロッパ中で禁止されている。その理由は、ホラント、スイスなどは、（それらは非常に尊敬すべき国々ではあるにせよ）フランス、イギリスなどに決して及びようがないということである。君主政治は一般的に見られる統治であって、それらが流行となって他のすべてのものの慣習に影響を与えている(58)」。

同時代ヨーロッパに特徴的な政体である君主政は、ではなぜ生じたのか。そしてイングランドは絶対権力体制にあてはまるのか。スミスが述べるには、中世の封建的統治においては、貴族が強力な権力を持っていたが、奢侈の蔓延により、貴族が従者を雇うのを減らしたりやめたりして、その権力の基盤を弱め、他方国王が貴族の没落に合わせて、権力を拡大させ(59)、これらの理由から、「君主たちは専制的になったのであり、それはイングランドではテューダー王朝期、フランスではアンリ四世以降、さらにスペインでも見られるとおりである(60)」。しかし、このことは人民の自由の保障にとって必ずしも悪いことではない。封建政のもとで力をもつ貴族は絶対君主以上にさえ、人びとの自由を毀損しうるものである。絶対君主においては、君主は身の回りのことに手一杯で、国民の大部分が暮らす君主から離れた場所に住む人は、絶対君主に恐怖する必要もなければ、君主の抑圧により危険にさらされることもない。しかし、貴族が主な権力を握っているところでは、庶民がより身近にいる貴族からの危険にさらされるので、貴族が没落するまでは、人々は人格や財産の安全を有することができなかった(61)。イングランドにおいてのみ、異なった統治が、事物の自然な成り行きから確立した。海に囲まれそもそも外敵から侵入されるおそれはなく、スコットランド人はたびたびイングランドに侵略したが、ステュアート朝の成立により、スコットランドから侵略される恐れもなくなった。したがって、常備軍を維持する必要はなかったのである。だが、他の国では、外敵からの侵略に備えるために、常備軍を維持する必要があった。

奢侈により、貴族は戦いに出たがらなくなっており、また、上層の職人は、戦争にいくことによる時間の喪失を十分埋め合わせられなくなったので、「非常に卑賤な者だけ」から軍隊を構成する必要があったから、必然的に、常備軍が必要となったのである。「それゆえこの制度〔常備軍〕は、技術と奢侈が確立したすべての国で行われたのである(62)」。

このように、スミスにおいては、商業社会は、主権者の絶対的権力が成立する君主政と必ずしも両立しないものではなかった。スミス自身、共和政や共和政に近い統治形態をより望ましいと考えていたにも関わらず、君主政とも両立可能と考えたのは、スミスが、政治社会と経済社会の空間を、チュルゴやミラボー以上に区別して捉えていたからとも考えられよう。

V　おわりに

以上見てきたように、三者の文明社会史観における違いとして、チュルゴは、人間精神の進歩（と衰退）という問題、そしてその学問・技芸・言語の進歩と（衰退）の関連という問題にその関心の重点があったのに対して、ミラボーは経済的人間関係と政治的（権力関係）および習俗との関連の問題により重きを置いていた。スミスは、前二者よりもはるかに多くの焦点を、実際の歴史過程における文明社会史の展開に置いていた。

では共通点は何か。まずは発展段階論的社会史観を有する点である。そして、三者に根本的に共通するのは、おそらく、同時代ヨーロッパの文明社会はいかなる社会状況であるかを把握すること、そしてその社会が衰退するのかどうか、もし衰退するとすればどのような要因によるのかという問題意識である。そもそも「文明化civilized（英）civilisé（仏）」とは、「市民化」すなわち市民たるにふさわしい行動様式を得ることを意味し、そこから経済にとどまらず人々の行動様式一般の「洗練」を意味するようになった言葉であった。人間と社会にとって、行動様式の「洗練」はなにをもたらすのかについて考えようというのが、三者に共通する問いであった。それらの問いを答えるに当たって重要だったのは、「商業の精神」、商業社会をどのように捉えるのかという問題であったといえるであろう。多種多様な職業と取引関係が存在し、もはや農業社会のように明瞭で単一的な経済的関係に基づくことのない商業社会は、チュルゴ、ミラボーにとっては、あくまでつかの間のものに過ぎず、また商業社会における利害に基づく人間関係からは、権力基盤の変化（共和政化）が生じるものであった。スミスにおいては、商業社会は、そこからいかに多種多様な経済的関係が生じるのであれ、分業というメカニズムがその中心に存在し、かつ絶対権力という政治秩序維持上の基盤も存在する以上、つかの間のすぐに消え去るものではなかった。そして、「商業の精神」について三者とも両義的な評価を維持していたものの、チュルゴ、ミラボーにおいては、「商業の精神」は、社会を繁栄に導くとしても、同時に社会の衰亡を招来するものとして捉えられていた。スミスにおいては、前二者と違い、「商業の精神」は経済的豊かさのみならず、平和をも招来するものであった。ここで、三者とも、それぞれの観点から、第三章で取り上げたムロンの「商業の精神」というテーゼから根底的影響を受けていたとの推測も可能である。加えて、チュルゴ・ミラボーは、文明の衰退を法則化することにより、未来の予知可能性を残すことになるが、スミスにおいては、古典古代文明社会の興隆と衰亡のメカニズムの法則的再帰論をより完全に退けている以上、同時代ヨーロッパ文明社会の衰亡のメカニズムは、未来の不可知の領域に残された。

第9章

アダム・スミスによる経済主体の発見

I　はじめに

スミスの経済学の意義とは一体何であろうか。スミスの個々の経済理論が、スミス以前の諸理論にも存在していたものであり、さして独創性はないという見解はシュンペーターを始めなされてきたものである。そのシュンペーターも、スミスが、J・B・セーとレオン・ワルラスに連なる価格調整メカニズムを主軸とする経済の均衡概念を発見したという意義は認めていたが、その点においてさえ先行者が存在することは屢々指摘されてきた。例えば、均衡概念の先駆者としては、ダドリー・ノース[1]、そしてチュルゴ[2]である。

そして、目をスミスの後世に転じてみれば、均衡理論を大成したワルラスが存在するが、ワルラスとスミスの均衡理論はその理論内容において大きな違いがあることもまた指摘されてきた。ワルラスの一般均衡モデルにおいては、希少性の原理（人間の欲求は無制限なのに対して、財は相対的に希少であるとの考え）に基づき、個人の効用と財の希少性から価格調整メカニズムが考えられており、各人がみなそれぞれ選好を有することを前提としていた。対してスミスにおいては、ワルラスのようにあらゆる個人が同じ立場にあるとしているのではなく、労働者よりも資本家の方がシステムに与える影響は大きいと捉えられており、経済成長を決定付けるのは、資本家の間での欲求の一致に委ねられているとの指摘もなされている[3]。

それでは、スミスの経済学に独創性はまったくないし、後世の経済学とも相違するとなると、スミスの経済学を取り上げる意義は存在しないと言えるのであろうか。確かに、中世のスコラ学にも一定の経済認識があったことを想起してみれば、経済学の営みには連続性が存在するのも事実であり、ある時突然経済学が「誕生した」ということはある意味では過度に戯画化した構図であるかもしれない。しかしながら、それでは一定の時点である十八世紀後半に経済学が実質上学問として成立したという事実を説明できない。様々なそれまでの経済認識を踏まえつつ、近代の経済学に連なる転換点、近代の経済学の認識の基礎となる視座が一定の時点で見出されたのもまたもっともらしいように思われるのである。

本章では、近代経済学の認識論的基礎となる視座のスミスにおける発見を取り上げる。むろん、スミスのみによって経済学が発見された訳ではなく、重農主義やチュルゴ等も重要な存在である。その意味ではスミスを目途に置くことは選択的である。重農主義やチュルゴにおける経済学の形成の背景は重厚であり、スミスに選択的に的を絞った本著では取り上げきれないので、それは別の機会に譲りたい。スミスにも、経済学形成の基礎を提供する画期性が存在した。それは、個々の経済行為の主体（経済主体）の発見とその相互運動からなる空間（経済社会）の発見にあったというのが本章の主張である。それは経済学上の市場という考えの発見につながったし、その後の経済学の展開の認識的基礎となったであろう。

なお、スミスとワルラスの均衡概念や経済ヴィジョンに相違があることをもって、近代経済学にはないスミスの可能性を探ろうとする試みもあるが[4]、その場合、近代経済学の一般均衡理論の代わりとなりうる理論を構築しない限り、その試みは絵空事で終わるであろう。筆者には、それをなすだけの能力は残念ながらないので、ここではそのような試みはなさない。あくまでスミスにおける経済学成立の根源の一端を捉えることに専念することで、現代経済学においては自明化してしまい必ずしも見えなくなっているスミスの価値選択を掘り起こしたい。けだし、それまであった諸理論をスミスが配置しなおし経済学を形成する際に、当然自らの価値観・価値選択もそこに反映されているはずであろう。

まず、次の第二節では、スミス以前の経済学とスミスとの価格調整メカニズムの相違を考察することを通じて(ジェームズ・ステュアートのように、ここでは残念なことに執筆時間上の制約から取り上げられなかったが重要な経済思想家も多い)[5]、スミスにおける特異性を考察する。第三節では、スミスにおける経済主体の導出過程を検討し、第四節ではスミスの資源配分論を、第五節では、スミスの経済学と統治との関連を検討する。

II　経済循環をめぐる諸理論の比較とスミスによる経済学のミクロ的基礎の発見

スミス以前にも何らかの形で経済循環は諸思想家により発見されていた。本節では、スミス以前の経済循環の諸体系を比較することで、スミスの価格調整メカニズムと市場理論の特異性を考察したい。結論を一言で先に言えば、それは、スミス以前の著述家において経済現象は、当初から政治社会における国家の運動とは異なる独自のメカニズムを有することが認識されていた。にもかかわらず、その認識がいかに秀逸であれ彼らがマクロ的現象の把握に留まっており、経済現象は、政治社会とは異なる固有の空間を持たなかった。それとは違って、スミスは、経済現象に政治社会とは区別される固有の空間を付与したが、その認識論的意義は、経済学のミクロ的基礎の発見にあったということが本節で述べられるであろう。

そもそも、経済学の萌芽期にあたる十七世紀前半においてさえ、ある面においては経済の運動は捉えられていた。毛織物貿易の不況とそれを主因とする貨幣不足の原因をめぐる一六二〇年代の論争における経済論説の特徴に軽く触れておこう。古典的な貿易差額説の提唱者として知られるトマス・マン（Thomas Mun, 1571–1641. 貿易商。後半生には東インド会社の重鎮として活躍）において、一国の富とは輸出額と輸入額の差であるとされた。しかし、貨幣の輸出を禁止するのは正しくなく（これには、貨幣の輸出をひきおこしていると非難されていた東インド会社の擁護という意図が含まれていた）、貨幣を輸出しても、持ち帰った商品の再輸出でさらに儲けられるので、貿易制限は良くないと説き[6]、貨幣と商品の国を超えた運動としての経済現象が捉えられていた。同時代のエドワード・ミッセルデン（Edward Misselden, 1608–1654. 貿易商）は、国内における外国商品の消費過剰が貨幣不足をひきおこしているとし、家計において収入以上に消費してはならないように、国家も同様にすべきだとし、一定の貿易差額上不利な貿易の制限もやむをえないと述べる[7]。ジェラルド・ド・マリーンズ（Gerard De Malynes, 1586–1626. 商人。造幣局の運営にも参与した）は、同様に、「公共体とは大きな家計あるいは家族にほかならない。〔中略〕（いわば公共体という家の長である）君主は、自らの王国と他の諸国のあいだの貿易や交易において、外国の商品と自国の商品との不均衡 overbalancing を蒙らず、売る以上に買わないような、ある平等を維持すべきである[8]」と述べ、貿易差額説を維持した上で、貨幣に着目する。貿易黒字は貨幣の潤沢さをひきおこし、それは為替を低下させ、その為替の不利により貨幣流出と貿易上の不利がひきおこされるとする[9]。貨幣数量説のロジックの把握においてマリーンズは、マンやミッセルデン以上に秀でていた。

この三者について言えることは、個々の理論内容の差を越えた共通点として、貨幣と商品の流れという点での経済のマクロ現象の把握がなされていた点である。貨幣と商品の流れは、必ずしも国家によって全面的に規制される訳でも、それが望ましい訳でもないという国境を越えた経済の運動が捉えられてもいた。しかしながら、貿易や貨幣供給を国家により規制するにせよしないにせよ、経済現象は、終局的には、国家という空間の単位で捉えられており、富と貨幣は国家から国家への運動として把握されたので、その理論はマクロ現象の把握以上には進まなかった。

イングランドの対外貿易が活発となり、なおかつ東インド会社によるインド産綿製品の輸入による貨幣流出が問題となっていた一六八〇年代から九十年代にかけての段階における経済論説の特徴の一端を次に説明しよう。この時代にはまた、当時繁栄していたオランダにどう見習うべきかが課題となり、オランダが利子が低いことに繁栄を求めたことも理由の一端として、利子引き下げも課題となった。

東インド会社の代表的擁護者であり長く役員を務めたジョサイア・チャイルド（Sir Josiah Child, 1630–1699）もまた、貿易差額説に立つが、交易の人手を増やしたり、帰化法により人口を増やしたり、商人会社を誰でも低額で加入可能にすることで拡充すること、植民地交易をイングランドに限定することなどをつうじて貿易差額の拡張を説く。他方で、法律による利子引き下げには、貨幣の利子で生きる人を減らすことにより土地と貿易への投資を促す効果があるとして、萌芽的ながら資本の運動も把握している[10]。

ニコラス・バーボン（Nicholas Barbon, 1640–1698。医師にして、火災保険事業の創始者、銀行家）は、自国の生産物こそ国の富であり、それは自然という無尽蔵の源から引きだされる以上、それら人為的産物の無限であるとして、マンらの貿易差額説を批判したうえで、商品の価値はその有用性から生じるとした。商品の価格は、現在の価値であり、価値は有用性にあるのだから、商品の価格は、それが必要とされる量（需要）で決定される。必要（需要）以上の供給は商品を廉価にし、希少は商品を高価にする[11]。こうして、バーボンにおいては、商品価格が需給によって決定されるという点が荒削りながら把握されるに至っている。

では、その貨幣理論が「均衡に向かうメカニズム」を有しているがゆえに、「経済理論史における最初の完全な均衡分析」を行ったと評されることもある[12]ダドリー・ノース（Dudley North, 1602–1677）[13]はどうか。商品の価格は、商品が豊富に存在するときには安くなり、商品の売り手の方が買い手よりも多いときは商品価格は下落するとして、商品価格が需給によって決定されるとの認識をバーボンと同様にノースは示している[14]。

また、利子引き下げ問題についても、商品の需給と同様、借手よりも貸手の方が多いとき利子は下落するのであり、「それゆえに利子が低いから交易が起るものではなくて、交易が増加し国民の資本 the Stock of the Nation が豊富になるから利子が低くなるのである」[15]。しかも、低利子だと、財産家は貨幣を退蔵する傾向にあり、高利子のもとでこそ、貨幣は交易に流入されるので、高利は貨幣を誘致する[16]。

そもそも、農業者は貨幣不足の文句を言うが、彼らが欲しているのは自らの穀物や家畜への対価のはずである。対価が得られないのは、需要不足からである。商業と富は人間の労働から生じるが、交易と勤勉を促すのは欲望である。奢侈禁止法は間違いである。家族の家計は倹約によって増加しても、一国の富はそれにより妨害される[17]。こうして、ノースは、一家の経済に一国の経済をなぞらえる発想から脱却し、商品の運動を、勤労による供給と、需要による供給の増加から把握した。貨幣については、貨幣の利子も、貨幣への需要と供給の原理から決定されるのであり、その背景には交易の規模が原因として存在するのだから、人為的に法律で利子を引き下げるのは良くないとし、貨幣の国家を超えた経済運動を捉えるに至る。ノースの商品の需給決定論は、価格調整メカニズムを含まない不十分なものではあるが、それでも貨幣の運動をも含む経済現象の把握に前進があったことは確かであろう。

十七世紀後半の段階、特にバーボンとノースについて言えることは、商品と貨幣の運動は、国家によって全面的に統制され得ないある流れが存在することへのより十全な認識へ到達していたということである。しかしながら依然として経済活動は、貨幣と商品の流れというマクロ現象の記述に留まっていた。

なお、ウィリアム・ペティの政治算術（あるいはそれを引き継いでのグレゴリー・キングとダヴナントの政治算術）も、一国の人口をはじめとする統計的データのマクロ的把握によって、一国の統治に資する客観的な学を形成しようとする試みであり非常に重要であることはいうまでもないが、それは、経済現象のマクロ的把握に留まっていた。

十七世紀末から十八世紀前半にかけては、一六九四年におけるイングランド銀行の設立、英仏戦争による軍事費の増大を背景とした国債と租税の増大等金融部門での大幅な成長（財政革命）がみられた。

そのような背景のもと貨幣論の範囲での経済現象のより精緻な把握がみられるようになった。スコットランド生まれで、フランスで銀行を設立し、やがてそれが元で一七二〇年のフランスの金融危機を引き起こすことになるジョン・ロー（John Law, 1671–1729）にまず触れたい。財は価値をその有用性から引き出すのであるが、水は有用でも需要以上に量が多いため価値はほとんどないが、ダイアモンドはほとんど有用性がなくとも、量以上に需要が多いため価値が大きい。このように、財は、需要と供給の割合に応じて価値を変えることをローも肯定する[18]。

では、貨幣はどう捉えられているのか。物々交換の不便さから貨幣が用いられるようになったが、その際銀が用いられるようになったのは、ロックの言うように単なる人々の同意にあるのではなく、その金属としての有用さと交換にあたっての銀のもともとの評価の高さの故である。貨幣として用いられることによって銀の価値はさらに高まった。この価値の高まりは、銀への需要の増加に基づいているため想像上のものではない[19]。

貨幣が用いられるようになると、貧民や怠惰な人は雇用され、土地はより耕作され、生産物は増加し、製造業と交易が改善し、人々は地主により従属しなくなる。したがって国内の貨幣量を増加させる方が良い[20]。

銀行を用いることが、貨幣の増加の最良の方法である。アムステルダム銀行では、商人が貨幣を預け、代わりに銀行紙幣を受け取る。それは取引と支払いに用いることができる。それにより支払いが簡単ですばやく、現金持ち運びの労力と支出を防げる[21]。

この際、銀行に預けられた金銀が貸し出されると、貨幣供給が増加し交易が活発となる。ただしローは、銀行はより安全ではなくなり危険も懸念されることを認める。のちの実際自らが引き起こした危機をすでに理論的には把握していたことになる。しかし、安全が保たれ預金に利子が付与されるなら、預金した商人も納得するであろうと述べる[22]。このようにローは銀行による信用創造効果を萌芽的に認識していた。

さらに、貨幣とは財が評価される尺度であるにすぎず、銀の貨幣は、貨幣の品位と純度をたびたび変える主権者の権力により不安定な価値となってしまっている以上、より安定的な価値である土地を担保とした貨幣の発行を提案する。それにより土地に付加価値が付くので、より土地の改善が進むという効果も期待できる。しかも、金銀のように価値が下落することは起こりづらい[23]。

このようにローの提案は、貨幣の本質の把握、その経済社会へ与える影響の把握に基づいて、ある人為的な貨幣の操作により富は増加することができるとの認識を有していた。単なる経済現象の把握に留まらず、より積極的な経済の改善を提唱したのである。

アイザック・ジェルヴェーズ（Isaac Gervaise, 1680–1739. 商人）は、一七二〇年の著作において、ローらに警鐘を鳴らす。「過去何年かの間に、ヨーロッパの一部の諸国では桁外れの分量にまで信用を膨らませたが、それは、あたかも彼らがお互いに相手を〔信用の量において〕上回ろうと競争しているかのようであり、また交易と信用には制約がないかのようにである。この論説での私の意図は、信用の不自然な使用は悪い結果をもたらすことを示すことにある[24]」。

そもそも商品の価値は、金銀の多寡に応じて価値を付与される。金銀が多ければ多いほど、ものの価値も大きくなる。金銀は必要とするものへの要求権をもたらすが、それは労働によって獲得される。欲求が労働の源泉である(25)。

人類に必要なものは労働の産物であり、「労働に関して諸国民がなす相互交換は、交易あるいは商業と呼ばれる。商業の意図あるいは目的は、自己に金銀を引き出すことである。金銀は、あらゆるものの真の価値の偉大な尺度あるいは標準と呼ばれる(26)」。この標準は、労働のみによってもたらされるので、人口に比例する(27)。金銀貨幣を、労働と人口による適切な量以上にある国に流入したとしても、貧者と比べて富者が多くなりすぎてしまい、貧者の労働よりも富者の支出が上回ってしまい均衡できないので、輸出以上の輸入が生じ、貨幣が流出する。標準量に達するまで金銀は流出する(28)。

したがって、銀行紙幣による信用創造による貨幣供給量の増加は、労働賃金と消費の不自然な上昇を招くので、貿易差額上の不利をもたらす。国民は、自然的比率以上には、貨幣の保持はできない(29)。貨幣の自然的比率とは、世界の中での総貨幣量と、その国のなかでの住人の数（およびそれに比例する労働の割り当て分）に比例する(30)。すなわち、そこから貨幣が増えても減ってもやがてもとに戻るような一国の自然的貨幣量という均衡点があり、世界の貨幣総量が多いと一国の自然的貨幣量も多くなるし、また一国の住人の数が多いと、貨幣を引き寄せる労働者が多いので、それに比例して貨幣量も増加するというのである。このように、ローの人為的貨幣操作に反発して、ジェルヴェーズは貨幣の多寡をめぐるある均衡概念に到達する。しかしそれもまた、国家間での貨幣の運動というマクロ現象に留まっていた。

ここから、いよいよスミスの価格調整メカニズムと近似した理論を有しており、かつ優れた経済理論を構築した二名、カンティロンとチュルゴの分析に移る。

まず、リチャード・カンティロン（Richard Cantillon, ?（1680–90）–1734）は、アイルランドに生まれ、フランスに移り、銀行家のもとで働いていた。独立して自分の銀行を開業したばかりのころはちょうど、紙幣発行を行う銀行と、国債を株式に転換するためのミシシッピー会社の組み合わせが出来てきたときであった。ローともう一人の出資者と三人で、カンティロンは、結局は成功しなかったもののルイジアナ植民会社に関わる。ロー株価の急激な上昇によるブーム等紆余曲折を経て、ローのシステムは破綻するが、破綻の前にすでにカンティロンは破綻を予期していたようである。ローの計画を詳細に知り得る立場にあったことが、その後一七三〇年から一七三二年のあいだに執筆された彼の主著『商業試論』において、ローのシステムへの批判に焦点を当てたことにつながったと推測されている[31]。

カンティロンは、「土地はそこから富がひき出される源泉、あるいは素材である。人間の労働はその富を生み出す形式である[32]」と述べる。そして、物の内在価値はその生産に入り込む土地と労働の大きさにある[33]。他方、物の内在価値とは区別される市場価格というものも存在するが、そこでの価格は、「そこで売りに出される物産と、それを買うために差し出される貨幣との割合によって決まる[34]」。市場価格は、需要と供給の関係によって決定されるとのべられている。ただし、需要という明白な概念の代わりに、「それを買うために差し出される貨幣」という貨幣の流れに着目した表現がなされている。この点は、貨幣の流れを重視するそれまでの諸経済理論の影響がみられるし、完全な需給の運動に基づく価格調整理論に至りきれなかった理由とも推測できよう。

では、この需給によって変動する市場価格と物の内在価値はどう関係するのであろうか。例えば、ある国において消費される以上の小麦を蒔くとしても、小麦の内在価値はその生産にはいりこむ土地と労働とに相応する。しかし、ある国で小麦が豊富になりすぎて、買い手よりも売り手の方が多くなると、「そのために小麦の市場価格は必然的に内在価格あるいは内在価値以下に下がるだろう」し、逆に消費に必要な量よりも小麦が少なければ、売り手よりも買い手が多いので、市場での小麦の価格はその内在価値以上に上がるだろう[35]。「物の内在価値は決して変動しない。しかし商品や物産の生産を、それらの一国内での消費につり合わせることが不可能であるために、市場価格の毎日の変動と止むことのない高下の波動とが生じるのである。しかしながら、きちんと整った社会では、その消費がかなり恒常的で不変であるような商品や物産の場合、それらの市場価格が内在価値から大きく離れることはない[36]」。市場価格は需給関係により変動するというのはカンティロン以前にも存在した説である。カンティロンの特色は、市場価格の変動は商品の内在価値という中心点を軸にしているという、スミスと近似した認識を有していたことである。しかし、商品の市場価格の上下については、需要と供給の差異に起因することが説明されてはいても、スミスのように、一旦上昇したり下降した価格が、それによって需給関係が変動することを通じて自然価格へと戻るという価格の自動調整メカニズムにまでは至っていない。このスミスとカンティロンの差異は、一見ささいに見えるかもしれないが、後述のように重大な認識論的差異を伴うものである。

また、貨幣についてはどう考えているのか。確かに、一国において貨幣が増加すると比例して物価も高騰する傾向にある。しかし、貨幣が二倍に増加すれば、物価も必ず二倍になるというのではない。導入された貨幣は何人もの手を渡っていくうちに自然に消費を増やすであろう[37]。

しかし、貿易差額により貨幣が増加すると、豊富な貨幣から奢侈にふける多くの個人が生み出され、奢侈品への支払いのために貨幣は外国に流出する。こうしてこの国はしだいに貧しくなる[38]。貨幣の増加が比例した物価の高騰をもたらし、やがて消費過剰により貨幣流出を招くという貨幣数量説を維持したうえで、その比例した物価の高騰をもたらすまでにはある期間があり、その期間には消費が増えるという好影響をもたらすという連続影響説を唱えた点において、カンティロンはヒュームの貨幣理論と近似している。ただし、ヒュームの貨幣理論の方がより明瞭かつ精緻な理論であるとは言える。スミスの貨幣理論は、彼が商品の価値から貨幣を全面的に退けたがゆえに、かえってカンティロンやヒュームのように明瞭ではなくなり、あいまいな矛盾のある説に後退してしまった。経済理論の運動は一方的な進歩の運動ではなく、ある視座を採用したことから、他の視座に含まれる良い点を見損なうこともありうるのである。

経済理論は、貨幣の流通と循環運動を捉えることを中心になされた段階から、ローの試みの失敗を経て、カンティロンにおいて捉えられたような貨幣の運動の底にある商品の価値の生産という観点への移行していた。より完全な形での、商品の価値を生み出す原因の考察と、生み出された価値の再生産過程の記述は、言うまでもなくケネーら重農主義者によってなされたものである。ケネーは、政治社会と区別される経済社会とその運動法則を経済表という形で明瞭に把握していた。ただし、ケネーには、スミスに近似した価格の自動調整メカニズムはない。また、スミスのように個々の経済主体が意志決定することを前提とした理論というよりも、階級間の生産物のやり取りを軸とした階級主体論である。

重農主義者に影響されつつ、『国富論』出版前夜の段階において最も精緻な経済理論を構築したといわれるチュルゴをここでは取り上げよう。

一七五三年から五四年にかけて執筆された草稿「商業、貨幣流通と利子、諸国家の富にかんする著述プラン」[39]において、当然そこでは重農主義の影響を受けた発想がみられないものの、市場価格論を展開した。そもそも、商業とは交換することであり、所有していないものを欲望するものと交換することにある。交換は、相互に相手の持っている物へ欲望し比較して、自分の物を手放しても等価の利益が得られると判断した際になされる。[40]しかし、物の評価に関して相反する利害が生じる。売る側はできるだけ高く売りたいと思い、買う側はできるだけ安く買いたいと思うからである。多くの買手と売手が存在するときには、「平均価格 le prix commun）が成立」するが、それは売手はより高い値段で買ってくれる人を選択できるし、買手もまた売手を選択できるという相互的な競争によって価格が決まるからである。すなわち、「一方の売手全体と他方の買手全体との間の掛合いによって決められるのであり、したがって供給と需要の関係は、いつでも、この〔価格〕決定の唯一の原理である。売るべき商品が大量にあるか、買手が少ない場合には、この原理は価格を下げ、逆に、商品が希少であるか、買手が多数である場合には、価格は上がる」[41]。需要の大小とは関係なしに、商品が自然価格を有することはあり得ない[42]。このようにチュルゴは、初期には、需要と供給の差異に基づいて価格が決定されるとの理論を有していた。これ自体はノースやカンティロンにも見出されるものである。

やがて、チュルゴは、重農主義の影響のもとに、一七六六年に主著となる『富の形成と分配にかんする諸考察[43]』を著す。ここでは、富の源泉は土地から引き出されるという重農主義的な観点が付加されたし、土地から富を引き出す農業者と工匠、さらに資本家と労働者という職業文化が生じるという観点から分業も捉えられていた。また、物々交換からいかに貨幣が形成されたかについて、また貨幣の蓄積の帰結である資本の運動について述べられている。「職業が分化する以前に、土地を耕作する人自身が自分の労働で他のもろもろの必要品を整えていたときには土地以外の前払い〔資本〕は必要でなかった。しかし社会の大部分の人が生きるために自分の腕しか持たなくなった時、このように賃金で生活する者は、〔中略〕まずなんらかの前払いを持つことがどうしても必要になった[44]」。こうして、分業の結果としての資本の運動が捉えられることになる。そもそもリスクが高いので企業者の利潤の方が農業者の利潤よりも平均して高くなる傾向にあるとはいえ、資本の用途間で利潤の一種の均衡状態が生じる。利潤の高い分野には資本が持ち込まれるだろうからである[45]。このように、チュルゴにおいては、職業分化としての分業により各人が、他人と物を交換していなければ生きていけないという認識に基づきつつ、資本の運動としての経済学が成立していた。

ただ、価格論については、以前として、需要と供給により平均価格が成立するとの認識に留まっていた[46]。価格論については、シェルによって発見された草稿「価値と貨幣」において、さらに展開されている[47]。そこでは一番最初に挙げた文献でみられた商品の交換は欲求の交換に基づくという点に立脚しつつ、さらにそれが展開される。欲望の対象の物に対して与える尊重の度合いに応じて、尊重価値が成立する。二人で交換する場合、各人が現に有している対象と、持ちたいと思う対象に付与する二つの利益を比較するということを相互になすことを通じて交換契約が成立した際の価格は、お互いの尊重価格の平均であり、これが交換価値（評価価値）でもある。こうして、チュルゴは、人間がある物を欲求することがその物の商品としての成立の根幹であるという事実に基づいて、この主観的なる効用評価が、相互評価を経て、いかに現実の交換価格と一致するかの過程を析出する[48]。効用と希少性に基づいて商品価格が決まるとする点において、スミス以上にワルラスに近いとすらある意味では言えよう。また、ここでは、ある効用を持った物を欲求するという、どの人にもある普遍的契機を抽出し、欲求の主体として、意志決定を行う個人という経済主体が確立されている。そして、その経済主体の運動として価格が捉えられている。確かに、スミスと違って、価格調整メカニズムは述べられていないという差異は存在する。先にあげたチュルゴの経済学の主著自体は、一七六九年の段階で見出された経済主体からなる運動空間（経済社会）の一貫した記述ではない。しかしながら、スミスとは異なった形ではあるが、スミスと同様に、ここに経済主体が導出されたことも事実である。

ここまで、価格論と貨幣論を軸に、様々な経済学的論述において経済現象がいかに捉えられてきたかを考察してきた。チュルゴとスミス以前においては、経済叙述は、それがいかに優れたものであれ、商品や貨幣の流通と循環を軸としたマクロ現象の叙述に留まっていた。しかもその叙述は、純粋な経済行為の主体とその相互運動からなる空間（経済社会）を前提としたものではなかった。チュルゴとスミスがなしたのは、現実の経済現象のなかから抽象された、経済行為を意志決定する主体としての個人が見出されていたことである。その主体は、現実の政治・職業上の諸階級という諸属性を捨象した上で見出されるものである（なお、それはチュルゴやスミスが現実の諸階級を無視していたという訳ではない。あくまで、現実の諸属性からそのような経済主体としての契機を抽出したということである）。経済も政治も入り混じる現実社会の中から、純粋に経済行為という契機を抽出すること、かつ経済の基礎単位としてマクロ的社会ではなく経済主体の意志を据えること、それをなすには視座の転換が必要であった。個人主体の経済社会モデルこそ、チュルゴとスミスが創出したものであり、のちの経済学の基礎となるものであった。

次節では、アダム・スミスが『国富論』において経済主体を抽出する過程を考察しよう。

Ⅲ　スミスによる経済主体の発見

『国富論』の第一編の第一章から第三章までは分業論を扱うあまりに高名な部分である。続いて、第五章でその後マルクスに示唆を与えることになる労働価値説が唱えられ、第七章ではワルラスら近代経済学の一般均衡理論のヴィジョンの源泉となる価格の自動調整メカニズムによる均衡の成立が主張される。したがって、この冒頭の諸章は様々な読み方が可能であるということだろう。ここでは、この七つの章を、経済主体の導出・展開過程として読む一つの理論的次元による読み方（むろん、唯一の読み方などと言うつもりはない）を行いたい。なお、その読み方はかなり分析的なものであることもお断りしておきたい。

まず序文において、スミスは、国民の年々の労働が必需品や便宜品のすべてを国民に供給するも原資であると述べた上で、平等であるが極めて貧しい未開民族と、労働の産物の消費において極めて不平等であるにもかかわらず豊かである文明社会という対比を行った上で、[49] 第一章で、労働の生産力の改良は分業の結果であると述べて、[50] 分業こそ豊かさの源泉であると見なされ、富という目標の源泉としての分業論が導入される。そこでは、分業の帰結としての文明社会においては、普通の工匠や日雇い労働者の家財道具さえ、計り知れない人の労働から成り立っていると述べられる。[51] ましてや、地主や資本家においては、より沢山の人の労働の成果なくしては生きていけないであろう。こうして、文明社会においては、あらゆる人は、他人に頼らざるを得ない存在とされることによって、自給自足的自律の根拠を失う。あらゆる社会的・職業的属性に関係なく、人間の経済行為の根幹には、他人に依拠せざるを得ないという点がある。したがって、理論的次元においては、あらゆる社会的・職業的属性を脱ぎ去り抽象された、あらゆる人間に共通する経済行為の主体としての人間が引き出される。

続く第二章においては、この分業は、全般的富裕を予見する人間の英知の結果ではなく、人間本性の交換し交易する性向の結果である。また、人間は、他者の助力なしには生きていけないが、交換のためには相手の慈悲心にではなく、自愛心に訴えることを通じてでしかないことが説かれる。[52] 経済主体としての人間は、全体の利益、すなわち共通善を目指して達成可能なわけではない。各々が各々の利益という私的善を追求することを通じてのみ達成される。ここに、第四章で述べたホッブズの私的善の代理不可能性のアポリアの一つの解決策を見ることもできよう。統治という空間においては、誰か特定者が全体の目標を設定せざるを得ないが、そこでは個人の個人としての目標追求活動はある意味犠牲にされざるを得ない。経済社会においては、全体の利益を追求する特定の少数者という存在は必要でもなければ可能でもない。あくまで、個人が個人としての利益を追求して意志決定を行うことが、全体の富裕の源泉である。こうして、共通善に解消され得ない個人という観点、個人が個人として意志決定を行う経済主体という視座、そして経済主体の相互作用からなる経済社会という視座が導出されたのである。

第三章では、この分業の発達程度は、市場の大きさにより制約されると述べられ、歴史上文明国はすべて、河川の近くなど広い交流が可能であった地域から生じたと述べる[53]。分業は人と人相互の交流を前提とする。分業がなされる空間が、人と人が経済活動でつながる市場という空間でもって設定されたのである。さらに、その市場の広さこそが文明の起源であると述べることにより、政治形態の興隆という政治社会の活動とは異なる、市場という形で経済社会の独自の社会過程が見出された。分業は人と人を結びつける原理であり、その結びつきによる空間は、市場という形をとりつつ、独自の過程を有する。なお、スミスが『国富論』を統治の学として構想したという点に立ち返ってみると、政治社会と経済社会は区別されるのであり、経済社会には統治が全面的に統制できる訳ではない独自の社会過程が存在するとした点において、スミスの統治学の基礎的原理を示唆するものとも推測できよう。

第四章で、分業の前面化した、誰もが他人の労働を必要とする社会を、スミスは、だれもがある意味で商人的であることから商業社会と呼ぶ[54]。自然法学の伝統において、社交性の原理を発見していたプーフェンドルフでさえ、その原理を結果として、自然状態から国家へという流れに収斂させざるを得なかった。商業社会を目指すべき最も富裕な社会として設定するということは、単なる統治のもとにある社会を超えた、経済的な豊かさで測られる社会を目標として設定するということである。精緻な経済理論を有していたヒュームでさえ、商業社会を明瞭には捉えられなかった。ヒュームが統治への服従をたびたび強調したことは、ヒュームが統治のあるなしという政治社会の視座のみしか有せなかったことと表裏一体であろう。スミスの商業社会とは、政治社会とは区別される経済社会における社会目標を設定したという点において視座の転換がなされたのである。その転換は、経済主体としての人間の能力に着目するものである。

第五章において、商品の交換価値の真の尺度は労働であり、「あらゆるものの実質価格、すなわち、あらゆるものがそれを獲得したいと思う人に真に負担させるのは、それを獲得する上での労苦と手数である」と述べる[55]。分業社会においては、誰もが他人の労働を購入することにより生き、経済社会における意志決定を行う個人主体の基礎活動として労働が位置づけされている。チュルゴにおいては経済主体の基礎は欲求であったが、スミスにおいては労働という誰もが有する機能である。人間誰もが有する労働という機能を、経済活動の基礎に置くことによって、あらゆる経済主体が意志決定主体としての自律性を付与される。スミスは、分業なき未開社会を貧困とすることにより、ある意味では自給自足的社会を理想視する共和主義的価値観を否定した。しかしながら、共和主義的価値観が重視する意志の自律という人間の活動が変容されつつ位置づけ直されたことを考えると、根底的な価値観として残っているとも言えるのである。

経済社会における財産の不平等は、『国富論』序文にみられるように、スミスが平等な未開社会に対する、豊かな文明社会の財産の不平等は必然として認めざるをえないものとしてあった。第六章では、ごく初期の未開社会では労働の全生産物は労働者のものとなるが、資本蓄積が進んだ段階では生産活動を行うのに資本が必要となり、価格の中に資本の利潤分が入ると述べられる。また、いったんすべての土地が私有財産になると、地主に地代を引き渡さねばならない。結果として、社会の改良された段階では、商品の価格のなかに、労賃、利潤、地代の三つの部分が入り込む[56]。こうして、分業とそれによる労働の交換という抽象的契機、一端現実の経済社会へと還元して当てはめてられている。スミスはユートピア主義者ではなく、現実主義者であり、スミスにおける経済主体の導出もまた、それが現実の不平等な社会においてさえ働く原理であることが示されねばならなかった。だが、この経済社会における不平等の肯定は、スミス以前の分業観が含意していた（例えばプルーシュやハチスン）人類の不変の位階秩序の肯定、すなわち共通全を追求しうる統治する部分と自らの利害しか追求できない自然的被統治者の肯定を意味しない。経済社会という空間においては、いかに現実社会が財産上不平等であるにせよ、人は労働という能力を有し自らの境遇を改善させることができるからであり、したがって、位階秩序的な身分の不変と固定を意味しないからである。

さらに、「ホッブズ氏がいうように富は力である。しかし大きな財産を獲得したり相続できたりする人が、かならずしも文民または軍人としての政治権力を獲得したり相続できたりするわけではない」。財産により実際は両方獲得できるかもしれないにせよ、直接彼の財産からもたらされる力は「購買力、すなわち、そのとき市場にあるすべての労働、あるいは労働の全生産物に対する一定の支配力である[57]」。政治社会の力をめぐる諸関係とは区別される、労働に基礎を置く経済社会の独自の活動というものがあり区別されねばならないことをここでスミスは明瞭に説いているのである。スミスは、経済社会における財産の不平等と政治社会における権力の不平等を区別しているのである（政治社会の不平等の問題については次節で述べる）。

その経済社会における財産の不平等さえ、スミスはそれをやむをえないものとして認めているとはいえ、それが過度であることが望ましいものとは考えていない。北アメリカ植民地において土地が豊富にあり容易に農民が独立できることを称揚してスミスは、「他の国ぐにでは、地代と利潤が賃金を食いつくし、二つの上層階級の人びとが下層階級の人びとを抑圧する。しかし、新植民地では、二つの上層階級の利害関心が彼らに下層階級をより寛大かつ人道的に扱わせる[58]」と述べていることから、その点は明らかであろう。

第七章においては、その社会の労賃、地代、利潤の平均率によって成立する商品の自然価格の存在を説く。その上で、現実の市場価格は、商品の自然価格を支払う人の需要、すなわち有効需要によって左右されるものとする。商品の供給量が有効需要を超えると、その価格の構成部分のうちのあるものは自然率以下になる。それが地代なら土地の一部を引き上げ、労働者なら労働の一部を、資本家なら資本の一部を引き上げる。こうして、供給量は有効需要を満たすだけの量まで減少し、自然価格は減少する。[59] 逆の場合もまた同様である。

こうして、それまでの経済学説にはない形でのある種の一般均衡が、価格の自動調整メカニズムを主軸に捉えられた。価格が需給に影響されるとか、市場価格とは異なる自然価格が存在するとかはそれまでの経済理論にも存在したものである。スミスの特異性は、需給ギャップによる価格の自然価格からの隔たりが、それが労働者であれ地主であれ資本家であれ経済主体の活動により調整されるとする点にある。価格調整が自動的なメカニズムであることは、経済主体の各々が各々の利害に基づいて自律的に意志決定することを前提としている。しかも、その場合、地主・資本家・労働者という価格調整の主体は、それが大文字の階級という一体的意志を有するものと捉えられているのではなく、その階級内の各々が経済主体として自律的に意志決定する存在として捉えられている点で、それまでの例えば重農主義にみられる階級間の経済循環論とは異なるものである。(チュルゴを除いて)それまでマクロ現象の叙述に留まっていた経済学から転回し、こうして、各々の経済主体の意志決定とその相互作用という経済学のミクロ的基礎が発見されるに至るのである。

Ⅳ　資源の最適配分

本節では、スミスのこのようにして導出した経済主体が、スミスの考える経済社会においてどのような役割を果たしているのかについて考察したい。

スミスにおいて資本主義は、経済主体の活動という視座を獲得する。その際重視されるのは、資本主義を現実に動かしている資本家の運動である。国単位の資本量というそれまでの経済理論にも存在した側面に加えて、資本家が個々の経済主体として活動することをスミスは重視する。なぜなら、分業がいったん完全に導入されると、自己の労働では必要物のわずかしか満たせず、他人の労働の成果を買うことを必要とする。自らの労働の生産物が売れるまでのあいだ生活を維持し、その生産物の生産に必要な原材料を維持するだけの資本が必要だからである。資本蓄積の増加に比例してのみ、労働は細分化しうる[60]。

資本の投下に応じて、生産量は増大する。したがって、資本をどこに投下するかが重要な問題となる。資本をどう最適に投下するかは、政治家ら特定の少数者の不自然な誘導や強制によるべきではなく、「自分自身の私的な利害についての配慮こそ、ある資本の所有者がその資本を、農業に使用するか、製造業に使用するか、それとも卸売業または小売業のどれか特定部門に使用するかを決定する、唯一の動機である[61]」。ここでは、全体の利益を考えた少数者に導かれるのではなく、個々の資本家が個々に意志決定し行為することが前提とされている。全体を調整する少数者（統治者）がいなくとも、自然と資源の最適配分は達成されるとされている。むしろ、全体の資源配分を誰かが見通すなど不可能である。それぞれの限定された職業的・地域的視野の範囲内での適切な資源配分に関する知識は、全体者よりもその限定された範囲で活動する人の方が詳しい。それについては各個人はそれぞれの範囲内で十全な知識を有することは可能なはずであり、個人が自己の諸制約条件での利潤最大化行動をとることは可能なはずである。したがって、各人の限定された範囲の知識しか有さないという人間の現実的限界を前提とすると、全体の利益を特定者が導くことが不可能であり、それぞれの限定された範囲内での意志決定と行動を尊重することがそのまま全体の適切な資源配分という全体の利益にもつながる。それこそが、スミスが示したヴィジョンである。こうして、個人は全体の部分ではなくなり、それ自体として基礎的な経済単位となる。個々の経済主体の活動がそれ自体良しとされる視座をここでもスミスは採用しているのである。それは、全体の利益を追求する社会の自然的支配者に導かれる必要があり、かつ私的利害のみしか追求できない者は前者に従うことによって秩序が保たれるというスミス以前の位階的秩序観（プラトンにまでその淵源をさかのぼることができ、中世に発展したヴィジョン）が、経済社会にはあてはまらないことを意味していた。

スミスは、経済社会においては、経済的利益の追求として、個人が個人として意志決定すること、その相互作用による自生的秩序の成立を説き、経済社会への原則不介入と、所有権の保護、司法制度、公益事業という経済行為の基礎インフラストラクチャーに専念すべきとの「自然的自由の体系」を打ち出す(62)。

ところがこのヴィジョンとを表裏一体をなしているのは、現実の政治社会においては、個々の経済主体の活動が常々統治による妨害され、それにより経済発展が阻害され、遅延されてきたということである。こうしてスミスは、第三篇においてヨーロッパの歴史を振り返りつつ、いかに統治が経済活動を基礎付ける存在でも阻害する存在でもあったかを述べることになる。

中世において、農村では領主の抑圧に住人は苦しめられ、所有権は保証されず、勤労への動機が生じない。領主権力を抑制するために自治を認められた都市という空間において、所有権と安全がはじめて保証された。「農村では土地の占有者があらゆる種類の暴力にさらされていた当時に、都市では秩序とよき統治が、またそれと並んで個人の自由と安全が、このようにして確立された(63)」。やがて、この都市という空間を通じて、海外の奢侈品が領主層に販売され、その奢侈品を模倣した製造品の製造業が盛んになり、奢侈品の購入により領主層の財力は減退し、富裕になった商人は農村に投資し、農村改良を行い、ヨーロッパの文明社会が勃興することになる。

領主の没落と借地人の独立は、農村においても都市同様にして行政の働きをかく乱するだけの権力をもつ者がいなくなり、「都市に正規の統治が確立された(64)」。この「公共の幸福にとって最大の重要性をもった変革が、このようにして公共に奉仕しようとする最小の意図さえもたない二つの別々の階層の人びとによりもたらされることになる。もっとも子どもじみた虚栄心を満足させることが、大土地所有者の唯一の動機であった」し、商人もまた自己の利益だけを考えて行動したにすぎない[65]。

ヨーロッパの自由と繁栄は、領主層の利己心の意図せざる結果にすぎない。だが、いかに悪しき統治によってヨーロッパの文明が遅延しようが、中世ヨーロッパの都市に誕生した自由の空間がいかに希少なものであるかもまたスミスは認識していた。

また、その後、「近代ヨーロッパの諸国民の政治経済学 political oeconomy が、農村の産業である農業よりも、町の産業である製造業と外国貿易を優遇してきたように、他の諸国民の政治経済学は、別の方策をとり、製造業や外国貿易よりも農業を優遇してきた[66]」。中国では外国貿易が制限されている。国内市場が大きいので製造業が一定程度発達しているが、外国市場を付け加えると、一層中国の製造品を増加させるであろう。古代エジプトでもインドでも、海洋航海が宗教上の理由・迷信から嫌われたので、外国貿易は発達せず、市場が広がらないので、製造業が阻害された。アテナイやローマでは工匠と製造業は奴隷の仕事とされ、自由人によってなされたのであれば可能であった創意工夫と仕事の改善が阻害された。奴隷が改良を提案したとしても、主人は労働を省こうとする思いつきと考えて、報酬を与えるどころかおそらくひどく虐待されるであろう[67]。ここから言えることは、それまでの全世界の歴史を通じて、市場の拡大が統治者によりいかに妨害されてきたかということである。また、経済活動の自由も同様にして世界中で妨害されてきた。スミスが捉えたのは、中世ヨーロッパに誕生した都市という空間に誕生したわずかな自由がいかに貴重なものであったのかということである。統治はスミスにとっては、それが経済活動を促進するものよりはむしろ阻害し続けてきたものとして捉えられているのである。そして、そのわずかな中世都市の自由という空間が可能にした市場の拡大が、いかに繁栄にとってプラスだったかということである。

資本投下の最適配分を妨げる要素は統治のほかにもある。スミスは、資本投下の自然的順序として、農業が最適であり、製造業が次に来て、外国商業の順位を低く捉えている。しかしながら、現実のヨーロッパ社会の発展がそれとは逆の順序で発展したとスミスが捉えたことは、統治等による制約がある場合には、外国貿易拡大による需要と供給の増大が経済の発展への道となることを認めていたということを示している。資本投下の自然的順序は「理念的」な側面があり、スミスの現実の歴史過程の観察とさえ反しているのである。資本投下の自然的順序がそのまま当てはまる例としてスミスが持ち出してくるのは北アメリカ植民地の農業による急速な発展である。しかし、それは土地の豊富さとそれによる人材不足という例外的状況によってにすぎない。「他の国ぐにでは、地代と利潤が賃金を食いつくし、二つの上層階級の人びとを抑圧する。しかし新植民地では、二つの上層階級の利害が彼らに下層階級をより寛大かつ人道的に扱わせる」[68]。こうしてみると、資本投下の自然的順序を妨げるのは、統治のほかに、資本家と地主が強い影響力を保っているヨーロッパ文明社会そのものの経済構造に根ざしていることが分かる。そのような経済構造ではない北アメリカ植民地の状況は明らかに例外的なのであるから、スミスの資本投下の自然的順序は、それがいかに正当であるにせよ例外的にしか当てはまらないことになり、理念的とさえ言えるのである。

スミスにおいて需要理論が軽視されているとか、節倹による資本蓄積の増加は供給過剰をもたらすであろうとかいった批判が聞かれる。スミスは需要を完全に無視したのではなく、以上に見てきた点から言えるように、市場の拡大により需要が拡大し、供給と分業もまた拡大するとの観点も存在したのである。価格調整メカニズムという静態的均衡は、超時間的なものではない。そのメカニズムは短期には当てはまるであろう。だが、長期には不均衡も存在する[69]。資本投下の自然的順序に反するヨーロッパ社会の資本投下の順序は、いかなるものであろうか。すでに地主・貴族など強力な需要者が存在していることが前提とされるヨーロッパ社会モデルでは、外国貿易による市場の拡大はそのまま需要の拡大につながり、それにより外国貿易業者が儲かり、次に国内製造業者が儲かるという経路をたどることになる。

そして、市場の拡大は、上位階層のより大きな需要と、労働し生産する下位階級の供給能力の拡大と資本蓄積をもたらすものであり、すなわち階級間の格差の減少をもたらすものとしても捉えられていると推測することも可能であろう。現実に、ヨーロッパ文明社会は、中世からの移行の際に貴族の没落を招来したことはスミスが述べたことである。そして、スミスが称揚する節倹による資本蓄積がそのまま継続することは、さらなる平等化を果たして意味しうるであろうかは謎のままであろうが、一つの解釈の可能性としては残されているように思われる。

なお、資本利潤について述べる際に、資本利潤が低いのは多くの資本が投下され繁栄していることの証しであり、その状態では労賃は高く、逆に資本利潤が低いのは資本過小の証しなのであり、その状態では労賃は低いとスミスは主張した。土壌と気候が許す限り富をことごとく獲得した国では、労働も賃金も資本利潤も低いであろうが、おそらくこれほどの富裕に達した国はいまだないと述べ、資本主義が極限まで発達すればそれが衰退へ向かうことを示唆しつつ、そこへ至った国はかつてないのでそのことは考えなくて良いとする。[70]

スミスが資本主義発達の極限状態を考えなくてもよいとしたことは、市場の拡大による成長の可能性が常に開かれているとの前提にあったことを示すものである。これは、一つには未だ資本主義が未成熟で、発展途上にある当時の時代制約が大きいと言えよう。だが、別の角度から見てみると、市場の全面化を阻止するような統治が世界各地にそれまで存在し、今後も一定程度存在するという前提からは、市場の世界的全面化と世界的均衡に至ることはあり得ないことが帰結しうるのである。均衡の阻害要因が常に存在し、成長の極大化が到来しないがために、逆説的に常に成長の機会が開かれることにもなるのである。

V　おわりに

スミスの自律を重視する経済理論は、未だ大規模な株式会社が経済組織の主軸となっておらず、依然として家や小さい単位で生産が行われ、独立が比較的容易であった時代の理想論と映るかもしれない。たしかにそれは事実であろう。しかし、スミスの時代において、いまだ厳然として貴族が存在する厳しい階級社会であり、また統治者も近代よりはるかに恣意的な行動を取ることもあった社会に住みながらも、個々の経済主体の意志決定とその相互作用空間を取り出したことを考えると、まったくユートピア的とも言えないのである。統治は時として悪政に陥り、社会には不平等が満ちているが、それでも個人が個人として意志決定を行い活動し、そのことでもって相互に関係を築いてゆくという力強い現実主義的理想がスミスには息づいているのである。

また、筆者の述べてきた「経済主体」といわゆる「経済人 homo oeconomicus」は同じではないかといぶかる向きも出るかもしれない。スミス自身は「経済主体」なる用語を用いたわけではなく、ただここではスミスの思想に含まれる契機を抽出したにすぎない。それを一つのヴィジョンの淵源としてのちに「経済人」と名づけたのであろうが、いわゆる「経済人」には、自己の経済利益や効用を最大化しようとしている人間というほどの功利的観点が含まれる。それに対して、「経済主体」には、そのような「経済人」を含意しうるのはもちろんであるが、単に利潤を得られる所用の機会を最大限に合理的に活用することのみではなく、そこには、経済主体が自己の意志でもって活動し、人と人を結びつけ新しい価値創造を行うという積極的含意も含まれる。市場は、自己の意志に基づきつつ、他者との欲求の相互充足を可能にするが、それは人と人との具体的な結びつきの空間であり固定的ではなく、意志や状況により新たに広がり、これまで関係のなかった人との結びつきを可能にする空間である。そのことを敷衍すれば、狩猟社会から商業社会へと人間社会が発展してきたというスミスの四段階論は、人間が経済主体として単にすでにあるパターンを繰り返すのみならず、自己の意志でもって新しく価値創造し、人々との新しい交流形態を創り出してきた歴史でもあるのである。

『道徳感情論』は、人間が他人と想像上の立場の交換を行い他人の感情を想像することにより快・不快を得る同感原理から出発するが、そこにおいて、自己と外在的に他者があるのではなく、自己のうちにすでに主観的にあるものとして他者が存在した。自己の内にすでに他者を取り込む原理があるからこそ、逆説的に個人が個人としての意志決定により活動したとしても、大抵の通常の場合において最低限の社会正義を守るように人間はなっているのである。同様にして、『国富論』においても、人間は交換を通じて他人に依拠せざるを得ない、一見すると自律性を失った存在として描かれる。だが、他者への根源的依存性が存在し、自己の欲求を満たすには他者の欲求を満たさねばならないからこそ、自己が自己の意志に基づいて自己の目標を追求したとしても、そのことが即反社会的とはならず、自律的な意志主体を社会論の基礎に据えることができたのである。個人が個人として自由に経済主体として行動することが困難であった時代の住人でありながら、あるいはむしろそうであればこそ、スミスの思想はこの自由な意志の貴重さを語ることができたのだと考えうる。

終章

アダム・スミスにおける経済と統治——結語に代えて

I　はじめに

スミスの経済社会の構想は統治学として構想されたというのはこれまで述べてきたことである。では、統治とは、スミスにとって果たしてなんだったのであろうか。そして、経済学と統治の学はどのような関係にあるのだろうか。

スミスにおける統治学は、統治が基礎を置くべきものとしての社会過程を措定していた。それが、未開から文明であり、狩猟社会から商業社会へとの社会は発展するという四段階論であった。それらの社会、および社会発展の法則は、人間の生活様式に基づいたものであり、それと政治社会のあり方は区別される。そして、それら生活様式に基づく社会状態に、政治社会のあり方も統治のあり方も規定されるとする。では、生活様式に基づく社会発展とは、単なる粗野な唯物史観に過ぎないのであろうか。そうとは言い切れない。

確かに、人が何を求めるかは、その人が属する社会状態に左右される。しかし、人は単に受動的に状況に対応するのではなく、意志を持って活動しもする。境遇改善活動としての人間の活動、ひいては人間の経済活動は、政治社会における統治者の意志決定とは区別される、個人と個人の交流と関係の構築による独自の社会過程を形成する。それが、社会の経済的側面の基礎となる。

しかし、人は経済のみによって生きるのではない。人間の意志は、自由をも求める。スミスは、人は富裕と同時に自由を求めるものだと考えていた。法学講義（Aノート）において、スミスは、「人間が所有しうる二大祝福である富裕と自由」[1]と表現している。人類は、富裕と自由を追い求めるものだというのである。人類の富と自由の探究は、社会とその歴史にも影響を及ぼす。この自由というものを歴史を形成する力としてスミスは認識していた。自由は単に規範的に法学者の頭の中にだけ存在しているものではない。人々が希求してきたものであり、そして現実に社会を動かし歴史を動かしてきた力でもあったのである。だが、この場合の自由は、複数存在する。自由がどのような形をとるかは、それぞれの社会条件に応じて異なる。スミスの自由観は、社会条件との関連において捉えられたものである。したがって、スミスの社会理論は、人間を、単に経済状況に従属的なものと見るたぐいの「唯物史観的」だとは言えない。人間は、経済状況に甚大な影響を受けつつも、自ら自由という精神的目標をも希求するものだというのが、スミスの根本的な立場だからである。

なお、スミスにおいては、少なくとも三種類の自由観が見出せる。本書の序で述べた三つの自由観のすべてがスミスには見出される。第一は、北米英植民地における共和主義的自治をスミスが賞賛したときにおける自由（積極的自由の系論）である。第二は、スミスが統治の格率として提唱した自然的自由の体系の場合におけるような、統治者から財産・生命の保護などで守られつつも、政府の過度の干渉をいさめるものとしての機会と権利確保としての自由（消極的自由の系論）である。両者は統治、あるいは政治社会との直接的関係において捉えられた自由である。それに対して、第三の自由というものがあり、それは、経済社会という空間において、個々人が経済行為を行う自立的主体としての自由である。

なお、その社会条件の自由についての基底性こそは、スミスの統治学の基礎をなすものである。どのような統治が行われるかは、一定の社会条件に応じたものであり、その統治と社会条件との関連に応じて可能な自由の種類も異なってくる。だが、こうしたスミスの統治学の基礎は中立的なものではない。スミスの統治学には一定の価値選好も潜んでいる。ムロンの統治学の構想との関連が重要なのはこの点においてである。それらを検討したのち、スミスの統治学そのものについて概略を述べるというのが本章でなされることである[2]。

Ⅱ　自由の歴史的基礎

スミスは、複数の自由観を有していたが、どれがより強力に働くかはそれぞれの社会条件に応じて異なると考えていた。特に、統治との関連において、どのような自由が存在するかは、それぞれの社会の条件に応じて全く異なるものとして捉えられていた。統治における自由（第一と第二の自由）が存在する社会的条件を、したがって、自由を歴史過程のなかにどうスミスは埋め込んだかを本節では考察したい。

まず、スミスの文明社会史観と第一の自由（自治としての自由）との関連について述べたい。その際重要なのは、自治（積極的自由）が十全に存在した古典古代ギリシャ・ローマ文明の社会メカニズムと、同時代のヨーロッパ文明社会との相違の把握である。両者は、スミスにおいて完全に同時代ヨーロッパ文明社会と異なるものとして把握されていた。

古典古代文明と同時代ヨーロッパ文明とのあいだには、前者が奴隷労働に基づき、後者はそうではないという重大な社会・経済メカニズムの差異が存在した。同時代ヨーロッパでは、土地も貨幣資産もない貧民でも、農夫の召使や職人のために働くことができるが、ローマ・アテネでは、奴隷がすべての職業をしているために、仕事に就けず、有力者からの贈り物か、投票時に得られる貨幣でしか、生計を維持できなかった(3)。それに対して、近代西欧文明社会は、当時の世界において奴隷制が廃止された唯一の地域であった(4)。

このように同時代の西欧も古典古代も同じく分業に基づく文明社会ではあっても、前者が奴隷労働に基づかず、後者は奴隷労働に基づかないという根本的な社会の構造的差異を有していた。奴隷制こそが、スミスにとって、古典古代ローマ文明のメカニズムの核であった。奴隷制により、一般市民が社会を担う職業に従事しないことが生じた。それにより、労働が不要である市民が積極的に統治へと参与することができた。人々が労働に従事せねばならない近代では、完全な形でそれを復元することはもはや不可能なことである。

だが、古典古代における積極的自由には弊害も伴った。これは、いったん市民が財産・土地を失うと、労働は奴隷が行うがゆえに、市民が仕事にありつけなくなり、とたんに生存の恒常的な手段を失うことを意味した。そのような状態の市民は、高位者による買収の対象となりがちであり、ローマの統治体制そのものが形骸化に陥ることになる。市民は、財産・土地を失うと、借金漬けになり、法律の転覆や反乱がもたらされる原因を作ることになり、社会の秩序と法の支配の体制そのものが揺らぐことになる(5)。古典古代における自治としての自由は、奴隷制という変則的なメカニズムを伴うがゆえに、人格的従属と隣り合わせにあるものであった。それは、人々が自分の勤労でもって生活する自立の有無に関わっていた。

スミスが、同時代の北アメリカ植民地を賞賛するのも、自治としての自由の賞賛というこの文脈においてである。北アメリカ植民地のそれまで発展してきた原因を分析して、スミスが述べることには、「北アメリカのイングランド植民地ほど、急速な進歩をとげた植民地はない。良好な土地が豊富にあること、自分の問題を自身のやり方で処理できることが、すべての新植民地の繁栄の二大原因であるように思われる(6)」と述べている。

この自治ということに関して、北米植民地は、植民地貿易における本国の抑圧的政策によって一定程度発展が阻害されてはいるが、

外国貿易を除くすべての事柄において、イングランドの植民者が、自分たちのことを自分たちのやりかたで処理する自由は、完全である。それはあらゆる点で、本国の同胞市民のそれと等しく、また植民地政策を支えるための税を課する唯一の権利を主張する民衆代表の協議会によって、同じやり方で保証されている(7)

と述べる。ブリテンの上院に相当する顧問会議は世襲貴族からなるものではない。植民地政府のうちの三つではその顧問会議は国王の任命ではなく民衆の代表により選ばれているので、「彼ら〔イングランドの植民者〕の生活態度は、より共和主義的であり、彼らの統治も、とりわけニュー・イングランド諸州中の三つのそれは、これまでのところ、いっそう共和主義的であった(8)」。したがって、スミスにとって、北アメリカのイングランド植民地の急速な進歩は、土地が豊富にあることのみならず、統治政策による抑圧がなく、さらには共和主義的自治が行われるという意味での「法と統治の進歩」にもその原因があるのであった。そして、共和主義的自治は、個人の「生活態度」も「共和主義的」に、すなわち自治に参与する自立的個人にする。

それはまた、奴隷労働に基づく古典古代の自治と違い、北アメリカの自治は、自己の勤労に基づくという個々人レベルでの生活の基盤が確固として存在するものであったからでもあった。この北アメリカ植民地を例にとる、自治の自由の称揚は、本書第二章で述べたように、ダヴナントにも見られるものである。共和主義的含意がスミスの植民地論にも伴っていたし、植民地での自治を破壊する形の帝国的支配を否定する態度においても両者は共通する。自由と帝国の両立しないものであるからこそ、自治こそが植民地に繁栄をもたらすというダ

ヴナントの認識を、スミスは共有していた。

だが、共和主義的自治は、ごく一部の社会において可能ではあっても、現実の多くのヨーロッパ文明社会において現に実施されている統治ではない。共和主義的統治体制ではないにもかかわらず、フランスをはじめ多くのヨーロッパ諸国は一定程度文明化し繁栄している。それはなぜであろうか。そこに、消極的自由の系論としての第二の自由観が、アダム・スミスの統治観において、共和主義的自治よりもより普遍的で基底的である理由が存在する。

スミスは、近代文明における国家を中央集権化したものとして捉え、西欧の政体史の叙述を行う中でそれを考察する。奢侈が広まる前の、したがって商業社会化する以前の西欧における封建統治においては、国王の権力が強まりつつあったとはいえ、貴族が大きな権力を握っていた。しかし、奢侈が貴族のあいだで広まるにつれ、それまでは人を雇うのに貴族は財産を使っていたのに、奢侈品に財産を消散することにより、貴族の権威は弱まり、農奴解放ともあいまって、国王の権力が増大し、国王を掣肘できる他の権力を有さない状態に到った[9]。「このようにして貴族の権力の没落は、国王の権力に対抗しうるどのような力をもその背後に残さなかったので、絶対的統治 absolute government が確立された[10]」。これは、フランス、スペイン、ポルトガル、テューダー朝期イングランドにあてはまるという[11]。

ただし、ここで注意が必要なのは、奢侈による貴族の没落という同様の社会変化が生じたにもかかわらず、ヨーロッパの他の諸国が絶対君主化し、イングランドのみが絶対君主を経て「自由の体系 system of liberty[12]」となったとスミスが叙述していることである。その原因は、常備軍の導入時期という相違であった。イングランドは、常備軍の確立以前に、議会が実質的な権力を有する自由な国制を確立したので、他の諸国に生じた現象、すなわち常備軍を絶対君主が掌握したことによる、絶対君主の権力基盤の恒常的確立という現象は生じなかった。[13] イングランドの自由は、司法の独立と、頻繁な選挙によっても確保されていた。[14] このことは、逆に言えば、イングランドの自由な国制は、近代の文明社会にあっては、例外的ともいえる国制形態であるとスミスが見ていたことも示唆するものであった。また、同じ商業社会であっても異なった統治形態が生じることから、スミスの発展段階論が、必ずしも一方的な経済決定論ともいえず、偶然的状況によって統治形態が左右されるとも考えていたことも明らかである。

さて、このような中央集権化、あるいは軍事力の独占という近代における文明社会の特徴に対して、スミスは両義的な態度をとっている。封建的統治においては、身近に抑圧者たる貴族が存在するので、人々は財産の安全を確保できなかったが、絶対的統治にあっては、権力者たる国王は、周りの人以外にはそのような抑圧が及びにくくなるので、人々は「貴族が壊滅させられるまでは、身体と財産の安全を保障されえない」[15]のであり、したがって絶対的統治にあっては、人々は人格的自由や財産の安全を確保できるというのである。

領主層の没落と中央集権化は、スミスにとってその国内の所有権保護や安全の前提として捉えられていた。中央集権化という点については、スミスの常備軍論においても見られる。振り返ると、第一章で考察したように、十七世紀末のイングランドの常備軍論争の段階では、国王のもとの常備軍の設置プランに関して、反対派は、常備軍は、領主層から軍事力を奪うことになるので専制につながると反対していた。スミスはこのような考え方に反対し、「主権者自身が将軍で、国の主要な貴族・郷紳層が軍の主要な将校であるところでは、つまり自分自身が政治的権威にもっとも大きく関与しているために、その権威の維持に最大の利害関心をもっている人々の指揮下に軍事力がおかれているところでは、常備軍は自由にとって危険なものではありえない」と主張した。というのはわずかな騒動が革命につながるところでは市民への厄介な警戒心と監視を為政者は行うが、「その国の自然の貴族層ばかりでなく、よく規律された常備軍によっても支持されていると感じている主権者は、もっとも粗暴な、もっとも根拠のない、もっとも放恣な抗議があっても、ほとんど心を乱されない。〔中略〕放恣に近いほどの自由は、主権者の安全がよく規制された常備軍によって保障されている国ぐににおいてのみ許される」というのである。[16] この表現は、一つには実質上文民統制ではないにしても、それに近い形を主張したことを意味するとの指摘もある。[17]

ここに、人は、自己と自己に近しい人に関することについては自分への配慮で判断を乱されることがあるかもしれないが、自己にあまり関係のない第三者のことについては、同感原理を働かせて比較的冷静・公平に判断しうるという『道徳感情論』の原理を見出すことも可能である。スミスにおいて近代における中央集権とは、人々の合意という契機によって生じたものではないし、現実の統治には必然的に力（暴力）が伴うものである。しかし、権力主体が多数である封建的過去から、少数である近代の中央集権的統治への移行により、大部分の一般人が、統治者にとって卑近でありそれゆえに公平な判断が困難な存在ではなくなり、公平な観察の対象となったという現象を伴っていた。それゆえに、財産・生命の保護という観点では、近代的統治は優れたものであるだろう。近代の中央集権的統治と消極的自由は密接に関係するものとして歴史上登場した。それは同時に、イギリス等少数の例外をのぞいて、自治としての自由が実質上消滅することをも意味していた。

「自然的貴族」とはその国の主要な指導者層のことであり、形式上貴族の称号を得ているかどうかには関係がない（むろん、実質上自然的貴族の多数は貴族の称号を有する人物であろうが）。スミスは北米植民地政府を称揚する際、「イングランドのどの植民地にも、世襲貴族はいない」[18] ことをその理由として述べている。スミスにおいて貴族のいない社会の方がより望ましいと考えていたようにも推測できる。

しかし、そのことは、現実社会において、自然的に指導力を発揮する有力者層が存在しないことを意味しない。社会には一定の有力者が厳然として存在する。「人が公共の事柄の運営にかかわりたいと思うのは、主として、それが彼らに与える重要性のためである。どの自由な統治制度も、その安定と存続とは、各国の指導的人物の大部分、すなわち自然の貴族層が、各自の地位を保持または防衛する力に依存する」のであり、指導的人物が政治決定から排除されると、「自分たちの社会的地位を守るために、むしろ剣を抜くほうを選んだのである」(19)。

その政治的影響力において不平等が存在する現実社会を前提としつつ、なお自由を確保する要件をスミスは模索する。このことと関連するのは、スミスはどの程度中央集権化を肯定していたのかという問いである。国王直轄の軍事権力の集中としての中央集権化を肯定していたわけではスミスはなかった。スミスが、常備軍を肯定する条件は、あくまでその国の主権を担う主要な指導層に軍事的権力の集中に担われていることである。だが、これは領主がそれぞれに軍隊を有することの肯定ではない。あくまで、国王を中心として一つの軍事組織の内部に、主要な指導層が参加することが自由に反しないとしているのである。前に取り上げた表現で、スミスが軍事力の領主層がそれぞれに軍事力を担うということには否定的だったことを取り上げた。その状態では、軍事力は個々ばらばらであり、統制も取れず、人々の抑圧も自由に行える。あくまで中央政府の統制の取れた形で軍事力という権力構造を組織すること、しかもそれが国王専制ではなく主要な指導層が入るという形をとることをスミスは求めた。近代的な文民統制と中央集権にはまだ至っていないものの、それと近似した形態を、すなわち権力が一つに統一されつつも、その内部にその有力な度合いに相応しい権力を握る主要な指導層が存在する構造をスミスは望んだ。

共和政体であろうが君主政であろうが、現実の社会には影響力において多くの人よりも優越する少数者が必ず出現する。その現実の位階的社会を前提としつつ、その中においても最低限の個人の活動の自由を確保するものとして、中央集権を捉えていた。その点に、政府の不当干渉の阻止と個人の権利の保障からなる消極的自由をスミスがより普遍的で根底的と捉えていた根拠が存在するのである。

スミスにおける消極的自由とは、具体的には、統治の目標であるとされる「自然的自由の体系」として現れてくるものである。それに従えば、

だれでも、正義の法を犯さない限り、自分自身のやり方で自分の利益を追求し、自分の勤労と資本を他のどの人またはどの階層の人々の勤労および資本と競争させようと、完全な自由に委ねられる[20]

ようなものである。そして、その自然的自由の体系において、主権者が果たすべき義務は三つしかなく、それは、防衛、他者からの不正・抑圧を防ぐ司法制度の確立（私的所有権の確立も含まれる）、公共事業・公共施設の設置という三つなのであった[21]。スミスにおける統治の役割とは、まずは、個々人の自律的判断の尊重と行動への不正な介入の阻止であった。その不正な介入が個人からである場合は、統治により守られる必要があるが、それ以外の場合に、統治からの不正で過剰な介入を行うことをスミスは認めていない。

スミスは、統治体制や社会が完全平等になることを前提とした立論をなしてはいない。あくまでも現実の政治的・経済的に不平等と格差が存在し、一定の少数者が有力者である社会を想定している。しかしこの一見したところの階層構造の受容は、スミスが位階秩序の擁護者であったことを意味しない。中世のアクィナスら位階秩序の擁護者において、統治者は全体の利益（共通善）を追求すべき存在とされた。スミスは、統治者がそのような能力を十全に有していない状態、ある程度まで利己的行動をとることを想定する。言い換えれば、統治者が利己心がために誤った行動、悪政を強いる可能性を前提としている。

そのことは、スミスが、資本蓄積が倹約によることを述べた際に現れている。資本蓄積を損なうような乱費・

浪費について、大国にあっては個々の国民は、少数者は浪費することがあっても、多くは節約しまっとうな生活を送るのであり、「大国民が私的な浪費や不始末によって貧しくなることはけっしてないが、公的な浪費や不始末によってそうなることはときどきある。たいていの国では、公収入の全部またはほとんど全部が、不生産的な人手の維持に使用される。多数の人々のいる見事な宮廷、大きな教会施設、平時には何も生産せず、戦時には戦争継続中でさえ自分たちを維持する費用を償いうるものを何ひとつ獲得しない、大艦隊や大部隊を構成する人々がそれである[22]」。

富裕をもたらす資本蓄積の阻害要因は、個人の奢侈・浪費というよりも政府の支出の濫用（悪政）から多くは生じるものである。だが、諸個人の「節約とまっとうな生活は、たいていのばあい、個々人の私的な浪費や不始末だけでなく、政府の公的な放漫をも償うにたりるものであるということは、経験から知られるところである。自分の状態をよりよくしようとする各人の不変で恒常的で中断のない努力、〔中略〕は、政府の放漫にも行政の最大の過誤にもかかわらず、改良に向かうものごとの自然的な進行を維持するにたりるほど強力であることが多い[23]」。スミスが自然的自由の体系を述べたのは、恐らくそれが最良の統治のあり方を示すからという理由でなされたのではない。統治とは誤りに満ちたものであり、富裕への道を阻害さえする。統治者があまり個人の経済活動や権利を侵害しないというせめてもの最低限のラインを自然的自由の体系は提示しているのである。しかしその最低ラインさえ、完全な達成がいかに困難であるか、そして困難のなかにおいてさえ、個人が個人として意志決定し活動し相互に結びつく経済社会の空間において、前進がなされるというのがスミスの考えであった。

なるほど、スミスはイギリスと北アメリカにおける共和主義的自治を、フランスなどヨーロッパの君主制（「絶対的統治」）よりも望ましいと考えていたことは確かである。しかし、共和主義的自治をもし自然的自由の体系に含めれば、スミスの体系は共和主義的ではない政体を多く含む当時のヨーロッパの「文明」状態を説明できないことになってしまうであろう。またスミスにおいては、イギリスのみならず、「自治」の点でスミスが不十分とみなしていたフランスなども含まれていたであろう。スミスは、イギリス、フランスを始めそれぞれの現実の文明社会には、それぞれの発展を促進する要素とともに、発展を阻害する要素が潜んでいると考えていた。次節で述べるように、むろん発展を阻害する政治的要因はない方が良いのであろうが、政治社会における十全さを前提としないと、経済社会の改善がないというのでは、社会の進歩そのものが存在しないことになる。

Ⅲ　スミスの統治学の前提としての経済社会の空間

本節では、スミスの統治学の認識論的基盤について、第三の自由がなぜ基底的なものと捉えられたかと関連させつつ考察したい。

前節で述べたように、スミスが統治の格率とした「自然的自由の体系」とは、共和国であっても君主政国家であっても、基本的な国制構造を変えることがなく導入可能なものとしてあった。共和主義的自治は、スミスにおいては理想の統治として存在したが、共和主義的ではない統治が当時ヨーロッパの多数を占めたことも事実であった。そして、統治との関連で捉えられた両者の自由と区別されるものとして、第三の経済的自由が存在し、それはスミスの統治学の認識論的基盤に位置している。まず、スミスにおける統治学、ポリス（行政）論とは何であるか、そしてその認識論的基盤はどのようなものかについて考究したい。

そもそも、スミスが統治学を自然法学の部門として加えたのはいったいなぜか。それには、本書の第四章で述べたように、ホッブズによる私的善の一致不可能性をめぐるアポリアが存在した。人は各々に目標を持っており、それは一つへと自然と収斂することは不可能であり、したがって統治には為政者の意志の強制を必要とするというアポリアの提出以来、自然法学者はそのアポリアと葛藤してきたし、スミスにおいてもその葛藤は持続し、私的善の自然的一致不可能性と、為政者における共通善の体現の不可能性というアポリア自体は解消不能のものとして存在した。

本書の第四章で述べたことを振り返れば、ホッブズ以前のアリストテレス–アクィナス的伝統においては、共通善を体現した人が統治者となり人々を支配するという秩序観を有していたが、それは共通善を体現した存在とそうでない人の二層に人は別れるとの位階的・人間・秩序観を前提としたものであり、個々の人は全体のために存在するという国家有機体論的発想であった。ホッブズは、人間の能力的平等を提唱することで、位階的人間観を打ち破り、個人の私的善が共通善へと強制力なく統治者において自然と収斂するということはないとすることで、有機体論的発想をも打破した。しかし、それには統治とは為政者の命令の強制であるという苛烈な逆説を伴っていた。プーフェンドルフからハチスンにいたる自然法論者は、アクィナス的な神与の人間本性と、堕落した人間本性という区分を導入することで、共通善を体現した統治という契機を残そうとしたが、私的善と共通善の矛盾という逆説をついぞ克服できなかった。

スミスにおいてもそのアポリアは全面的に克服できた訳ではない。なるほど、『道徳感情論』においてスミスは、正義や道徳というものが、同感原理を媒介しつつ、人々の間で実質的に暗黙の共通規準として生成する様を描いたし、統治には権威の原理と功利の原理という暗黙の受容原理が働いているともした。すなわち、為政者による命令を前提とせずとも、ある程度人々の間で自発的に暗黙の正義観念が成立することを主張したのである。

しかし、現実の歴史において、その暗黙の共通規準が、そのまま、実際の統治における権力として結実している訳ではない。スミス以前の自然法学が前提としていた社会契約説、および自然状態-国家という区分を、スミスは、現実にはイギリス以外にほとんど唱えられたことのない不自然なものとして斥けた[24]。例えば、統治の横暴を防ぐ社会契約論者の規範的な抵抗権について、

問題は、国王と議会の権力に抵抗することが合法あるいは容認可能なのは、いつなのかということである。彼ら〔国王と議会〕がそうした限界を越えたときに、人民は彼らに従う義務を負わず、抵抗してもいいということをわれわれに告げる、何らかの法律を制定しようなどと彼らは決して思わないであろう。彼らがそうすることは想像しえない。主権者が存在するところでは、どこであろうと、まさにものごとの本性からその権力は絶対であるに違いなく、主権者をよんで説明を求めるために正規に設置された権力は存在しない[25]。

したがって、いつ抵抗できるかについて、「この種の争いはすべて力と暴力によって解決されてきた[26]」と述べる。スミスは、統治は力によるのか合意によるのかという難問に関して、合意という規範的要素を現実の権力闘争の空間から退けることで、歴史における統治は力の支配する空間として現れる。その中では、一定の有力者が出現する。

だが同時に、権力による強制という契機を、本来そうあるべきという規範論（〜べき）の次元に位置づけるのではなく、現実に過去そうであったし現在そうであるという存在（〜である）の次元に位置づけるという理論的変更をスミスは行った。要するに、一定の有力者が存在するというのは、社会的現実であるということである。そうすることで、スミスは現実の統治の完全な肯定を避けたとも言えよう。なるほど、前節で言及した

ように、近代文明社会の出現にあたって、君主への権力の集中が有利に働いたし、君主への権力の集中と近代文明社会が完全に両立しないものではないとスミスは主張しており、強制的権力を一定程度肯定している。しかしながら、北アメリカの共和主義的自治への称揚に見られるように、権力による強制としての統治ではなく、人々が自分たちで自発的に合意形成を行うものとしての統治という契機をより好ましいものと見ていた。なおかつ、共和主義的自治の称揚は、たんに理想的なものとしてあるのみならず、現実の北アメリカに存在するものであることを強調することで、スミスは、共和主義的自治が現実の歴史の進行のダイナミズムのなかでの将来的可能性の希望を捨てたわけではなかった。

希望を捨てたわけではないかもしれないにせよ、現実のヨーロッパ文明において、多数の社会は君主政であり、厳然と貴族が君臨する社会であったことも事実である。その社会においては、共和主義的自治は望むべくもないにせよ、政府からの不当干渉の抑制と所有権・生命・身体の保護が一定程度成立しているのも事実である。しかし、そのような個人の保護は、中央集権的な少数者への権力の集中により可能となったものである以上、スミスの政治社会観は、完全な個人の平等を前提としたものではないと言える。この階級社会という現実から出発したということは、スミスがホッブズ的な能力の完全平等という契機からある面では後退したとさえ言いうるかもしれない。政治社会においての安定性は、能力・力の不平等を前提とすることと表裏一体である。

結局、スミスはホッブズのアポリアを、現実のヨーロッパ文明の政治社会という空間において解決することはできなかった。その代わりに、スミスは、政治社会という少数者の決定に依拠する空間とは別の、個人が個人としての意志決定に基づいて行動し、相互に関係を築く、独自の社会過程を見出した。それが、経済社会である。それが可能性をもつのは、スミスが、政治的な力（権力）のみならず、経済的な力（経済力）をも、社会を動かし歴史を形成する力として捉えていたからでもあった。スミスは統治形態や権力形態との関連のみを歴史を形成するものと捉えていたのではなく、人々が経済的な主体として判断し行動を行う中から発展する社会的展開も歴史と社会を形成するものとして捉えていた。いわば、スミスにおける政治社会と区別された社会の空間の出現である。経済主体とその運動からなる空間は、スミスの市場概念や、価格の自動調整メカニズムの理論的基盤をなすものでもあった。

なお、経済社会という視座は、理想とは程遠い現実の統治を前提としつつ、なおかつ文明社会の繁栄の原因を探ろうとした結果でもあった。ケネーの重農主義について述べた段において、

みずから医師であり、またきわめて思弁的な医師でもあったケネー氏は、政治体についても、人体についてと同種の考えをもち、政治体は一定の正確な養生法、すなわち完全な自由と完全な正義という厳密な養生法のもとでのみ、繁栄するだろうと考えていたように思われる。各人が自分の状態を改善しようとしてたえず行っている自然の努力が、政治体においては、ある程度不公平で抑圧的な経済政策の悪結果を、多くの点で防止し是正しうる健康保持原理だということを、彼は考慮しなかったようである。そういう経済政策は、富と繁栄に向けてのある国民の自然的な進歩を多少なりともおくらせることは疑いないにしても、かならずしもつねにまったく停止させうるとは限らないし、ましてそれを後退させうるものではない。もしある国民が完全な自由と完全な正義を享受しなければ繁栄できないというのであれば、かつて繁栄しえた国民は世界に一つもないことになる。[27]

統治や権力の形態は、なるほど理想から程遠いかもしれず、また時の情勢に翻弄されるような、人々の力量に負いかねるものかもしれない。だが、個人が個として自立的に意志決定して経済主体の活動は、各個人が自分でコントロールし得る領域である。それは、私的善の領域であるが、消費・流通・生産を担う活動として社

会過程において具現化されることを通じて、個があくまで個のために活動しながら、かつ共通善を達成できる空間として存在した。私的善の代理不能性を前提とした領域が経済社会である。

Ⅳ　スミスのポリス論の起源

スミスにあって、統治の学とは、経済社会の政治社会からの分離という契機を含むものであった。だが、統治の学は、スミスのみによって提唱された訳ではない。統治の学は、スミスが提唱したのとは、逆の方向を取ることもあり得た。本節では、特にスミスに影響を与えたムロンの所説を考慮に入れることで、スミスの統治の学およびポリス（行政）論を思想史的に位置づけたい。そうすることで、スミスの統治の学の価値選択上の含意がより明瞭になるからである。

ムロンの統治の学、およびその中核をなすポリスの精神という構想について、実際にスミスが言及した直接的証拠はない。しかしながら、下記にあげる根拠から、スミスが少なくともムロンの著作を読んでいたことは事実であるように思われる。

まず、第一に、スミスは、ムロンの著作を、フランス語の原典も英訳版も両方所持していたことが挙げられる[28]。英訳版もフランス語版も両方持っていたことから、スミスのムロンへの関心の高さを推測することも可能である。

第二に、スミスは、一七六二年から一七六三年にかけての『法学講義（Aノート）』におけるフランスにおける貨幣供給に言及した場所において、ムロンの著作を参照していると、Aノートの編者が推測していることが挙げられる[29]。

第三に、『国富論』において国債は、需要を作り出す機能があるので有効であるとの説に反駁している箇所である。その説を、「公債利子の支払いでは、右手が左手に支払うといわれてきた」[30]いう説としてスミスは紹介しているが、実際、ムロンの著作には、「国家債務とは右手から左手へと移る債務である」[31]という類似した表現がみられる[32]。

では、スミスが参照したと推測しうるポリス論とはどのようなものだったのであろうか。スミスは、『法学講義（Aノート）』におけるポリス（行政）論という部門の書き出しすぐの箇所において、

ド・ラ・マールによってこの見出し〔パリの行政の諸規則集〕における諸法令の収集は二つ折り大版で四巻に及ぶが、彼は計画のごく一部しか達成しておらず、そこでのポリス（行政）とは、法律のわずらわしい部分であり、それに関わる幾つかの役所や裁判所において雇われている人にのみ完全に理解されうるようなものである。他方、ロンドンのポリス（行政）に関わってなされるすべての法令は、一、二時間で読了しうるものである[33]。

と述べている。この引用箇所において、スミスは、パリの行政のあり方への批判とともに、生活の全般にわたり、個人の一挙手一投足に至るまで規制する形のポリス（行政）と、それを説くド・ラ・マールを批判してもいる。第三章で言及したように、ド・ラ・マールにとってポリス（行政）論とは、行政規則・法令の詳細の要覧のような部門として存在したからである。スミス自身における統治の原理の探究という発想は、ド・ラ・マールには存在しない。それが存在するとすればムロンにである。私的善が私的善にとどまりながらも、全体としてある秩序が達成できるというポリス（行政）論という発想は、ムロンとスミスに共通する発想である。ムロンは、合理的な統治政策の基準を与える統治の原理の探究という統治の学を構想する。その統治の学の中

で、私的善が私的善にとどまりながらも秩序が達成できる領域として、新たにポリス（行政）論が指定された。そこが、個々の行政規則の詳説としてのドゥ・ラ・マールのポリス（行政）論と違った、ムロンの画期性であった。統治を導く原理の探究という発想において、スミスはムロンと共通する。その点から、スミスへのムロンの影響を推測することも可能であろう。

ムロンのポリス（行政）論の背景には、征服か防衛かをめぐるマキァヴェッリのアポリアが存在した。征服の精神に代わるものとして、商業の精神が見出された。それは、暴力に代わって人々を結びつける力としての商業の発見をも意味していた。

ムロンの受容にあたって、スミスは征服の精神と商業の精神というムロン的視座の歴史性に着目した。古典古代の共和制の終焉の原因を分析する際に、古典古代ギリシャ・ローマの諸共和国については、遊牧社会はもちろんのこと、農業社会であってもまだ農閑期があるので、戦争には容易に行けると述べる。しかし、商業社会に突入した時点で、古典古代と近代ヨーロッパでは相違が生じる。近代商業社会では、技芸と商業の前進により皆仕事を有するので、戦争に行くことができなくなり、常備軍が不可欠となる(34)。加えて、商業社会においては、戦争技術の改良により常備軍はより有利となる。

古代ギリシャやローマ共和国では、それらの存続の全期間をつうじて、また封建政府のもとでは、その最初の確立後かなりのあいだ、兵士という職業は、ある特定階級の市民の、唯一または主要な仕事になる独立のはっきりした職業ではなかった。国家の臣民はだれでも、生計を立てるのにどのような通常の仕事または職業についていようとも、自分が平時にはいつでも、自分の職業と同様に兵士の職業を行うのに適しており、また多くの非常時にはそれを遂行する義務があると考えていた。

しかし戦争の技術というものは、あらゆる技術のなかで、たしかにもっとも高級なものであるから、改良が進むにつれて、必然的に、それらのなかでもっとも複雑なものの一つになる。機械技術が必然的に関連する他のいくつかの技術の状態とともに、ある特定の時代に戦争の技術が到達しうる完成の程度を決定する。しかしそれをこの程度の完成に到達させるためには、それが市民の特定の階級の唯一のまたは主要な仕事になることが必要であり、そして分業は、戦争の技術の改良のために、他のすべての技術の改良のためと同様に必要である。他の技術では分業は個人の慎慮によって自然に導入されるのであって、そういう個々人はある特定の職業にだけ限定するほうが、多数の職業をするよりも、私的利益を促進できることを知っているのである。しかし兵士という職業を、他のすべての職業とは切り離され区別された特定の職業となしうるのは、国家の知恵だけである。[35]

と主張した。スミスの商業社会には軍事上の分業も含まれていた。商業社会は製造業のみでなく、軍事上の分業も必要とした。そして、軍事上の分業（＝常備軍）は、社会全体の分業の進展、したがって文明社会の進歩にとって不可欠なものであるが、軍事上の分業だけは、他の産業における分業と違い、「国家の知恵」必要とするとしている。これは、共和主義的徳＝尚武精神に基づく戦士社会は商業社会に不適合であるばかりではなく、その国家格率からの意図的な脱却を国家は必要とすると主張しているとも読み取れる。

したがって、本書第一章で言及したデフォー、ダヴナントとともに、スミスは軍事革命を認識していたのだが、スミスに特徴的な点は、軍事革命が社会のメカニズムにもたらす影響の認識の深まりにあった。古典古代においては、本書第三章で述べた征服か防衛かというマキァヴェッリのアポリアが当てはまるが、[36]近代においては軍事技術が発達し、軍事力の維持に古代よりはるかに多くの費用がかかるようになっているので、古典古代ローマのように征服型国家をとることにも、また市民の重武装による自衛型国家を作ることも得策ではない。

マキァヴェッリの選択肢には、いずれにせよ市民の戦争参加が前提となっている。スミスが退けたのは、その市民の戦争参加の必要性という点である（なるほどスミスは軍事訓練の重要性を述べたがそれはあくまで常備軍を補完するものに留まる）。スミスが、市民の戦争参加すなわち民兵という形態主体の軍隊構成から脱することを、他の分業と違い「国家の知恵」を必要するとしたことは、マキァヴェッリのアポリアが前提としていた、軍事面における政治体への市民の献身という理念の拒絶を意味していた。

このマキァヴェッリのアポリアの拒絶にあたって理論的に役立ったのは、管見では、本書第三章で述べた、征服的過去か、商業の精神の時代かというムロンの視座であった。ムロンは、戦争による富の獲得とは違う、別の相互利益をもたらす人々の結びつきとして、商業に着目し、商業の精神を新たな国家格率とすべきことを説いた。この商業の精神への着目は、スミスにより発展段階論的社会・歴史の視座へと結実する。スミスは、商業と交流のもたらす全体的な影響を、文明社会史観という歴史的視座から考察した。経済の自律的メカニズムは、スミスにおいて商業的交流の全面化がもたらすものであった。それは、ムロンが商業にも政治的秩序にも、それぞれ人と人を結びつける力があることを見出していたからであった。だが、ムロンにおいては、依然として、国家による全体の統括が不可欠とされてもいた。

スミスにおいては、この商業・交流のもたらす秩序形成メカニズムが十全に捉えられていたが、それは交流の全面化した段階、すなわち文明社会とそれ以前の段階という社会認識の図式を前提としていた。それはスミスの政治経済学を可能にする基盤でもあった。マキァヴェッリのアポリアは過去においてのみ当てはまる。近代商業社会においては、国家の力を決するのは、もはや征服ではなく、経済力である。その経済力とは、他の国家を追い落とすことによって成り立つのではなく、共存共栄が可能なものとしてある。

スミスがポリス（行政）論において展開したのは、国家の繁栄が、征服によってもたらされるものではないのはもちろんのこと、統治者による個人の経済活動への介入によっても原則的にもたらされるものではないということである。ムロンには残存していた全体を統御する存在〔統治者〕が秩序をもたらすという秩序観を、スミスは根底から覆す。もちろん、防衛・司法・インフラ整備のように統治者が果たすべき役割も残っている。だが、それは個人の自由な活動の基盤を提供するものではあったものの、それ自体として国家繁栄の主導的役割を果たすものではない。その主導的役割を果たすのは、あくまで諸個人の自由な活動である。

だが同時に、スミスは、『国富論』の第五編の末尾に顕著に見られるように、スミスは、征服の精神が近代的形態〔ブリテンの海洋帝国という夢〕を取りうることとその危険性を鋭敏に察知してもいた。ある面では、征服か防衛〔被征服〕かというアポリアは、こうして形を変えて新たなアポリアとして生き続けることになった。なお、スミスは、商業という交流のもたらすものを、単なるポリス〔行政〕論の範囲内に位置づけたのではなく、国際関係のなかで位置づけもした。ポリス〔行政〕論の範囲外にある統治の学のあり方にもそれは影響を与えることになる。

近代ヨーロッパ商業国家間関係について述べる際に、それは見られる。ヨーロッパに商業が導入されて、国家間の交流が盛んになるにつれて、駐在外交使節制度が十七世紀はじめ以降に確立し、国家間の意思疎通は盛んになる。この制度は古代にはなかったが、「外交使節を派遣するという習慣は、平和を維持するものである」[37]とし、

近ごろこれほど話題になってきた勢力均衡は、当時は〔駐在外交使節の確立以前〕まったく噂もなかった。〔中略〕駐在制度以前には、かれら〔主権者〕は情報をほとんどえられなかった。しかし十六世紀のはじめ以来ずっと、ヨーロッパの諸国民は二大同盟に分割された[38]

と述べて、近代ヨーロッパにおいて、商業化に伴って、駐在外交制度が確立し、その制度が可能にした各国の外交交渉により、勢力均衡という国際的な均衡維持のメカニズムが出現したこと、そしてそれが戦争を全面的になくすものではないにしても、一定の平和の維持に役立っているとの認識を示した。

近代ヨーロッパにおける商業社会の到来は、勢力均衡というメカニズムをもたらすことによって、征服か防衛(被征服)かというマキァヴェッリのアポリアを過去に位置づけることによるその一定程度の克服をもたらした。ムロンと同様に、スミスにおいても、ゼロ・サムゲーム的社会・国際社会観からの脱却を可能にしたのは、人同士を結びつけるものとしての商業・交流の力に対する認識からであった。

近代ヨーロッパとその植民地との関係については、近代ヨーロッパにおいて、両インドへの植民活動をヨーロッパ人は行ったが、それは当時の力関係の差に起因するのであるが、やがて商業によりその力関係が対等になると、相互尊重の態度が生じるとスミスは希望的に観測する。「しかしすべての国と国のあいだの広範な商業に自然に、あるいはむしろ必然的にともなう、知識とあらゆる種類の改良の相互交流ほどに、この力の平等を確立するものはなさそうに思われる(39)」。

四段階論中の商業社会は、生活様式という経済的区分に基づいていたが、商業社会は単なる経済的交流のみならず、知識・技術などあらゆるレベルでの交流をもたらす。交流の全面化という点で、四段階論中のそれ以前の三段階(狩猟、遊牧、農業)と商業社会は大きく異なるものであり、経済的行動様式に限らない交流の全面化した社会状態が文明社会であった。「commerce」の語は、商業のみならず広く交流一般をも意味する。そして、「commerce」の世界化は、諸個人間のみならず、国家間関係にも当てはめうるものであった。ムロンと違い、スミスにおいては、商業・交流がもたらす、諸国家間の相互作用の帰結まで視野に入っていた。

この方向性の相違は、ムロンとスミスの統治学の方向性の相違にも影響を及ぼす。ムロンにあっては、商業・

金融の循環・流通の自由が重視されていたが、その流通過程を円滑にするような高度な統計的理性が為政者には要求された。全体を統御するある指導者・国家という発想が依然として残っていたためである。スミスは、フィジオクラートに影響される前から、すでにこのような体系の精神、および高度な理性的能力を有する為政者を前提とする統治学には否定的であった。ドゥガルド・スチュアートの証言によると、スミスは、フィジオクラートの著作が現れる以前の一七五五年においてすでに、

政治家や企画屋によって、人間は通常ある種の政治的機械の材料のように見なされている。企画屋は人事の運営の流れの自然を妨げる。〔中略〕最低の野蛮さから最高の富裕へ国家を至らしめるには、平和と、安楽な課税、寛容な正義の運用のほかに必要とするものはほとんどない[40]。

と述べたとされている。体系の精神への批判は、フィジオクラートの著作がまだ体系的には著されていなかった一七五九年出版の『道徳感情論』においても見られる[41]。スミスはここで誰を批判しているのか名前を挙げていないが、ムロンの統治の体系を含むものと理論的に推測することもできるであろう。

ここでのムロン流の体系の精神へのスミスの批判には、この社会全体を完全に統御する不可能性が理論的に含意されている。そのような不可能性にもかかわらず全体として社会の秩序形成が理論的に可能なものになったのは、征服の精神と商業の精神（ムロンの観点）の相違をもたらす社会状況の相違についての歴史的考察であった。そこには、人々を結びつける力としての商業とポリス（行政）の精神のムロンにおける発見が寄与した。それらは、理論的には、スミスに「未開社会」と「文明社会」という社会認識の図式および、前者から後者への発展という発展段階論的観点をもたらすことになる。

第三章で述べたムロンのポリス〔行政〕論および統治の学という構想に、スミスは大いに影響を受けたように思われる。

ただし、スミス自身は統治運営の規準を提供する学問〔統治学〕を、自然法学体系の中に含ませるし、スミスにおけるポリス〔行政〕論の精神も、ムロンのそれとは異なっている。

『法学講義』のポリス〔行政〕論冒頭で、スミスは、ポリス〔行政〕という言葉は、そもそも古典古代ギリシャのポリテイアに由来する言葉であるものの、今や「統治の下級部分の規則」という意味に限定されており、それが清潔、安全、豊富さと安さの三部門として捉えられていたと述べる。[42] ポリス〔行政〕の役割としてその三部門を挙げており、スミスも参照したと思われているのは、ヤコブ・フリードリッヒ・ビールフェルト（Jakob Friedrich Bielfeld, 1717–1770）[43]の『政治制度論 *Institutions politiques*』である。ビールフェルトは、

> 今日では、すべては技術 art であり、すべてはシステムである。統治の技術は、すべてのうちで最も重要なものであるが、確実な不変の原理や規則によって導かれていない、ほとんど唯一のものであると思われる。〔中略〕諸国家を統治する学問は、良識と呼ばれる不確定で移ろいやすい光で、そして非常にたびたびあいまいにものを言う経験で、打ち捨てられている。[44]

とし、統治術を「国家を強大にし、市民を幸福にするための最も相応しい手段の知識」[45]と定義した。

このように、既存の法学には為政者の情念と誤謬可能性に関わる限界が存在し、したがって統治の学が構想されねばならないことが十八世紀中葉には英仏双方において認識され始めていた。それは「立法者の科学」たる政治経済学を構想し、『法学講義』においてポリス〔行政〕論という分野を設けたスミスにおいても例外で

はない。ムロンが唱導した国内統治を導くポリス（行政）の学という分野は、ビールフェルトにおいても認識されていた。ビールフェルト自身は、ポリス（行政）論の三部門のうち、安全については、犯罪の防止の観点から、占星術の阻止や旅館の取り締まりなどが、ポリス（行政）論の別の一部門たる清潔については、ゴミ捨て場や墓場の設置などが挙げられている。ビールフェルトにおけるポリス（行政）とは、行政規則詳説のようなものであり、為政者によって規制される必要を細目に到るまで言及する個人を管理する体系としてあった。(46)

物価の安さ・高さというポリス（行政）の第三部門については、穀物の価格を低く豊富に保つよう為政者によって規制が行われるべきことを主張した。(47) このようなビールフェルトの構想は、統治学とその一部門としてのポリス（行政）論の重要性という視座においてスミスとの一致を示すものの、ポリス（行政）の学が、細部にいたる為政者による規制というように、スミスと全く逆の方向を取り得たことを示している。

ポリス（行政）論中の部門としてビールフェルトが挙げたもののうち、清潔について、スミスは取り扱う価値がないとした。また、安全に関しては、他で取り扱ったのでそれをポリス（行政）論の範囲で取り扱う必要はないとスミスはした上で、ビールフェルトの言う安全管理としてのポリス（行政）について一言述べる。スミスは、ロンドンよりもパリの方が規制が多いし、ロンドンのほうが人口が多いのに、パリよりロンドンの方が犯罪が少ないのはなぜかという問いを発する。それに答えて、無秩序は、「人々の習俗の本性と生活の異なる様式」に由来する。フランスでの無秩序は、かの地での「召使や従者」の多さに起因する。封建的統治において、主人の家での安易で奢侈的な暮らしになれた従者や召使は、いったん主人のもとを離れると、略奪と暴力によるしか生活を維持する方法を見出せない。勤労という発想が思い浮かばないのである。フランスにおいて、封建的統治の精神が、イギリスほど完全には廃止されていないことが、無秩序の原因である。

全体的に見て多くの従者と食客をもつ慣習が、いくつかの都市におけるすべての無秩序、混乱の大きな源泉である。すなわち、一国民の安全保障を保つのは、ポリス（行政）の諸規則ではなく、国民が従者と食客をできるだけ少なくしようとする習慣だということである。従属ほどひどく精神を腐敗させ、無気力にし、卑しくするものはなく、自由と独立ほど、廉潔という高貴で寛容な観念を植え付けるものはない(48)。

商業、製造業は、貧民に雇用の機会を与えるので、自立の機会を与える(49)。封建的統治＝分業が高度化する以前の農業社会においては、土地なき貧民に独立自存の機会が存在しないことから、富者・有力者に依存した暮らしを送らざるを得ず、そこから略奪・暴力などの人間精神の腐敗が生じるとともに、犯罪などの無秩序が生じる。他方、ロンドンのような分業が高度に発達し、貧民にも十分に雇用の機会がある社会では、貧民は勤労により独立自存できるので、無秩序にはならない。

ここに、秩序観自体の根本的な変容を見て取れる。もちろん、スミスにおいても犯罪を抑止する統治者の役割は否定されてはおらず、正規の統治の成立は、商業社会の繁栄の前提である。現実の政治社会における為政者の権力による強制は、依然として秩序維持の前提である。スミスは、それに加えて、商業という人と人の結びつきの空間における秩序の成立を見出すにいたる。商業は物質的富の生産・交換という、政治社会とは分別されるメカニズムと空間を有するものであった。

物質的富の生産単位として個人が自立することは、人格的従属からの解放をもたらし、それは人をよき習俗へと導くことを通じて、秩序の維持にもつながるものである。経済的依存からの解放は、社会における個人の行動と判断の主体としての自律をもたらす。

そして、人格的依存関係の底にある経済的関係の発展法則こそが、四段階論である。ポリス（行政）論における考察の対象は、その発展の最高段階たる商業（文明）社会であった。商業社会における、分業による個人の活動は、封建的な農業社会におけるような人格的依存関係からの解放をもたらした。こうして、農業社会における土地財産に基づく市民に自立した主体を見出す限りにおける共和主義思想を変容させ、分業下にある諸個人が自律的な行動の主体となされるという価値転換が行われた。スミスにおいては共和主義的自治がより望ましいものではあり、政治的自律はあった方がより望ましいものではあった。しかし、政治社会における自治が欠如していたとしても、社会の空間における自律の可能性までも奪い取るものではなかった。社会の空間における経済行為において、諸個人は自ら判断し行動する主体でありうる。共和主義的な自律の重視という価値観をスミスは社会の空間に持ち込んだからこそ、商業社会における個人を自律した存在として捉え、それを肯定的に認識することができたと推測することも可能である。

この点が、第八章で取り上げたチュルゴやミラボーのような重農主義者とは異なる点である。根底において、スミスと違い、チュルゴやミラボーは共和主義的な自律的主体も共和政も望ましいものと考えていない。国王や貴族が社会の範をたれ指導する階層的社会が望ましいと考えているのである。そのことから、そのような社会と適合的な農業社会を自らの社会モデルとして選択したことと、商業社会を認識しながらそれを衰亡へと向かう必ずしも望ましくない社会として認識するという価値選択が行われたと推測することも可能である。そもそもの望ましい社会像をめぐる価値観の違いが、スミスと、重農主義者で、最高段階のモデル社会の差異を生み出したと考えることもできよう。

また、スミスにおける自律観は、自然法学的な権利と義務の主体という発想の変容をも意味していた。ホッブズなどの自然権思想に見られる個人の自然権を思想の出発点とする立場から、個人を出発点とするという発想を引き継いだうえで、それを経済社会という空間において配置し直したことから、スミスにおける自律観は可能になったものとも考えうるのである。

V　スミスの統治学

では、スミスにおいて統治学とはどのようなものであったのだろうか。第三章のはじめにで述べたように、「法と統治の一般的諸原理」を説明するスミスの自然法学体系は、正義、行政、軍事、公収入等からなるとされ、それのうち正義論は法の一般的諸原理を、行政・軍事・公収入等の諸分野は統治の一般的諸原理（統治学）を説明するものであり、『国富論』で叙述された。では、スミスにおいて統治の諸原理とは一体何だったのであろうか。本節では、その点を簡単に概説したい。

その前に、スミスの自然法学体系の最初の分野でありながら、結局出版されることなく講義ノートだけ残された正義論について簡単に触れておきたい。スミスにとって、正義とは個人の権利の侵害の防止にある。正義の蹂躙という際に蹂躙される権利（自然権）にも三つあり、人は権利をひとりの人間として（所有権、契約等）、家族の一員として（結婚、召使等）として、国家の一員として（立法権、司法権、執行権等）として権利を有するとする。[50] スミスは、正義論の中核に、所有権・契約などの自然権の侵害防止を法律と統治の目的とした。

自然権を、『道徳感情論』における同感原理からの諸個人の他の諸個人に対する侵害への共感と処罰感情に基礎を置くものと説明するが、所有権については自然権の起源が明白ではないので説明が必要である。[51] こうして、『道徳感情論』においては、どの段階の社会に住んでいようが当てはまる人間本性に起源を有する人間相互の関係の法の説明に主眼が置かれたのに対して、正義論以降の部分では、人間相互の関係においてあるべき法は、社会状態に応じて変化するものとされた。

すなわち、所有権の発生も統治の発生・発展も四段階論と関連するものとされたのである。牧畜社会ではほとんど財産も統治もなかったが、牧畜社会に入り財産が生じてそれを守るために統治が発生し、農業社会になり土地が財産となると統治はさらに発展し、商業社会では所有の対象が大幅に増加し、法律も比例して増加する[52]。財産・所有権の発展に沿って統治の発生史を考察することは、プーフェンドルフやロックらにおける自然法学においても行っていたことであり、特段目新しいことはない。スミスの特徴は、単に土地所有の発生で終わることなく、その上に商業社会という段階を付け加えたことである。そのことは、人々が分業によって多様な職業と経済行為を行う商業社会をも説明しうる法学体系をスミスが志したということであり、その点では資本主義社会における法学体系を築こうとしたことである。ただ、この時点では、十九世紀以降の民主主義のうねりはまだ知られていないので、スミスの法学体系における正義論は、人々が統治や正義について積極的に設計しうることを前提とするのではなく、四段階論という社会の変化に即してそのあり方も変更される社会状態に受動的なものとして考察される。

さて、スミスの統治の諸原理の体系に移ろう。それは、『国富論』の体系でもある。先述のようにスミスは統治の役割を、防衛、司法、公共事業に限定した。特に行政論をなす『国富論』の第一編から第四編までは、所有権の保証など統治者には経済行為の円滑性の基礎にある規則の制定・維持に役割があるとされるものの、経済行為自体は、個人が個人として利益を追求し、資本が自由に投下されるに任されると、資本が最適配分されると説き、統治者が介入すべきでない領域が設定される。

なお、スミスにおいて統治の役割は必ずしも消極的なもののみならず、統治に積極的な役割を認めていたことはドナルド・ウィンチ[53]やホーコンセン[54]の研究による貢献もあってよく知られたところである。

確かに、スミスは、教育など統治の積極的役割を認めていたし、肝心の経済行為に関することでさえそれを、自然的自由に反することでも場合によっては容認した。例えば、第一に、銀行家の紙幣発行権や手形発行権を発行するのを放任すれば、社会全体の安全があやうくなるので規制すべきとする。その規制はある意味では、「自然的自由の蹂躪」であるが、「社会全体の安全をあやうくするかもしれないような少数の個人の自然的自由の行使」は規制されるべきである[55]。第二に、イギリスと貿易できる船舶の船籍をイギリスに限る航海条例は、対外商業にもそこからの富裕の増大にも有利ではないが、イギリスの防衛は船員と船舶の数に大きく依存する以上、それらの数を保つのに有利な航海条例は容認されるべきである。「国防は富裕よりもはるかに重要である」というのがその理由である。第三に、国内産業の生産物に税が国内で課されている場合、等額の税を外国産の類似生産物に課すことである[56]。第四に、報復関税も、それが外国政府の不当な関税・禁輸を撤廃させる見込みがある時には認められるが、その見込みの有無や判断は、「一般原理に支配される立法者の科学に属するというよりは、むしろ、ものごとの一時的な変動によって会議が左右される、俗に政治家や政治屋とよばれるあの陰険狡猾な生きものの手腕に属する」[57]。

こうしてみると、俗に言う「重商主義者」とスミスでは、現実にとるべき政府による経済規制の措置についてそう大きくは違いがなかったことが理解できよう。ただ、それらの経済規制は、経済行為の自由をご都合主義的にスミスが否定したということではない。先述の四つの経済規制のうちの、第一は、経済行為が自由かつ円滑に行われる前提を、第三と第四は経済行為の円滑性を担保する取引の公正さに関わるものである。第二は、経済行為の前提たる国防に関わるものである。すなわち、スミスは、国防など経済外の要因によって経済行為の規制が場合によっては容認されうること、そして、経済行為においても経済行為の自由・円滑・公正を損なう行為は規制しうることを容認しているのである。ただ、経済行為それ自体の規制については、「自然的自由の蹂躪」であると述べたりしたし、また政治家という「陰険狡猾な生きものの手腕」に依拠するという表現を用いていることから見られるように、最小限に押しとどめるべきものとして捉えている。特に最後の表現から明らかなように、スミスは統治者の役割に関してはそれが誤って用いられることの方を最大限に憂慮していた。

したがって、スミスにおける統治者の役割を強調する傾向が、スミスにおいて経済行為における自由を統治の基本原理として認めていたことの否定であるように捉えてはならないように思われる。あくまで規制すべきは、経済行為の自由・円滑・公正を支える基礎に関わるものである。

統治学の他の分野についてはどう言えるであろうか。軍事については、第一章で触れたように、軍事革命によって高度な扱いを必要とする高額の兵器が登場した以上、職業軍人からなる常備軍を不可欠としたが、それは、本章第二節で述べたように、中央集権化の一定の肯定をも意味していた。公共の役割において、領主がすべてを握っていた段階は人々に対して抑圧的であり、中央集権化での役割の分業が望ましいという考えは、彼の司法についての考えにも現れている。司法権の行政権の分離は、そもそもは社会の改良の結果としての社会の業務の複雑化に由来するものであるが、（中世の領主のように）司法権が行政権と結びついているときには、裁判がたびたび政治の犠牲になる。しかし、「各個人の自由、すなわち彼が自分の安全保障についてもつ感覚は、公平な司法行政に依存する」以上、司法権の行政権からの分離のみならず、できるだけ独立させたものにする方がよい(58)。

第三の公共事業について。商業を円滑にするものである橋や運河などの公共事業の大半は、建設・維持費用を小額の通行税をとる仕組みで賄える(59)。

なお、遠方との野蛮国との貿易のためには、品物を保管する要塞・とりでなどが必要なので、そのために会社が設立された。そのうち、一定の金額を払えば加入し貿易権を手に入れられる制規会社については、その会社が自由放任されると競争を制限するための厄介な規制を設けるのが常であった。「法律がそうしないように抑制すると、それらはまったく無用で無意味なものとなった」[60]。しかも、それらの制規会社は、合資会社のように保塁や守備隊を相手国に置いたことはまったくない[61]。商人の会社が、自らの経費と負担で遠方の野蛮国と貿易を新規に開拓する場合、それを団体化して合資会社となし、一定年数の貿易の独占権を与えるのは不合理ではない。しかし、経費を回収したあとは、貿易独占権を廃止されるべきである[62]。税制に関しては、なるべく勤労と商業を阻害しない税制のあり方が模索される。

では、教育はどうなのか。教育に関しては、分業が進むにつれ、国民の大部分が単純作業に限定され、理解力が狭まるので、教育に対して、政府の配慮が必要になる。狩猟・野蛮民族や分業に先立つ自給的農業社会では、各人は多様な仕事をなし、たえず起こる困難を除去するため、自分の能力を発揮し方法を発明せざるを得なくなるが、文明社会では、下層階級の理解力は麻痺する[63]。その対策として、教育への政府支出を行うべきである。ただし、全額公費だと教師のやる気が低下するおそれがあるので、少額でも生徒各人が教師に支払い、教師がそれを収入とすることで、教師の教育の質を確保する必要がある。

こうしてみると、スミスは経済社会における自己利益追求活動を支える幅広い活動を認めていたことが分かるであろう。特に重要なのが教育であり、スミスは分業の成果を肯定するが、他方で分業の弊害も把握していた。その弊害は、各人があらゆることをなす自給的段階から脱却し、一つの作業に専心することからくる必然的な弊害であった。しかし、その場合でも、なるべく中央政府の役割を小さくしようというのがスミスの処方箋である。

スミスの統治学体系は、防衛・司法等を中心とした、個人の行為の自由・円滑・公正を支える基礎の維持に関するものである。スミスの統治学は、分業が十全に行われた社会を前提とするが、その分業は統治のあり方にも及ぶ。もはや、地域のことを何でも行う領主的統治はそこでは称揚されていない。中央政府のもとに権力が統一された状態を国内の平和のための前提条件としている。その点で、スミスはホッブズの統治の視座を根底に置いて受容している。統治権力は一者に集中的に委ねられねばならず、さもないと内乱や完全の不確実さが生じるというのがそれである。経済社会における個人の個人としての意志決定の称揚にもかかわらず、ことの本質上、統治においては依然として何者か少数者が意志決定を行い全体に強制するという形をとらざるを得ない。みんなが何がしか統治に参与する共和主義的自治をスミスは称揚したが、それを近代社会における統治の必然とはしていないのである。

しかし統治がいかに不完全にせよ、安定が保たれたもとでは、経済が発展する。発展の結果として、法律・統治も複雑化し政府の役割も機能ごとに分業せざるを得なくなる。このように、分業は経済のみならず統治にも及ぶのだが、それは誰かが全体を一望できるような単純な社会状況がもはや過去のものであることを前提としていた。分業により発展した社会は同時に社会が複雑化しており、全体を見通す何者かは存在せず、それを自任する者は往々にして誤った統治へと導く。重商主義的政策しかりである。この全体の不可視化という社会に対応したのが、スミスの分業に基づく統治学である。

この分業という原理の主要な弊害は、多様な仕事をしなくなり専業化した個人が、広い視野と理解力を失うことである。それに対してスミスは教育を処方箋として挙げる。しかし、分業の進展によって統治の役割も複雑化し、いきおい機能分化せざるを得なくなるという現象の結果として、領主が領民の行動を把握し干渉する農業（封建）社会と異なり、商業社会では、社会の全てを知り全員を統率する統治者がますます不在になるであろうという可能性についてスミスが不安を抱いたとの証拠はない。むしろ、統治者の、その社会の個々の成員への無知・無関心を、第三者的な公平な観察者的な統治者を可能にするものとして、先述のように歓迎している節すらあるのである。この無関心の受容は、全体を見通すこと、共通善を有することの不可能性、個人から出発することがスミスの根本的立場であることと理論的に表裏一体であるように思われる。

しかしながら、個人の行為の前提の保証というほかに、統治が積極的な役割を果たすことを期待する文章も存在する。例えば両親に養育の義務を負わせることなど、法律には、「相互の侵害を防止するのみならず、一定の程度まで相互の互恵を命令する、諸規則を定めていいのである」としているにも関わらず、そのようなことは、「立法者のすべての義務のなかで、適宜性と判断力をもって実行するために、最大の細心と抑制を必要とするものなのである。それをまったく無視することは、公共社会を、多くのひどい秩序破壊と衝撃的な大罪にさらすし、それをおしすすめすぎることは、すべての自由と安全と正義にとって破壊的である」[64]。スミスの統治者の果たすべき積極的な役割については、養育義務という自明に思える問題でさえアンビバレントなものであった。むしろ、統治者にあまり積極的な役割を期待しないものともいえる。スミスの統治学にあるのは、統治者への不信感と不安である。その根底には、分業による統治の機能分化の基礎にある統治権力の中央への集中に対して、その強大な権力の誤用へのスミスの不安を推測することもできよう。

Ⅵ　おわりに

アダム・スミスが、統治を導く学の諸部門を設置し、そのうちに、軍事・公収入などの統治機構に直接に関わる諸部門に加えて、物質的富の性質と原因の分析の学という、統治とは直接関係のない部門を加えた謎、そしてそれをポリス（行政）論と呼んだ謎について最後に述べておきたい。

統治機構の維持に直接関わる部門のほかに、物質的富の原因と性質の分析の学を統治学の一部門としたのは、物質的富が秩序の根幹に関わるものだからであった。秩序は、命令と服従という表面的関係によってのみ保たれるのではない。むろん、統治あるところどこでも、命令・服従関係は避けられるものではない。しかし、それは統治との関係（政治社会）においてのことである。政治社会とは識別される、物質的富による人と人の結びつきは、個人の生活の基盤であり、人格的独立とよき習俗の基盤であり、秩序の基礎でもあった。

「諸国民の富の性質と原因」の研究の学とは、共通の富、したがって共通善を物質的富として示すものであり、共通善の内容についてのパラダイム転換を意味しているものであった。共通目標は物質的富として指定されるにいたったが、その共通目標は、個人が個人の目標をそれ自体として追求することで達成しうるものとしてあった。個人の目標の十全な追求を保障すること、したがって社会の空間を守るために、逆説的に政治社会の役割が規定されることとなった。個人の目標の十全な追求に秩序の根底が存する以上、その基底的秩序のメカニズム分析の学としての「諸国民の富の性質と原因」の分析の学は不可欠であり、それが『国富論』の第一編から第四編までを構成するポリス（行政）論に相当する。そして経済の自律的秩序を外的に守るものとして統治の役割が新たに指定しなおされた以上、統治の学という部門にポリス（行政）論を含ませることには、スミスにおいて理論的な必然性が存在した。

スミスによって経済的な富が、共通目標それ自体の追求を意図しない個人の活動の「意図せざる結果」として捉えられていたということは、偶然結果としてそうなっているという側面にくわえて、理論的にそうあらざるを得ないという側面もある。政治社会において自治が最も好ましいものではあっても、それはすべての国家に実現されているものではない。自治ではない政治形態、言い換えれば共通目標それ自体の追求へ一般人が参与できることから締め出されているヨーロッパ文明社会の多くの政治形態を、社会とその歴史記述にあたっての前提とせざるを得なかった。共通目標追求の空間（古典古代のポリス共同体的空間）から締め出されているからこそ、個人の目標の追求に専心せざるを得ない空間（経済社会の空間）の相対的自律性が強調されるに至る。

共通目標追求の空間の現実的な困難さをめぐるペシミズムこそが、スミスに個人の目標の追求にいそしむ自律的経済人、そして経済主体が形成する社会の空間という視座をもたらしたものであると考えることもできるのである。スミスにおける統治の学とは、「自然的自由の体系」を、すなわち個人の自律的判断への不当な侵害の統治による阻止と、自律的主体としての活動の前提となる基盤の統治による確保を指し示したものである。そして、経済社会においての統治の介入の不適切さを説いたポリス（行政）論は、諸個人が経済人として自律的主体であることを前提としたものであるとともに、政治社会における共通目標それ自体の追求の現実のヨーロッパ文明社会における困難さを前提として構築されたものでもあった。

政治社会と異なり、経済社会では、全体の統御者を必要とせず、個人が個人としてあくまで意志決定し相互に結びつくが、そのことは市場という人と人の結びつきを媒介する装置を通じて可能となる。さらに敷衍すると、その装置は理念的なものであるが、物質的な人間の必要性の中に具現化可能なものであるがゆえに、その後の歴史を現実に動かす力となった。資本主義の本格的成立以前に、その成立を促し発展させるであろう市場という理念が存在した。市場という理念は、現実社会の物質的必要性を支える装置といったんなってしまうと、物質という非理念的なものの領域にある事柄に見えてしまうため、その理念性は見失われ、本来は決定主体たる個人が経済構造に埋没してしまう事態も常々生じるようになる。しかし、いかに構造的に決定されるにせよ、否定しきれぬ残余としてであれ個人の意志決定という契機は残存するのであり、個人が個人として意志決定し相互に結びつく社会の理念は、人間の新たな結びつきと社会の創造へ向けて開かれており、現行の資本主義的市場はその可能性のうちの一つでしかない。

あとがき

小著は拙研究のささやかな一歩ながら、こうして刊行にまで至ることが出来たことは感慨深い。思い起こせば、漠然とした形であれ、学部時代より、近代を「普遍的」なものとすることへの違和感、そして、近代は普遍的ではなく特殊歴史的な根源を持つはずであり、「当たり前」の近代の自明ならざる前提を明らかにすることはそれへの呪縛から解き放つことにより未来を切り開く道となるのではないかとの直観にも似た問題意識に導かれて筆者は研究を進めてきた。近代というものが普遍化しそのことにより逆説的に形骸化しつつあるともいえる現代において、それはもはや古臭い問題設定かもしれない。しかし、近代という夢から遠のいたようにも思われる今日こそ、改めて客観的かつ冷静に近代を振り返ることも可能となったようにも思われる。筆者の研究は、その問題意識のあまりに茫漠たるがゆえに、時として途方に暮れつつもさまざまな文献を渉猟しさまよいながら、ようやくスミスにたどり着いた。むろん、その課題を全て達成したということからはまだまだ程遠いのであるが、ようやく入り口に立てたのではとひそかに充足感を覚えてもいる。

ここに至るまで、多くの先生方に研究上の恩恵を受けてきた。誰よりもまず感謝せねばならないのは、指導教官の田中秀夫教授である。学部時代に先生のゼミに入って以来、数えきれないほど多くの恩恵とご教示を賜っている。また、未熟でかつ研究上の彷徨を重ねる私を、常に先生は温かく見守ってくださった。西も東も分からぬ時に、秀逸な研究者でも教育者でもある先生のゼミに入ったことは幸運であったとしか言いようがない。心より御礼申し上げる次第である。

また、同じゼミの仲間たちとの議論からも非常に示唆と励ましを得てきており、それは私にとってはかけがえのない財産である。ゼミで対話した、小川学、門亜樹子、嘉陽英朗、川名雄一郎、ヨルダンチョ・セクロフスキー、太子堂正称、中野嘉彦、ディミトリオス・バブギオス、林直樹、逸見修二、桝井靖之、村井明彦、村井路子、森直人、山口直樹、吉岡亮の各氏に感謝したい。

京都大学においては、多くの先生方に教えを受けた。博士論文執筆の際、竹澤祐丈先生には懇切丁寧なご教示を頂いた。その他、根井雅弘先生をはじめ、坂出健先生、八木紀一郎先生等多数の先生方に、授業やゼミや論文審査等の機会にいろいろと教えを賜った。記して感謝したい。学内の他学部ながら、一回生の際ベンヤミンを読解するポケットゼミに参加させて頂き、その後読書会を通じてお世話になっている三原弟平先生には感謝しきりである。先生のみずみずしい知への探究心にいつも敬服するばかりである。また、英語の授業を通じて出会い、その後誘われて尺八の師ともなり、十六世紀イングランドのW・ボールドウィンの韻文の美文調の文語体による翻訳『為政者の鑑』（あぽろん社、二〇〇〇年）には驚嘆するばかりの山岸盧水（政行）先生からは、知を享受する本物の教養人としての生き様に触発されるところが多かった。その他多くのすぐれた先生方との出会いを、筆者は人に恵まれたと思い心底感謝している。

人に恵まれたと言えば、学会・研究会等を通じてお会いする先生方に関しても同じことを思うのである。常々温かな教えを頂いている中澤信彦先生、京阪経済研究会を始め折に触れご助言頂いている小峯敦先生、同じく折に触れご助言頂いている佐藤方宣先生に、筆者は大変お世話になっており感謝している。篠原久先生にもまた学恵を負っている。安武真隆先生とはポーコックの読書会を通じてご教示いただいた。特に、大津眞作先生には、フランス語の十八世紀の古典の文献の読書会を通じてお世話になっており、極めて多くをご教示賜っている。その読書会に参加する川合清隆先生にも非常に多くを学ばして頂いている。言い尽くせぬほどの学恵を受けており、ご厚恩に感謝申しあげたい。その他、ここでは記しきれないのでお名前を挙げさせて頂くのは一部に留めるが、諸学会や研究会等にてご助言やご教示を頂いた、有江大介、池田幸弘、出雲雅志、伊藤誠一郎、井上琢智、井上義朗、岩井淳、江頭進、大倉正雄、大田一廣、奥田敬、生越利昭、喜多見洋、久保真、後藤浩子、近藤真司、坂本達哉、壽里竜、関源太郎、大黒弘慈、竹本洋、只腰親和、堂目卓生、新村聡、原田哲史、姫野順一、藤本正富、星野彰男、森岡邦泰、米田昇平、若田部昌澄、渡辺恵一の各先生を始めとする多くの先生に筆者は数え切れないほどのご教示を賜っており、心より感謝申し上げたい。

特に、ほぼすべてのスミスの著作の翻訳に携わられスミス研究を牽引してこられた水田洋先生から、筆者の拙い論文に対して親身かつ丁寧なお返事を頂いたり、学会発表にてコメントを頂いたりしたことは、筆者にとりまことにありがたいことであった。田中敏弘先生には、お送りした拙論文に丁寧なお返事を頂いたほか、研究会の折に、『源氏物語』を読まずして本当に良い文章は書けないのではと最近感じるようになったと仰ったことが私の心に深く残っている。田中正司先生からは、論文をお送りしたところ、面識がないにも関わらず丁寧なお返事を頂いた。また、D・アーミテイジ、J・G・A・ポーコック、I・ホントの各先生と来日の折に討論をしご助言を頂いたことは筆者にとり貴重な経験であった。H・T・ディキンスン先生からは筆者の研究上の助言を頂いたし、C・ベリー先生からは筆者の拙い英語論文に懇切丁寧な助言を頂いた。御礼申し上げたい。

同世代に近い研究者仲間としては、安藤裕介、板井広明、上野大樹、上宮智之、岸野浩一、木宮正裕、小城拓理、阪本尚文、杉本舞、高見典和、武井敬亮、原谷直樹、久松太郎、牧野邦昭、松本哲人、松山直樹、南森茂太、吉野裕介の各氏をはじめとする多くの諸氏に御礼申し上げる。研究を取り巻く環境が厳しいなかで、そして研究の意味をめぐって時として絶望感にさいなまれながらも、なんとか研究を継続することができたのも、これら同世代の諸氏がいればこそである。

なお、小著出版にあたっては、京都大学の「平成二十四年度総長裁量経費　若手研究者に係る出版助成事業」の恩恵を受けている。制度創設に携わられた松本紘総長をはじめ、植田和弘経済学研究科長等、関係各位に記して感謝したい。

そして、本書出版を引き受けてくださった京都大学学術出版会の斎藤至さんには、期限ギリギリまでしつこく推敲を繰り返す著者を受け入れてくださり、また編集者として多くご教示頂き感謝の言葉もないほどである。小著は博士論文に基づきつつ、大幅な加筆・修正を行うことで成り立っているが、予算執行の都合上の年度内出版が厳命されるなかで、執筆と推敲は時間との戦いであった。したがって、執筆と推敲には十全を期したつもりではあるが、予期せぬ多くのミスがあることを筆者はおそれる。しかし、万が一それがあったとしてもすべては筆者の責任である。筆者としては、小著が人間と社会の知見に貢献することを願ってやまない。読者の皆様からの、小著に関しての忌憚のないご指摘・ご批判を賜ることができれば幸いである。

最後にはなったが、筆者のこれまでの進路の選択と歩みを一貫して干渉することなく尊重し、かつ温かく見守ってくれた両親と祖父母に感謝したい。

二〇一三年春　筆者

宗教哲学『弁神論』—（上・下)』工作舎，1990年。

——佐々木訳「生命の原理と形成的自然についての考察」(下村・山本・中村・原監修，西谷・米山・佐々木訳『ライプニッツ著作集9—後期哲学』工作舎，1989年)。

ピエール・ロザンヴァロン著，長谷俊雄訳『ユートピア的資本主義—市場思想から見た近代』国文社，1990年。

渡辺恵一「アダム・スミス研究の動向—過去10年における内外の『国富論』研究を中心に—」『経済学史研究』第53巻第1号，2011年7月。

津田内匠「J.-F. ムロンの「システム」論（1）～（4）」一橋大学社会科学古典資料センター年報，No. 13, 14, 16, 18, 1993–1998年。

ディオゲネス・ラエルティオス著，加来訳『ギリシャ哲学者列伝（中）』岩波文庫，1989年。

堂目卓生『アダム・スミス―『道徳感情論』と『国富論』の世界―』中公新書，2008年。

長尾伸一『ニュートン主義とスコットランド啓蒙―不完全な機械の喩―』名古屋大学出版会，2001年。

中澤信彦『イギリス保守主義の政治経済学―バークとマルサス―』ミネルヴァ書房，2009年。

新村聡『経済学の成立―アダム・スミスと近代自然法―』お茶の水書房，1995年。

根岸隆『経済学の理論と発展』ミネルヴァ書房，2008年。

浜林正夫『イギリス名誉革命史（上）』未來社，1981年。

――「ボリングブルックの社会思想」『一橋大学研究年報　経済学研究』第24巻，1983年。

林直樹『デフォーとイングランド啓蒙』京都大学学術出版会，2011年。

ピエール・ベール著，野沢協訳『歴史批評辞典III―P–Z』ピエール・ベール著作集第五巻，法政大学出版局，1984年。

トマス・ホッブズ著，本田裕志訳『市民論』京都大学学術出版会，2008年。

プラトン著，藤沢令夫訳『国家（上）』岩波文庫，1979年。

フリードリッヒ・マイネッケ著，菊森・生松訳『近代史における国家理性の理念』みすず書房，1960年。

前田俊文著『プーフェンドルフの政治思想―比較思想史的研究―』久留米大学法学会，2004年。

マキァヴェッリ著，永井三明訳『マキァヴェッリ全集2　ディスコルシ』筑摩書房，1999年。

――河島英昭訳『君主論』岩波文庫，1998年。

水田洋『近代人の形成―近代社会観成立史―〔第二版〕』東京大学出版会，1964年。

村松茂美「フレッチャーとデフォー―「常備軍論争」を中心に―」（小柳・岡村編『イギリス経済思想史』（ナカニシヤ出版，2004年）所収）。

米田昇平著『欲求と秩序』昭和堂，2005年。

ライプニッツ著，下村・山本・中村・原監修，佐々木訳『ライプニッツ著作集6

年，所収）。

大野精三郎『歴史家ヒュームとその社会哲学』（岩波書店，1977年）。

大倉正雄『イギリス財政思想史』（日本経済評論社，2000年）。

小林昇『小林昇経済学史著作集I』（未來社，1976年）。

齋藤純一「特集趣旨」（社会思想史学会『社会思想史研究』第34号（2001年9月）所収）。

篠原久『アダム・スミスと常識哲学―スコットランド啓蒙思想の研究―』（有斐閣，1986年）。

レオ・シュトラウス著，添谷・谷・飯島訳『ホッブズの政治学』（みすず書房，1990年）。

セネカ著，小川訳「恩恵について」（大西・小川訳『セネカ哲学全集2』（岩波書店，2006年）所収）。

高濱俊幸「一八世紀前半期イングランドにおける共和主義の二つの型―『カトーの手紙』と『愛国王の理念』をめぐって―」（田中秀夫・山脇直司編『共和主義の思想空間―シヴィック・ヒューマニズムの可能性―』（名古屋大学出版会，2006年）所収）。

――『言語慣習と政治―ボーリングブルックの時代―』（木鐸社，1996年）。

竹本洋『『国富論』を読む―ヴィジョンと現実―』（名古屋大学出版会，2005年）。

田島慶吾『アダム・スミスの制度主義経済学』（ミネルヴァ書房，2003年）。

只腰親和『「天文学史」とアダム・スミスの道徳哲学』（多賀出版，1995年）。

田中正司『アダム・スミスの自然法学〔第二版〕』（御茶の水書房，2003年）。

――『経済学の生誕と『法学講義』―アダム・スミスの行政原理論研究―』（お茶の水書房，2003年）。

田中秀夫「甦る近代共和主義」（田中・山脇編『共和主義の思想空間』（名古屋大学出版会，2006年）所収）。

――「啓蒙の遺産―解法としての経済学―」（田中秀夫編著『啓蒙のエピステーメーと経済学の生誕』（京都大学学術出版会，2008年）所収）。

――「解説―ハチスンの生涯と道徳哲学―」（フランシス・ハチスン著，田中・津田訳『道徳哲学序説』（京都大学学術出版会，2009年）所収）。

――田中秀夫『社会の学問の革新―自然法思想から社会科学へ―』（ナカニシヤ出版，2002年）。

辻本諭「イングランドにおける常備軍の成立―ウィリアム三世期の常備軍論争―」（歴史学研究会編，青木書店刊『歴史学研究』（第819号，2006年10月）所収）。

1753–54, in *Oeuvres de Turgot et documents le concernant avec biographie et notes*, ed. by Gustave Schelle, tome I, Librairie Félix Alcan, 1913.（津田内匠訳『チュルゴ経済学著作集』岩波書店，1962年。）

—— *Réflexions sur la Formation et la distribution des Richesses*, 1766, in *Oeuvres de Turgot*, tome II.（同上。）

—— *Valeurs et Monnaies*, 1769, in *Oeuvres de Turgot*, tome. III.（同上。）

Veyne, Paul. *Le pain et le cirque, sociologie historique d'un pluralisme politique*, Éditions du Seuil, 1976.（鎌田博夫訳『パンと競技場―ギリシャ・ローマ時代の政治と都市の社会学的歴史』法政大学出版局，1998年。）

Vries, Jan de. *The Industrious Revolution : Consumer Behavior and the Household Economy, 1650 to the Present*, Cambridge U. P., 2008.

Waddell, D. "Charles Davenant（1656–1714）— A Biographical Sketch", *Economic History Review,* Second Series, Vol. XI, No. 2 : 279–288, 1958.

—— "The Career and Writings of Charles Davenant（1656–1714）"（unpublished D.Phil. thesis）, Oxford University, 1954.

Ward, Lee. *The Politics of Liberty in England and Revolutionary America*, Cambridge U. P., 2004.

Winch, Donald. *Adam Smith's Politics : An Essay in Historiographic Revision*, Cambridge U. P., 1978.（永井義雄・近藤加代子訳『アダム・スミスの政治学―歴史手法論改訂の試み―』ミネルヴァ書房，1989年。）

Witztum, Amos. "Wants versus needs : a Smithian model of general equilibrium", in Jeffrey T. Young（ed.）, *Elgar Companion to Adam Smith*, Edward Elgar, 2009.

アウグスティヌス著，服部英次郎・藤本雄三訳『神の国（五）』（岩波文庫，1991年）。

トマス・アクィナス著，柴田平三郎訳『君主の統治について』（岩波文庫，2009年）。

――高田三郎・山田晶訳『神学大全第7冊』（創文社，1965年）。

天川潤次郎『デフォー研究』（未來社，1966年）。

アリストテレス著，牛田徳子訳『政治学』（京都大学学術出版会，2001年）。

市野川容孝『社会』（岩波書店，2006年）。

I・ウォーラーステイン著，川北稔訳『近代世界システム1600–1750―重商主義とヨーロッパ世界経済の凝縮―』（名古屋大学出版会，1993年）。

内田義彦『〔新版〕経済学の生誕』（未來社，1994年（初版は1953年））。

大久保桂子「『クラフツマン』の時代」（『史論』（東京女子大学）第34巻，1981

―― (LJ (B)), *Lectures on Jurisprudence* ed. R. L. Meek, D. D. Raphael, and P. G. Stein, Liberty Fund, 1982. (水田洋訳『法学講義』岩波文庫, 2005年。)
―― *Essays on Philosophical Subjects*, ed. by W. P. D. Wightman and J. C. Bryce, Liberty Fund, 1982. (水田洋・篠原久・須藤壬章・只腰親和・藤江効子・山崎・怜訳『アダム・スミス哲学論文集』名古屋大学出版会, 1993年。)
―― *Considerations Concerning the First Formation of Languages*, in *Lectures on Rhetoric and Belles Letters*, ed. by J. C. Bryce (Liberty Fund, 1985). (水田洋訳「諸言語の最初の形成および本源的ならびに複合的諸言語の特質のちがいについての諸考察」(水田洋訳『道徳感情論 (下)』(岩波文庫, 2003年) 所収。)
Steele, Ian K. "The Anointed, the Appointed, and the Elected : Governance of the British Empire, 1689–1784", in *The Oxford History of the British Empire ; vol. II The Eighteenth Century*, ed. by O. J. Marshall, Oxford U. P., 1988.
Strauss, Leo. *Natural Right and History*, The University of Chicago Press, 1953. (塚崎智・石崎嘉彦訳『自然権と歴史』昭和堂, 1988年。)
Thompson, E. P. "The moral economy of the English crowd in the eighteenth century", *Past & Present*, 1971.
Trenchard, John. *A Short History of Standing Armies in England*, 1698.
――*An Argument Shewing that a Standing Army Is Inconsistent with a Free Government, and absolutely destructive to the constitution of the English monarchy*, 1698.
Trenchard, John and Gordon, Thomas. *Cato's Letters, or, Essays on Liberty, civil and religious, and other important subjects*, ed. by Ronald Hamowy, Liberty Fund, 1995.
Trinkle, Dennis. "Noël–Antoine Pluche's Le Spectacle de la nature : an encylopaedic best seller", in *Studies on Voltaire and the eighteenth century,* 1997 (358).
Tuck, Richard. *Natural Rights Theories : Their Origin and Development*, Cambridge U. P., 1979.
Turgot, Anne Robert Jacque. *Recherches sur les causes des progrès et de la decadence des science et des arts ou réflexions sur l'histoire des progrès de l'esprit humain*, (1748) in *Œuvres de Turgot et documents le concernant, avec biographie et notes*, éd. par. Gustave Schelle, Paris, 1913, Tom. I.
――*Tableau philosophique des progrès successifs de l'esprit humain. Discours pronouncé en latin dans les écoles de Sorbonne, pour la clôture des Sorboniques, par M. l'abbé Turgot, prieur de la maison, le 11 dècembre* (1750) in *Œuvres de Turgot*, Tom. I.
――*Plan de deux Discours sur l'Histoire Universelle* in *Œuvres de Turgot*, Tom. I.
――*Plan d'un ouvrage sur le commerce, la circulation et l'intérêt de l'argent, la richesse des états*,

Reil, Peter Hanns. "The Legacy of the 'Scientific Revolution' : Science and the Enlightenment", in *The Cambridge History of Science : Vol.4. Eighteenth-Century Science,* ed. by Roy Porter, Cambridge U. P., 2003.

Roger, Jacques. *Buffon, un philosophe au Jardin du Roi*, Fayard, 1989.（ベカエール直美訳『大博物学者ビュフォン―18世紀フランスの変貌する自然観と科学・文化誌―』工作舎，1992年。）

Rousseau, Jean-Jacques. «*Discours sur l'origine et les fondements de l'inégalité parmi les hommes*», in *The Political Writings of Jean-Jacques Rousseau*, ed. by C. E. Vaughan, Cambridge U. P., 1915（reprinted in 1962).（本田・平岡訳『人間不平等起源論』岩波文庫，1972年。）

Saint-Pierre, Castel de, Charles-Irénée, *Discours sur la polysynodie*, 1718.

――*Projet pour rendre la paix perpétuelle en Europe,* Utrecht, 1713.

Schneewind, Jerome B. *The Invention of Autonomy : A History of Modern Moral Philosophy*, Cambridge U. P., 1998.（田中監訳，逸見訳『自律の創成―近代道徳哲学史―』法政大学出版局，2011年。）

Schowoerer, Lois G., *"No Standing Armies" The Antiarmy Ideology in Seventeenth-Century England*, Johns Hopkins U. P., 1974.

――"Introduction", in *The Revolution of 1688-1689 : Changing Perspectives*, ed. By L. G. Schowoerer, Cambridge U. P., 1992.

Scott, H. M. *The Emergence of the Eastern Powers, 1756-1775*, Cambridge U. P., 2007.

Shaftesbury, Anthony Ashley Cooper, 3rd Earl of. *Characteristics of Men, Manners, Opinions, Times*, ed. by Lawrence E. Klein, Cambridge U. P., 1999.

Skinner, Andrew S. *A System of Social Science*, Clarendon Press, 1979.（田中敏弘他訳『アダム・スミスの社会科学体系』未來社，1981年。）

Skinner, Quentin. "Hobbes on Persons, Authors and Representatives", in *The Cambridge Companion to Hobbes's Leviathan*, ed. by Patricia Springborg, Cambridge U. P., 2007.

Smith, Adam. *An Inquiry into the Nature and Causes of the Wealth of Nations*, ed. by R. H. Campbell and A. S. Skinner and W. B. Todd, Liberty Fund, 1981.（水田洋監訳『国富論（一）―（四)』岩波文庫，2000-2001年。）

――*The Theory of Moral Sentiments* ed. D. D. Raphael, A. L. Macfie, Liberty Fund, 1982.（水田洋訳『道徳感情論（上）（下)』岩波文庫，2003年。）

――（LJ（A)), *Lectures on Jurisprudence* ed. R. L. Meek, D. D. Raphael, and P. G. Stein, Liberty Fund, 1982.（水田洋・篠原久・只腰親和・前田利文訳『アダム・スミス法学講義1762~1763』名古屋大学出版会，2012年。）

ランドの財宝』東京大学出版会，1965年。）
Nisbet, R. *History of the idea of progress*, Transaction Publishers, 2nd ed., 1994.
North, Dudley. *Discourses upon Trade*, London, 1691.（久保芳和訳『交易論』（久保・田添・渡辺訳『バーボン／ノース『交易論』，ダヴナント『東インド貿易論』』（東京大学出版会，第二版，1975年）所収。））
Park, K. and Daston, L. "Introduction : The Age of the New", in *The Cambridge History of Science : Vol. 3. Early Modern Science*, ed. by Katherine Park and Lorraine Daston, Cambridge U. P., 2006.
Parker, Geoffrey. *The Military Revolution : Military Innovation and the Rise of the West, 1500*–1800, Cambridge University Press, 1988.（大久保桂子訳『長篠合戦の世界史―ヨーロッパ軍事革命の衝撃　1500–1800―』同文館出版，1995年。）
Phillipson, Nicholas. *Adam Smith : An Enlightened Life*, Yale U. P., 2010.
Pincus, Steven C. A. *Protestantism and Patriotism : Ideologies and the Making of English Foreign Policy, 1650*–1668, Cambridge U. P., 1996.
Pluche, Noël–Antoine. *Le Spectacle de la Nature, ou Entretiens sur les Particularités de l'Histoire Naturelle, qui on paru les propres à rendre les Jeunes*–Gens Curieux, & à leur former l'Esprit, Premiere Partie, Contenant ce qui regarde les Animaux & les Plantes, t. 1. 5. 6., Paris, 1739, 1746.
Pocock, John. *The Machiavellian moment : Florentine Political Thought and Atlantic Republic Tradition*, Princeton U. P., 2nd ed., 2003.（田中・奥田・森岡訳『マキァヴェリアン・モーメント―フィレンツェの政治思想と大西洋圏の共和主義の伝統―』名古屋大学出版会，2008年。）
――*Barbarism and Religion, Vol. II : Narratives of Civil Government*, Cambridge U. P., 1999.
Polanyi, Karl. *The Great Transformation : the political and economic origins of our time*, foreword by Joseph E. Stiglitz, with a new introduction by Fred Blocl, Beacon Press, 2001（Originally published in 1944).（吉沢・野口・長尾・杉村訳『「新訳」大転換―市場社会の形成と崩壊―』東洋経済新報社，1975年。）
Pufendorf, Samuel. *The Law of Nature and Nations : or, a general system of the most important principles of morality, jurisprudence, and politics*, trans. by Basil Kennet, 5th ed., London, 1749.
―― *On the Duty of Man and Citizen According to Natural Law*, ed. by James Tully, trans. by Michael Silverthorne, Cambridge U. P., 1991.
Rashid, Salim. *The Myth of Adam Smith*, Edward Elgar, 1998.

fonctions et les prérogatives de ses magistrats, toutes les loix et tous les règlemens qui la concernent...., Paris, 1705.

Macfie, Alec L. *The individual in society: papers on Adam Smith*, Allen & Unwin, 1967. (水田・船橋・天羽訳『社会における個人』ミネルヴァ書房，1972年。)

Macpherson, C. B. *The Political Theory of Possessive Individualism*–Hobbes to Locke–, Oxford. U. P., 1962. (藤野・将積・瀬沼訳『所有的個人主義の政治理論』合同出版，1980年。)

McKendrick, N., J. Brewer, and J. H. Plumb. *The Birth of a Consumer Society*, Indiana U. P., 1982.

Mandeville, Bernard. *The Fable of the Bees: or, Private Vices, Public Benefits*, Clarendon Press, 1924. (泉谷訳『蜂の寓話—私悪すなわち公益—』法政大学出版局，1985年。)

Meek, R. L. *Social Science and the Ignoble Savage*, Cambridge U. P., 1976.

Melon, Jean François. *Essai Politique sur le Commerce, Nouvelle Edition augmentée de sept Chapitres, & où les lacunes des Edition précédentes sont remplies*, 1736.

Mokyr, Joel. "Accounting for the Industrial Revolution", in *The Cambridge Economic History of Modern Britain, Vol. I: Industrialisation, 1700*–1860, ed. by Roderick Floud and Paul Johnson, Cambridge U. P., 2004.

Malynes, Gerard De. *A Treatise of the Canker of English Commonwealth*, London, 1601.

Mayr, Ernst. *The Growth of Biological Thought: Diversity, Evolution, and Inheritance*, The Belknap Press of Harvard U. P., 1982.

[Mirabeau, Victor Riqueti, Marquis de], *L'ami des Hommes, ou traité de la population*, Avignon, 1756.

——*Philosophie Rurale, ou general et politique de l'Agricluture, Réduite à l'ordre des Loix physique & morale, qui assurent la prospérité des Empires*, Amsterdam, 1763.

Misselden, Edward.*Free Trade. Or, the Meanes to Make Trade Florish. Wherein, the Causes of the Decay of Trade in this Kingdom, are discovered: and the Remedies also to remoove the same, are represented*, London, 1622.

Mizuta, Hiroshi. *Adam Smith's Library*, Oxford U. P., 2000.

Momigliano, A.D. *Studies in Historiography*, Weidenfeld Goldbacks, 1966.

Multamaki, K. *Towards Great Britain: Commerce & Conquest in the Thought of Algernon Sidney and Charles Davenant*, The Finnish Academy of Science and Letters, 1999.

Mun, Thomas. *England's Treasure by Forraign Trade. Or, The Ballance of our Forraign Trade is the Rule of our Treasure*, London, 1664. (渡辺源次郎訳『外国貿易によるイング

and Adam Smith, Cambridge U. P., 1981.（永井義雄・鈴木信雄・市岡義章訳『立法者の科学―デイヴィッド・ヒュームとアダム・スミスの自然法学―』ミネルヴァ書房，2001年。）

——*Natural Law and Moral Philosophy : from Grotius to the Scottish Enlightenment*, Cambridge U. P., 1996.

Hamowy, Ronald. *Introduction*, in John Trenchard and Thomas Gordon, *Cato's Letters*, Liberty Fund, vol.1, 1995.

Hont, Istvan. *Jealousy of Trade : International Competition and the Nation*-State in Historical Perspective, Belknap Press, 2006.（田中秀夫監訳『貿易の嫉妬―国際競争と国民国家の歴史的展望―』昭和堂，2009年。）

Hutcheson, Francis. *On the Natural Sociability of Mankind : Inaugural Oration*, 1730 in *Logic, Metaphysics, and the Natural Sociability of Mankind*, ed. by James Moore and Michael Silverthorne, Liberty Fund, 2006.

——*A System of Moral Philosophy*, London, 1755.

——*A Short Introduction to moral philosophy*, Glasgow, 1747.（田中秀夫・津田耕一訳『道徳哲学序説』京都大学学術出版会，2009年。）

Ingrao, B. and G. Israel. *The Invisible Hand : Economic Equilibrium in the History of Science*, The MIT Press, 1990.

Israel, Jonathan. "The Dutch role in the Glorious Revolution", in *The Anglo*-Dutch moment : Essays on the Glorious Revolution and its world impact, ed. by Jonathan Israel, Cambridge U. P., 1991.

Ito, S. "Charles Davenant's Politics and Political Arithmetic", *History of Economic Ideas,* XIII（1）: 9-36, 2005.

Johnson, Samuel. *A Dictionary of the English Language*, London, 2nd ed., 1755.

Joy, Lynn S. "Scientific Explanation from Formal Causes to Laws of Nature", in *The Cambridge History of Science : Vol. 3. Early Modern Science*, ed. by Katherine Park and Lorraine Daston, Cambridge U. P., 2006.

Kramnick, Isaac. *Bolingbroke & His Circle : The Politics of Nostalgia in the Age of Walpole*, Harvard U. P., 1968.

Law, John. *Money and Trade considered, with a Proposal for Supplying the Nation with Money*, Edinburgh, 1705.

Letwin, William. *The Origins of Scientific Economics : English Economic Thought 1660-*1776, Routledge, 2003（Originally Published in 1963）.

Mare, Nicholas de la. *Traité de la police, où l'on trouvera l'histoire de son établissement, les*

John Mcveagh, Pickering & Chatto.
——*An Essay upon Projects*, 1697.
——*An Argument Shewing, that a Standing Army, with Consent of Parliament, Is Not Inconsistent with a Free Government,&c*,1698.
——*Some Reflections on a Pamphlet Lately Publish'd, Emtituled, an Argument Shewing That a Standing Army Is Inconsistent with a Free Government, and Absolutely Destructive to the Constitution of the English Monarchy*, 1697.
Dickinson, H. T. *Liberty and Property*, Weidenfeld and Nicolson, 1977.（田中秀夫監訳・中澤信彦他訳，『自由と所有―英国の自由な国制はいかにして創出されたか―』ナカニシヤ出版，2006年。）
Dickson, P. G. M. *The Financial Revolution in England*, Macmillan, 1967.
Ernout, A., and Meillet, A. *Dictionnaire Étymologique de la Langue Latine*, Librairie C. Klincksieck, 1959.
Fleischacker, Samuel. *A Third Concept of Liberty : Judgment and Freedom in Kant and Adam Smith*, Princeton U. P., 1999.
Foucault, Michel. "Sécurité, territoire, population", *Cours du Collège de France 1977*–1978, Gallimard, 2004.（高桑和巳訳『安全・領土・人口―コレージュ・ド・フランス講義　一九七七―一九七八年度―』筑摩書房，2007年。）
——"Naissance de la biopolitique",*Cours au Collège de France 1978*–1979, Gallimard, 2004.（慎改康之訳『生政治の誕生―コレージュ・ド・フランス講義　一九七八―一九七九年度―』筑摩書房，2008年。）
Garber, Daniel. "Physics and Foundations", in *The Cambridge History of Science : vol. 3. Early Modern Science*, ed. by Katherine Park and Lorraine Daston, Cambridge U. P., 2006.
Gascoigne, John. "Ideas of Nature : Natural Philosophy", in *The Cambridge History of Science : Vol. 4. Eighteenth*–Century Science, ed. by Roy Porter, Cambridge U. P., 2003.
Gervaise, Isaac. *The System or Theory of the Trade of the World*, London, 1720.
Greene, J. P. *Great Britain and the American Colonies, 1606*–1763, Harper Paperbacks, 1970.
Griswold, J. R., Charles L. *Adam Smith and the Virtues of Enlightenment*, Cambridge U. P., 1999
Grotius, Hugo. *The Rights of War and Peace*, ed. by Richard Tuck, Liberty Fund, 2005.
Haakonssen, Knud. *The Science of a Legislator : The Natural Jurisprudence of David Hume*

会，2003年。）

Buffon, Georges-Louis Leclerc. *Histoire Naturelle, Générale et Particuliére avec la Description du Cabinet du Roy*, t. 1. 2. 3. 4, Paris, 1749.

Burtt, Shelley. *Virtue Transformed : Political Argument in England, 1699*-1740, Cambridge U. P., 1992.

Butler, Joseph. *Fifteen Sermons preached at the Rolls Chapel*, London, 1726.

Carmichael, Gershom.*Natural Rights on the Threshold of the Scottish Enlightenment : the writings of Gershom Carmichael*, ed. by James Moore and Michael Silverthorne, Liberty Fund, 2002.

Cantillon, Richard. *Essai sur la Nature du Commerce en Général. Traduit de l'Anglois*, Londre, 1755.（津田内匠訳『商業試論』名古屋大学出版会，1992年。）

Child, Sir Josiah. *A New Discourse of Trade, London*, 1693（杉山忠平訳『新交易論』東京大学出版会，1967年）.

Collins, James B.*The State in Early Modern France*, Cambridge U. P., 1995.

Condillac, Etienne Bonnot de. *Essai Sur l'Origine des Connaissances Humaines*, ed. by A. Bertrand, Vrain, 2002.（古茂田宏訳『人間認識起源論（上）（下）』岩波文庫，1994年。）

Cook, Chris and Wroughton, John. *English Historical Facts 1603-1688,* Macmillan, 1980.

Cudworth, Ralph. *The True Intellectual System of the Universe : The First Part ; wherein All the Reason and Philosophy of Atheism is Confuted, and its Impossibility Demonstrated*, 2nd ed., London, 1743.

Davenant, Charles. *Discourses on the Public Revenues, and on the Trade of England which more immediately Treat of the Foreign Traffic of this Kingdom*（1698）, in *The Political and Commercial Works of the Celebrated Writer Charles D'avenant*, vol. 2, ed. by Sir Charles Whitworth, Gregg Press Limited, 1967.

——*An Essay upon the Probable Methods of making a People Gainers in the Balance of Trade*, *Works*, vol. 2（1699）.

——*An Essay upon Universal Monarchy*, in *Works*, vol. 4（1701）.

——*An Essay upon Ways and Means*, 1695.

——*Essays upon Peace at Home, and War Abroad*（1704）in *Works*, vol.4, London, 1771（reprinted in 1967）.

Defoe, Daniel. *A REVIEW of the Affairs of France,* vol.1 : 1704-1705, Part One, ed. by John Mcveagh, Pickering & Chatto, 2006.

——*A REVIEW of the STATE of the BRITISH NATION,* vol. 4 : 1707-8, Part Two, ed. by

参考文献

Appleby, Joyce. *Economic Thought and Ideology in Seventeenth-Century England,* Princeton U. P., 1978.

Arendt, Hannah. *The Human Condition*, The University of Chicago Press, 1998（Originally published in 1958）.（志水速雄訳『人間の条件』ちくま学芸文庫，1994年。）

Armitage, David. *The Ideological Origins of the British Empire*, Cambridge U. P., 2000.（平田雅弘他訳『帝国の誕生―ブリテン帝国のイデオロギー的起源―』日本経済評論社，2005年。）

――*Theories of Empire 1450*–1800, Ashgate,1998.

Aspromourgos, Tony. *The Science of Wealth : Adam Smith and the Framing of Political Economy*, Routledge, 2009.

―― *On the Origins of Classical Economics : Distribution and Value from William Petty to Adam Smith*, Routledge, 1996.

Barbon, Nicholas. *A Discourse of Trade*, London, 1690, pp. 9–20.（久保芳和訳『交易論』（久保・田添・渡辺訳『バーボン／ノース『交易論』，ダヴナント『東インド貿易論』』（東京大学出版会，第二版，1975年）所収。）

Beckles, Hilary M. "The ' Hub of Empire ' : The Caribbean and Britain in the Seventeenth Century," In *The Oxford History of the British Empire : vol. I The Origins of Empire*, ed. by Canny, Nicholas, Oxford University Press, 1988.

Berlin, Isaiah. *Four Essays on Liberty*, Oxford U. P., 1979.（小川晃一訳『自由論』みすず書房，1979年。）

Bielfeld, Baron de. *Institutions politiques*, La Haye, 1760.

Bolingbroke, Henry St John, Viscount. "Fragments or Minutes of Essays" in *The Works of the Late Right Honorable Henry St. John, Lord Viscount Bolingbroke*, vol. 5 , London, 1754.

――*Political Writings,* ed. by David Armitage, Cambridge U. P., 1997.

――"Freeholder's Political Catechism" in *A Collection of Political Tracts*, 2nd ed., London, 1748.

Brewer, John. *The Sinews of Power : War, Money, and the English State, 1688–1783*, Harvard U. P., 1990.（大久保桂子訳『財政＝軍事国家の衝撃』名古屋大学出版

—』、ミネルヴァ書房、1989年).

54) Haakonssen, Knud. *The Science of a Legislator : The Natural Jurisprudence of David Hume and Adam Smith*, Cambridge U. P., 1981.（永井義雄・鈴木信雄・市岡義章訳『立法者の科学—デイヴィッド・ヒュームとアダム・スミスの自然法学—』、ミネルヴァ書房、2001年).

55) Smith, *WN*, II. ii., p. 324.（(二)、98–99頁。)

56) *Ibid*., IV. ii., pp. 463–465.（同上、316–320頁。)

57) *Ibid*., IV. ii., p. 468.（同上、326頁。)

58) *Ibid*., V. i. b., pp. 722–723.（同上、393–395頁。)

59) *Ibid*., V. i. d., p. 724.（同上、396–397頁。)

60) *Ibid*., V. i. e., p. 734.（同上、415頁。)

61) *Ibid*., V. i. e., p. 737.（同上、421頁。)

62) *Ibid*., V. i. e., p. 754.（同上、449–450頁。)

63) *Ibid*., V. i. f., pp. 781–785.（(四)、49–55頁。)

64) Smith, *TMS*, II. ii. I., pp. 81–82.（(上)、212–213頁。)

26) *Ibid*., v. 103.（同上、332頁。）

27) Smith, *WN*, IV. ix. 28.（(三)、317頁。）

28) Hiroshi Mizuta, *Adam Smith's Library*,（Oxford U. P., 2000）, pp. 168–169.

29) Smith, *LJ*（*A*）, ii. 81–2, n. 35.（邦訳、103–104頁、および注35。）

30) Smith, *WN*, V. iii. 52.（(四)、322頁。）

31) Melon, Jean François. *Essai Politique sur le Commerce, Nouvelle Edition augmentée de sept Chapitres, & où les lacunes des Edition précédentes sont remplies*,（1736）, p. 296.

32) 他にも、Smith, *WN*, V. iii. 47.（(四)、318–319頁）にも、国債増発を容認する説としてムロンの議論に言及している。もちろん、スミスはそのような説に反対の立場である。

33) Smith, *LJ*（*A*）, vi. 3–4.（邦訳、354頁。）

34) *Ibid*., iv. 76– 103.（邦訳、238–250頁。）

35) Smith, *WN*, V. i. a. 13–14.（(三)、353–354頁。）

36) *Ibid*., V. i. a. 42–44.（(三)、372–373頁。）

37) Smith, *LJ*（*B*）, 355, p. 552.（邦訳、436頁。）

38) *Ibid*., 355, p. 552.（同上、436–437頁。）

39) Smith, *WN*, IV. vii. c. 80.（(三)、235頁。）なお、訳文を一部改変した。

40) Dugald Steward, *Account of the Life and Writings of Adam Smith*, LL. D., in Adam Smith, *Essays on Philosophical Subjects* ed. W. P. D. Wightman and J. C. Bryce（Liberty Fund, 1982）, IV. 25.

41) Smith, *TMS*, IV. I. 11.（(下)、26頁。）

42) Smith, *LJ*（*A*）, vi. 1.（邦訳、353頁。）

43) ヤコブ・フリードリッヒ・ビーフェルト（Jakob Friedrich Bielfeld, 1717–1770）は、ハンブルクの商人の息子として生まれ。一七六〇年に『政治制度論 *Institutions politiques*』(La Haye, 1760)を著す以前は、プロシアで、短期間外交官として、そしてフレデリック大王の弟の家庭教師として仕えた(H. M. Scott, *The Emergence of the Eastern Powers, 1756–1775*,（Cambridge U. P., 2007）, p. 9)。

44) Bielfeld, *op. cit*., p. 1.

45) *Ibid*., p. 20.

46) *Ibid*., pp. 99–133.

47) *Ibid*., pp. 124–127.

48) Smith, *LJ*（*A*）, vi. 6.（邦訳、355頁。）なお、訳文を一部改変した。

49) Smith, *LJ*（*A*）, vi. 6–7.（同上、355頁。）

50) Smith, *LJ*（*A*）, i. 9–10, pp. 7–8.（同上、4–5頁。）

51) *Ibid*., *LJ*（*A*）, p. 25.（同上、10頁。）

52) *Ibid*., i. 34.（同上、34頁。）

53) Winch, Donald. *Adam Smith's politics : an essay in historiographic revision*, Cambridge U. P., 1978.（永井義雄・近藤加代子訳『アダム・スミスの政治学―歴史手法論改訂の試み

巻1号、2011年7月）をも参照せよ。

加えて、自然法学と共和主義の近年における研究誌については、田中秀夫「啓蒙の遺産―解法としての経済学」（田中秀夫編著『啓蒙のエピステーメーと経済学の生誕』（京都大学学術出版会、2008年、1-35頁）をも参照せよ）、共和主義と自然法学の関係については、田中秀夫『社会の学問の革新―自然法思想から社会科学へ―』（ナカニシヤ出版、2002年）が参考になる。

なお、別の角度から、すなわち『国富論』の経済学史的な形成史の解明（枚挙にいとまがないが、例えば、小林昇（『小林昇経済学史著作集Ⅰ』（未来社、1976年）や、Joyce Apple, *op. cit.* が挙げられる）や、時代状況と照応させた精密な読解（例えば、竹本洋『『国富論』を読む―ヴィジョンと現実』（名古屋大学出版会、2005年））、『国富論』と『道徳感情論』の関係の究明（多数存在するが、とりあえずは、堂目卓夫『アダム・スミス：『道徳感情論』と『国富論』の世界』（中央新書、2008年））などが行われてきた。

3） Smith, *LJ*（*A*）, iii. 142.（同上、204頁。）
4） *Ibid*., iii. 101.（同上、187頁。）
5） *Ibid*., iii. 139-144.（同上、203-205頁。）
6） Smith, *WN*, IV. vii. b. 15-16.（（三）、139頁。）
7） *Ibid*., IV. vii. b. 51.（（三）、163頁。）
8） *Ibid*., IV. vii. b. 51.（（三）、164頁。）
9） Smith, *LJ*（*A*）, iv. 138-161.（邦訳、267-277頁。）
10） *Ibid*., iv. 160-161.（同上、276頁。）なお、訳文を一部改変したほか、原語を補足した。
11） *Ibid*., iv. 166.（同上、279頁。）
12） *Ibid*., iv. 178.（同上、284頁。）原語の補足は筆者による。
13） *Ibid*., iv. 166-179.（同上、279-284頁。）
14） *Ibid*., v. 5-8.（同上、288-290頁。）
15） *Ibid*., iv. 166.（同上、279頁。）
16） Smith, *WN*, V. i. a., pp. 706-707.（（三）、370-371頁。）
17） 田中秀夫「『国富論』におけるスミスの国防論」（京都大学経済学会編『経済論叢』第151巻1・2・3号（1993年1・2・3月）、70頁。）
18） Smith, *WN*, IV. vii. b. 51.（（三）、163頁。）
19） *Ibid*., IV. vii. c., p. 622.（226-227頁。）なお訳文の一部を改変した。
20） Smith, *WN*, IV. ix.51.（（三）、339頁。）
21） *Ibid*., IV. ix. 51.（（三）、339-340頁。）
22） *Ibid*., II. iii., p. 342.（（二）、129頁。）
23） *Ibid*., II. iii. pp. 342-343.（（二）、130頁。）
24） Smith, *LJ*（*A*）, v. 115-118.（邦訳、256-258頁。）
25） *Ibid*., v. 113.（同上、336頁。）

茶の水書房、2003年）が挙げられる）。こうして、スミスの経済学の自然法学的基礎、および自然法学的背景の個々の論点については、大いに研究が進んでいる。

それと関連して、ジャン・ジャック・ルソーのスミスへの影響も研究されている。ルソーが示唆した、「文明社会の危機」に触発されつつ、同時代の旧帝国主義戦争と資本主義への以降期における歴史法則を捉えるために、個人から直接に法を導く旧来の自然法から、社会過程の認識を含む新たな自然法学・経済学体系へと到ったとしたのが、内田義彦であった（内田義彦『〔新版〕経済学の生誕』（未来社、1994年（初版は1953年））。また、レオ・シュトラウスは、あるべき人間像から出発する規範的人間・自然法理論ではなく、現実の人間像から出発する自然法理論を、初期近代において初めて大成した（規範的政治理論からの脱却はマキァヴェッリが創始したとする）のがトマス・ホッブズであると主張する。そして、ホッブズ以降の近代自然法学の展開の中で、たとえ正しい社会であっても、社会・国家は束縛の一形態であり、個人と社会の間の葛藤の問題に格闘し、近代的なるものの最初の危機を表明したのがルソーであったと解釈される（Leo Strauss, *Natural Right and History*, The University of Chicago Press, 1953.（塚崎智・石崎嘉彦訳『自然権と歴史』（昭和堂、1988年））。

このように、スミスの思想に含まれる自然法思想の内実とそのスミスにおける変容については研究が大いに行われている。だが、スミスの思想の個々の論点の源泉となったであろう、スミス以前の諸思想家の様々な主張については、研究が進んだものの、全体として、スミスがなぜ経済社会の自律性という視座を発見したのかという問題は不明のままである。

共和主義との関連において、スミスにおける社会観・歴史観上の視座の転換の背景となる思想史を叙述したのがポーコックであった（Pocock, *Machiavellian moment*.（前掲書））。それによって、十七世紀の自然法思想の持ち主に市場社会認識の源流を見出そうとする見解（C. B. Macpherson, *The Political Theory of Possessive Individualism–Hobbes to Locke–*, Oxford. U. P., 1962.（藤野・将積・瀬沼訳『所有的個人主義の政治理論』、合同出版、1980年））や、商業・貿易の活発化を反映して刊行された十七世紀の諸著作に商業社会認識の源流を求める見解（Joyce Appleby, *Economic Thought and ideology in Seventeenth–Century England*, Princeton U.P.,1978）に見られる、単純に商業社会観の萌芽を、その思想史的文脈と切り離して断片的に取り出してくる手法から脱却し、スミスが直面し対抗することを迫られた共和主義という思潮とのダイナミズムからスミスの思想を捉えることを可能にした。

イシュトファン・ホントはそれを踏まえつつ、国家理性という観点を強調することで、またザミュエル・フォン・プーフェンドルフの社交性概念に着目することで、スミスの社会観の基盤に関する研究をさらに進めた（Istvan Hont, *Jealousy of Trade : International Competition and the Nation–State in Historical Perspective*, Belknap Press, 2005.（田中秀夫監訳『貿易の嫉妬—国際競争と国民国家の歴史的展望』昭和堂、2009年）。なお、近年におけるアダム・スミス研究の動向については、渡辺恵一「アダム・スミス研究の動向—過去10年における内外の『国富論』研究を中心に」（経済学史研究、第53

65） *Ibid*., III. iv., p. 422.（同上、247頁。）

66） *Ibid*., IV. ix., p. 679.（(三)、327頁。）なお、訳文の一部を改変した。

67） *Ibid*., IV. ix., pp. 679–686.（(三)、327–337頁。）

68） *Ibid*., IV. vii. b., p. 565.（(三)、127頁。）

69） なお、根岸隆は、分業をより直接的に促進できるものは超過供給であり、その超過供給における不均衡状態は、市場の拡大による需要の拡大により満たされるが、「スミスの分析における最終的な結果である均衡が、超過供給が存在する不均衡状態において生起することに左右されるのであるから、スミスの分析は典型的な不均衡状態である」と述べている（根岸隆『経済学の理論と発展』（ミネルヴァ書房、2008年）、24頁）。

70） *Ibid*., I. ix, pp. 105–111.（同上、157–169頁。）

終章

1） Adam Smith, *LJ*（*A*）, iii. 111.（邦訳、191頁。）

2） なお、本章に直接関係する限りでの研究誌について、前章までにおいて述べたもののほかに少し触れておきたい（むろん、スミスの研究誌全体を網羅したものではなく、あくまで若干を紹介するに過ぎない）。

スミスに焦点を当てる形で、自然法学とスミスとの関連の研究も行われた。スミスが、正義、ポリス（行政）、軍事、公収入からなる自然法学体系を生涯構想しつづけたこと、そしてそのうちのポリス、軍事、公収入の部門については、『国富論』において実現されたが、正義論については未完に終わったものの『法学講義』のノートからそのあらましはうかがえるということについては、よく知られている。また、スミスが、経済のみならず政治の役割をも重視していたということこの点については、例えば、Donald Winch, *Adam Smith's politics : an essay in historiographic revision*, Cambridge U. P., 1978.（永井義雄・近藤加代子訳『アダム・スミスの政治学：歴史手法論改訂の試み』、ミネルヴァ書房、1989年）。例えば、Skinner, *op. cit*.（前掲書）や Knud Haakonssen, *The Science of a Legislator : The Natural Jurisprudence of David Hume and Adam Smith*, Cambridge U. P., 1981.（永井義雄・鈴木信雄・市岡義章訳『立法者の科学―デイヴィッド・ヒュームとアダム・スミスの自然法学―』、ミネルヴァ書房、2001年）が挙げられる。近年では、Nicholas Phillipson, *Adam Smith : An Enlightened Life*.（Yale U. P., 2010）が挙げられる。

スミスのポリス論のうちに含まれる分業論などの原型がハチスンの自然法学体系の中に含まれていることも明らかにされているし、ハチスンおよび旧来の自然法学にはなかったポリス論という部門が、スミスにおいて初期のアンダースン・ノートから、『法学講義』、そして『国富論』へといかに発展させられたかについても知られている（田中正司著『アダム・スミスの自然法学―スコットランド啓蒙と経済学の生誕―』（第二版、お茶の水書房、2003年）、とくにポリス論については、同じ著者による『経済学の生誕と『法学講義』―アダム・スミスの行政原理論研究―』（お

究も存在する（Tony Aspromourgos, *On the Origins of Classical Economics : Distribution and Value from William Petty to Adam Smith*, Routledge, 1996）。

34） Cantillon, *op. cit*., p. 15.（同上、9頁。）

35） *Ibid*., pp. 37–38.（同上、21頁。）

36） *Ibid*., pp. 38–39.（同上、21頁。）

37） *Ibid*., pp. 235–239.（同上、115–117頁。）

38） *Ibid*., pp. 243–235.（同上、119頁。）

39） Anne Robert Jacques Turgot, *Plan d'un ouvrage sur le commerce, la circulation et l'intérêt de l'argent, la richesse des états*, 1753–54, in *Ouevres de Turgot et documents le concernant avec biographie et notes*, ed. by Gustave Schelle, tome I, Librairie Félix Alcan, 1913.（津田内匠訳『チュルゴ経済学著作集』、岩波書店、1962年。）なお、訳者津田内匠による解題もチュルゴの価格論の展開についての解説があり、参照させていただいた。

40） *Ibid*., pp. 378–379.（同上、20–21頁。）

41） *Ibid*., p. 383.（同上、24頁。）

42） *Ibid*.; p. 384.（同上、24頁。）

43） Turgot, *Réflexions sur la Formation et la distribution des Richesses*, 1766, in *Oeuvres de Turgot*, tome II.（津田訳、同上書。）

44） *Ibid*., p. 568.（同上、98頁。）

45） *Ibid*., p. 591.（同上、116頁。）

46） *Ibid*., p. 553.（同上、86頁。）

47） Turgot, *Valeurs et Monnaies*, 1769, in *Oeuvres de Turgot*, tome. III.（津田訳、同上書。）

48） *Ibid*., pp. 89–93.（同上、156–159頁。）

49） Smith, WN, *Introduction and Plan of the Work*, p. 10.（(一)、19–20頁。）

50） *Ibid*., I. i., p. 13.（同上、23頁。）

51） *Ibid*., I. i., p. 22.（同上、34頁。）

52） *Ibid*., I. ii., pp. 25–27.（同上、37–39頁。）

53） *Ibid*., I. iii., pp. 31–36.（同上、43–50頁。）

54） *Ibid*., I. iv., p. 37.（同上、51頁。）

55） *Ibid*., I. v., p. 47.（同上、63頁。）

56） *Ibid*., I. vi., pp. 65–71.（同上、91–102頁。）

57） *Ibid*., I. v., p. 48.（同上、64頁。）

58） *Ibid*., IV. vii. b., p. 565.（(三)、127頁。）

59） *Ibid*., I. vii., pp. 72–75.（(一)、103–109頁。）

60） *Ibid*., II., pp. 276–277.（同上、16–17頁。）

61） *Ibid*., II. v., p. 374.（(二)、180頁。）

62） *Ibid*., IV. ix., p. 687.（(三)、339–340頁。）

63） *Ibid*., III. iii., p. 405.（(二)、223頁。）

64） *Ibid*., III. iv., p. 421.（(二)、245–246頁。）なお、訳文の一部を改変した。

10） Josiah Child, *A New Discourse of Trade*..., London, 1693.（杉山忠平訳『新交易論』東京大学出版会、1967年。）
11 Nicholas Barbon, *A Discourse of Trade*,（London, 1690）, p. 9–20.（久保芳和訳『交易論』（久保・田添・渡辺訳『バーボン／ノース『交易論』、ダヴナント『東インド貿易論』』（東京大学出版会、第二版、1975年）所収）、9–20頁。）
12） Letwin, *op. cit*., p. 198.
13） ニコラス・バーボンは、下級貴族の家の三男として生まれ、トルコ貿易商のもとに徒弟修業したのち、レヴァント会社に加入し、手腕を発揮し、支配人となる。のちに、関税委員や大蔵委員、トーリー党員として下院議員になる（ダドリー・ノース著、久保芳和訳『交易論』（久保・田添・渡辺訳『バーボン／ノース『交易論』、ダヴナント『東インド貿易論』』（東京大学出版会、第二版、1975年）所収）における訳者解説を参照）。
14） Dudley North, *Discourses upon Trade*（London, 1691）, p. 4.（久保芳和訳『交易論』（久保・田添・渡辺訳『バーボン／ノース『交易論』、ダヴナント『東インド貿易論』』（東京大学出版会、第二版、1975年）所収）、86頁）。
15） *Ibid*., p. 4.（同上、87頁。）なお、引用文における英語の挿入は筆者による。
16） *Ibid*., p. 6.（同上、89頁。）
17） *Ibid*., pp. 10–16.（同上、95–103頁。）
18） John Law, *Money and Trade considered, with a Proposal for Supplying the Nation with Money*（Edinburgh, 1705）, p. 4.
19） *Ibid*., pp. 5, 10.
20） *Ibid*., p. 11.
21） *Ibid*., p. 36.
22） *Ibid*., p. 37.
23） *Ibid*., pp. 62–83.
24） Isaac Gervaise, *The System or Theory of the Trade of the World*（London, 1720）, p. iii.
25） *Ibid*., p. 2
26） *Ibid*., p. 3.
27） *Ibid*., p. 3.
28） *Ibid*., p. 5.
29） *Ibid*., pp. 10–14.
30） *Ibid*., p. 19.
31） R・カンティロン著、津田内匠訳『商業試論』（名古屋大学出版会、1992年）に所収されている訳者解説を参照。
32） Richard Cantillon, *Essai sur la Nature du Commerce en Général. Traduit de l'Anglois*（London, 1755）, p. 1.（津田内匠訳『商業試論』（名古屋大学出版会、1992年）、3頁）。
33） *Ibid*., p. 36.（同上、20頁。）なお、この点をもって、カンティロンを、ペティから引き継ぎ、ケネーへと至る、剰余価値の生産とその分配を重視する理論と捉える研

49) *Ibid*., p. 159.
50) *Ibid.*, p. 160.
51) *Ibid*., p. 161.
52) *Ibid*., pp. 160–161.
53) *Ibid*., p. 161.
54) *Ibid*.
55) *Ibid*., pp. 161–162.
56) *Ibid*., p. 163.
57) *Ibid*., p. 164.
58) *Ibid*., v. 57.（邦訳、311頁。）
59) *Ibid*., iv. 157–161.（同上、275–277頁。）
60) *Ibid*., iv. 162.（同上、277頁。）
61) *Ibid*., iv. 164–166.（同上、278–279頁。）
62) *Ibid*., 167–169.（同上、280頁。）

第9章

1) William Letwin, *The Origins of Scientific Economics : English Economic Thought 1660–1776*（Routledge, 2003（Originally Published in 1963））, pp. 197–199.
2) Bruna Ingrao and Giorgio Israel, *The Invisible Hand : Economic Equilibrium in the History of Science*（The MIT Press, 1990）, pp. 45–46.
3) Amos Witztum, “Wants versus needs : a Smithian model of general equilibrium”, in Jeffrey T. Young（ed.）, *Elgar Companion to Adam Smith*（Edward Elgar, 2009）, pp. 168–169.
4) Tony Aspromourgos, *The Science of Wealth : Adam Smith and the Framing of Political Economy*, Routledge, 2009.
5) なお、スミスとスチュアートの経済理論の比較については、とりあえずは、もはや古典的とも言える、小林昇『国富論体系の成立―アダム・スミスとジェームズ・ステュアート―』（『小林昇経済学史著作集 I』（未來社、1976年）所収）を参照せよ。ただ、有効需要創出のための政治家の役割を重視した彼の考えは、スミスとはある意味で対極にあるので、本論の趣旨からは逸れると言える。
6) Thomas Mun, *England's Treasure by Forraign Trade. or, The Ballance of our Forraign Trade is the Rule of our Treasure*, 1664.（渡辺源次郎訳『外国貿易によるイングランドの財宝』（東京大学出版会、1965年）（訳者は、この本の著作の大部分の成立年代を、一六二二年から一六二五年にかけてと推定している）。
7) Edward Misselden, *Free Trade. Or, the Meanes to Make Trade Florish. Wherein, the Causes of the Decay of Trade in this Kingdom, are Discovered : and the Remedies Also to Remove the Same, are Represented*, London, 1622.
8) Gerard De Malynes, *A Treatise of the Canker of English Commonwealth*（London, 1601）, p. 1.
9) *Ibid*., pp. 34–46.

maison, le 11 dècembre（1750）in *Œuvres de Turgot*, Tom. I.

14） *Ibid*., p. 215.

15） *Ibid*., p. 217.

16） *Ibid*.

17） *Ibid.*, p. 218.

18） *Ibid*., pp. 224–227.

19） *Ibid*., pp. 228–229.

20） *Ibid*., pp. 223.

21） Turgot, *Plan de deux Discours sur l'Histoire Universelle* in *Œuvres de Turgot*, Tom. I.

22） *Ibid*., p. 276.

23） *Ibid*., pp. 278–283.

24） *Ibid*., pp. 282–283.

25） *Ibid*., p. 287.

26） *Ibid*.

27） *Ibid*., pp. 288–289.

28） *Ibid*., p. 303.

29） *Ibid*., pp. 298–300.

30） *Ibid*., p. 304.

31） *Ibid*., pp. 319–320.

32） *Ibid*., pp. 322–323.

33） ［Victor Riqueti, Marquis de Mirabeau］, *L'ami des Hommes, ou traité de la population*（Avignon, 1756）, vi. なお、この書は匿名出版であった。

34） *Ibid*., Partie I, Chapitre I.

35） *Ibid*., Partie II, p. 102.

36） *Ibid*., Partie III, p. 193.

37） *Ibid*., Partie III, p. 194.

38） *Ibid*., Partie II, p. 126.

39） *Ibid*., Partie II, p. 130.

40） *Ibid*., Partie III, p.194.

41） *Ibid*., Partie II, p. 130.

42） *Ibid*.

43） *Ibid*., Partie II, p. 131.

44） Mirabeau, *Philosophie Rurale, ou general et politique de l'Agricluture, Réduite à l'ordre des Loix physique & morale, qui assurent la prospérité des Empires*, Amsterdam, 1763.

45） *Ibid.*, p. 155.

46） *Ibid*., p. 157.

47） *Ibid*., p.157.

48） *Ibid*., p. 158.

90） *Ibid*., p. 9.（『人間認識起源論（上）』17頁。）

91） Adam Smith, *Considerations Concerning the First Formation of Languages*, in *Lectures on Rhetoric and Belles Letters*, ed. by J. C. Bryce（Liberty Fund, 1985）.（水田洋訳「諸言語の最初の形成および本源的ならびに複合的諸言語の特質のちがいについての諸考察」（水田洋訳『道徳感情論（下）』（岩波文庫、2003年）所収。）

92） *Ibid*., p. 223.（同上、443–444頁。）なお、本書では取り上げなかったが、言語学と密接に関連するものとして、アダム・スミスの修辞学論がある（その点では、篠原久『アダム・スミスと常識哲学―スコットランド啓蒙思想の研究―』（有斐閣、1986年）が参考になる）。

93） アダム・スミスのニュートン主義については、只腰親和『「天文学史」とアダム・スミスの道徳哲学』（多賀出版、1995年）を、ニュートン主義と啓蒙思想に関しては、長尾伸一『ニュートン主義とスコットランド啓蒙―不完全な機会の喩―』（名古屋大学出版会、2001年）を参照せよ。

94） Smith, *EPS*, p. 248.（邦訳、325頁。）原語の補足は筆者による。

95） *Ibid*., II. 12, p. 45.（邦訳、25頁。）

96） *Ibid*., IV. 76, pp. 104–105.（同上、101–103頁。）

第8章

1） R. L. Meek, *Social Science and the Ignoble Savage*, Cambridge U. P., 1976.

2） Istvan Hont, "The Language of Sociability and Commerce : Samuel Pufendorf and the Theoretical Foundations of the 'Four–Stages' Theory" in *Jealousy of Trade*, Belknap Press, 2005（Originally published in 1986）.（田中秀夫監訳『貿易の嫉妬』昭和堂、2009年。）

3） Samuel Pufendorf, *The Law of Nature and Nations : Or, a General System of the Most Important Principles of Morality, Jurisprudence, and Politics*, trans. by Basil Kennet, 5th ed.（London, 1749）.

4） R. Nisbet, *History of the Idea of Progress*, Transaction Publishers, 2nd ed., 1994.

5） Meek, *op. cit*., pp. 69–71.

6） Anne Robert Jacque Turgot, *Recherches sur les causes des progrès et de la decadence des science et des arts ou réflexions sur l'histoire des progrès de l'esprit humain,*（1748）in *Œuvres de Turgot et documents le concernant, avec biographie et notes*, éd. par. Gustave Schelle, Paris, 1913, Tom. I.

7） *Ibid*., p. 118.

8） *Ibid*., p. 118.

9） *Ibid*., pp. 120–122.

10） *Ibid*., pp. 131–132.

11） *Ibid*., p. 133.

12） *Ibid*., pp. 139.

13） Turgot, *Tableau philosophique des progrès successifs de l'esprit humain. Discours pronouncé en latin dans les écoles de Sorbonne, pour la clôture des Sorboniques, par M. l'abbé Turgot, prieur de la*

60） Hont, *op. cit.*, pp. 49–50.（前掲書、385–386頁。）

61） Pluche, *Le Spectacle de la Nature, Tome Sixième*, p. 161.

62） *Ibid*., p. 163.

63） Jacques Roger, *Buffon, un philosophe au Jardin du Roi*,（Fayard, 1989）, p. 20.（ベカエール直美訳『大博物学者ビュフォン―18世紀フランスの変貌する自然観と科学・文化誌―』（工作舎、1992年）、23頁。）

64） *Ibid*., pp. 36–75.（同上、35–77頁。）

65） Georges–Louis Leclerc Buffon, *Histoire Naturelle, Générale et Particuliére avec la Description du Cabinet du Roy*, Tome Premier（Paris, 1749）, pp. 4–6. なおビュフォンの『博物誌』には、ビュフォンの協力者であった、ルイ・ジャン・マリ・ドーバントン（Louis–Jean Marie Daubenton）の執筆部分も含まれているが、引用はすべてビュフォンの執筆部分からである。

66） *Ibid*., p. 53.

67） *Ibid*., pp. 54–55.

68） *Ibid*., p. 57.

69） *Ibid*., pp. 57, 62.

70） *Ibid*., pp. 58–59.

71） Mayr, *op. cit*., pp. 180–182, 334–336.

72） Roger, *op. cit*., pp. 175–181.（同上、158–163頁。）

73） *Ibid*., pp. 181–182.（同上、164頁。）

74） Buffon, *Histoire Naturelle*, Tome Second（Paris, 1749）, p. 44.

75） *Ibid*., p. 48.

76） Roger, *op. cit*., p. 184.（前掲書、166頁。）

77） Buffon, *Histoire Naturelle,* Tome Second（Paris, 1749）, pp. 434–435.

78） *Ibid*., pp. 437.

79） *Ibid*., p. 439.

80） *Ibid*., pp. 440–442.

81） Buffon, *Histoire Naturelle,* Tome Troisième（Paris, 1749）, p. 360.

82） *Ibid*., pp. 361–362.

83） *Ibid*., pp. 363–363.

84） Smith, *WN*, I. ii., p. 25.（（一）、37頁。）なお、強調は筆者による。

85） Buffon, *Histoire Naturelle,* Tome Quatrième（Paris, 1749）, p. 43.

86） *Ibid*., p. 44.

87） *Ibid*., p. 45.

88） Roger, *op. cit*., pp. 456–461.（前掲書、412–416頁。）

89） Etienne Bonnot de Condillac, *Essai Sur l'Origine des Connaissances Humaines*, ed. by A. Bertrand（Vrain, 2002）, pp. 181–182.（古茂田宏訳『人間認識起源論（下）』（岩波文庫、1994年）、236頁。）なお、訳文を一部改変した。

Hont, *Jealousy of Trade : International Competition and the Nation–State in Historical Perspective*, (Belknap Press, 2006), pp. 49–50.（田中秀夫監訳『貿易の嫉妬—国際競争と国民国家の歴史的展望—』（昭和堂、2009年）、385–386頁）。なおそこでは、アダム・スミスが『自然の光景』を所持していたことについても言及されている。プルーシュについては、Salim Rashid, *The Myth of Adam Smith*, (Edward Elgar, 1998), pp. 25–27においても軽く言及されている。

35） Trinkle, *op. cit.*, pp. 94–97.

36） Noël–Antoine Pluche, *Le Spectacle de la Nature, ou Entretiens sur les Particularités de l'Histoire Naturelle, qui on paru les propres à rendre les Jeunes–Gens Curieux, & à leur former l'Esprit, Premiere Partie, Contenant ce qui regarde les Animaux & les Plantes*, Tome Premier, Septiéme Edition, (Paris, 1739) (Premiere Edition, 1732), p. ii.

37） *Ibid*., p. iv.

38） *Ibid*., pp. ix–x.

39） *Ibid*., p. 17.

40） *Ibid*., p. 15.

41） Noël–Antoine Pluche, *Le Spectacle de la Nature, ou Entretiens sur les Particularités de l'Histoire Naturelle, qui on paru les propres à rendre les Jeunes–Gens Curieux, & à leur former l'Esprit, Tome Cinquième, contenant ce qui regarde l'Homme concidéré en lui–même* (Paris, 1746), p. 2.

42） *Ibid*., p. 3.

43） *Ibid*., p. 4.

44） *Ibid*., p. 4.

45） *Ibid*., p. 115.

46） *Ibid*., p. 116.

47） *Ibid*., p. 13.

48） *Ibid*., p. 23.

49） *Ibid*., p. 53.

50） *Ibid*., p. 57–58.

51） *Ibid*., p. 129.

52） Noël–Antoine Pluche, *Le Spectacle de la Nature, ou Entretiens sur les Particularités de l'Histoire Naturelle, qui on paru les propres à rendre les Jeunes–Gens Curieux, & à leur former l'Esprit, Tome Sixième, contenant ce qui regarde l'Homme en Société* (Paris, 1746), p. 5.

53） *Ibid*., p. 13.

54） *Ibid*., pp. 155–157.

55） *Ibid*., pp. 159–160.

56） *Ibid*., p. 160.

57） *Ibid*., p. 294.

58） *Ibid*., pp. 295–296.

59） *Ibid*., p.299.

10) *Ibid*., pp. 47–48.

11) *Ibid*., pp. 63–64.

12) *Ibid*., p. 62.

13) *Ibid*., pp. 65–66.

14) ライプニッツ著、下村・山本・中村・原監修、佐々木訳『ライプニッツ著作集6 宗教哲学『弁神論』(上)』(工作舎、1990年)、126–127頁)。

15) 同上、144–148頁。

16) 同上、139頁。

17) 同上、139頁。

18) 同上、140頁。

19) Garber, *op. cit*., pp. 66–67.

20) Lynn S. Joy, "Scientific Explanation from Formal Causes to Laws of Nature", in *The Cambridge History of Science : Vol. 3. Early Modern Science*, ed. by Katherine Park and Lorraine Daston (Cambridge U. P., 2006), pp. 100–101.

21) Peter Hanns Reil, "The Legacy of the 'Scientific Revolution' : Science and the Enlightenment," In *The Cambridge History of Science : Vol. 4. Eighteenth–Century Science*, ed. by Roy Porter (Cambridge U. P., 2003), pp. 27–28.

22) Garber, *op. cit*., p. 68.

23) John Gascoigne, "Ideas of Nature : Natural Philosophy", in *The Cambridge History of Science : Vol. 4. Eighteenth–Century Science*, ed. by Roy Porter (Cambridge U. P., 2003), pp. 290–291.

24) *Ibid*., pp. 292–293.

25) *Ibid*., p. 300.

26) Ralph Cudworth, *The True Intellectual System of the Universe : The First Part ; wherein All the Reason and Philosophy of Atheism is Confuted, and its Impossibility Demonstrated* (2nd ed., London, 1743), p. 171.

27) ライプニッツ著、佐々木訳「生命の原理と形成的自然についての考察」(下村・山本・中村・原監修、西谷・米山・佐々木訳『ライプニッツ著作集9—後期哲学』(工作舎、1989年)、11–19頁。

28) ピエール・ベール著、野沢協訳『歴史批評辞典 III—P–Z』(ピエール・ベール著作集第五巻、法政大学出版局、1984年)、(ロラリウスの項目)、394頁。

29) 同上、404頁。

30) 同上、406頁。

31) Ernst Mayr, *The Growth of Biological Thought : Diversity, Evolution, and Inheritance* (The Belknap Press of Harvard U. P., 1982), pp. 174–179.

32) *Ibid*., p. 181.

33) Dennis Trinkle, "Noël–Antoine Pluche's Le Spectacle de la nature : an encylopaedic best seller," In *Studies on Voltaire and the eighteenth century, 1997 (358)*, pp. 93–94, 97.

34) プルーシュの著作に分業論が含まれているということについては、ホント(Istvan

たのだが（彼の自然法研究については、浜林（浜林正夫「ボリングブルックの社会思想」『一橋大学研究年報　経済学研究』第24巻、1983年、59–116頁）に言及がある）、自然法思想と共和主義を併せ持ったボリングブルックの政治・社会ヴィジョンの根底にある思想については、全貌はいまだ明らかになっていないように思われる。本節では、ボリングブルックにおける共和主義と自然法思想融合の一端に迫りたいと考えている。

なお、他のボリングブルック研究としては、パンフレット論争としての文脈については大久保（大久保桂子「『クラフツマン』の時代」『史論』（東京女子大学）第34巻、1981年、1–24頁）、1730年代のイギリス歴史論争におけるボリングブルックとヒューム『イングランド史』との関連という立場からは大野（大野精三郎『歴史家ヒュームとその社会哲学』岩波書店、1977年）などが存在する。

27）　Henry St John, Viscount Bolingbroke, *Fragments or Minutes of Essays* in *The Works of the Late Right Honorable Henry St. John, Lord Viscount Bolingbroke*（vol. 5, London, 1754）, p. 51.

28）　*Ibid*., p. 54.

29）　*Ibid*., pp. 57–58.

30）　*Ibid*., pp. 117–118.

31）　*Ibid*., p. 136.

32）　*Ibid*., p. 130.

33）　*Ibid*., p. 115.

34）　Henry St John, Viscount Bolingbroke, *On Liberty and the Original Compact between the Prince and the People*in *Political Tracts*, p. 284.

35）　『カトーの手紙』における徳の言語の変容については、Burtt, *op. cit*.に詳しい。

第7章

1）　Smith, *WN*, I. ii., p. 25.（(一)、37頁。）

2）　*Ibid*., I. ii., pp. 25–27.（同上、37–39頁。）

3）　Smith, *EPS*, p. 248.（『アダム・スミス哲学論文集』、325頁）。原語の補足は筆者による。

4）　*Ibid*., p. 248.（同上、325頁）。なお、原語の補足は筆者による。

5）　Katherine Park and Lorraine Daston, “Introduction ; The Age of the New,” In *The Cambridge History of Science : Vol. 3. Early Modern Science*, ed. by Katherine Park and Lorraine Daston,（Cambridge U. P., 2006）, pp. 3–4.

6）　*Ibid*., pp. 5–6.

7）　*Ibid*., p. 13.

8）　*Ibid*., p. 15

9）　Daniel Garber, “Physics and Foundations,” In *The Cambridge History of Science : Vol. 3. Early Modern Science*, ed. by Katherine Park and Lorraine Daston,（Cambridge U. P., 2006）, pp. 45–46.

13) *Ibid*., No. 60, p. 417.
14) *Ibid*., No. 60, p. 417.
15) *Ibid*., No. 61, p. 423.
16) *Ibid*., No. 61, p. 421.
17) *Ibid*., No. 70, p. 504.
18) Trenchard and Gordon, *op. cit*., No. 67, pp. 471–472.
19) *Ibid*., No. 67, p. 473.
20) *Ibid*., No. 67, p. 473.
21) *Ibid*., No. 68, p. 483.
22) *Ibid*., No. 67, p. 473.
23) *Ibid*., No. 74, p. 549.
24) *Ibid*., No. 87, p. 629.
25) *Ibid*., No. 87, pp. 629–631.
26) ヘンリー・セント・ジョン・ボリングブルック（Henry St John, Viscount Bolingbroke, 1678–1751）は、地主であり、ノルマン・コンクエストまでさかのぼれる家系の Henry St John, Viscount St John（1652–1742）の息子として誕生した。1714年までは、紆余曲折はあるものの、主としてハーリーと行動をともにし、トーリに加わった。ハノーヴァー朝への交代後、ウィッグ政権による逮捕をさけるために、フランスへ逃れた。そこで僭称王の宮廷に加わる。本人は、単に唯一の避難先であったからにすぎなかったと弁明している。亡命中、様々な学者・知識人と交流を持った。また、歴史、哲学、自然法、自然宗教の研究にも取り組んだ。1725年に最終的な赦しを得て帰国した。そこで、トーリとウィッグ双方の政権批判派（カントリ派）の結集へと動き、*Craftsman* において政権批判を積極的に行う。しかし、1735年に、フランスの駐英大使シャビニーと外交等の議論をする仲であったという関係などがウォルポール側に知られ攻撃されたため、弾劾をおそれて、フランスへと再び渡り、当地で死去した（"St John, Henry" in *Oxford Dictionary of National Biography*）。

なお、ボリングブルック研究としては、ウォルポール期の、財政金融革命などによる貨幣利害の台頭および商業社会化に対して、地主・領主中心の階層的社会を懐かしむ「ノスタルジーの政治学」と見なす立場が存在する（Isaac Kramnick, *Bolingbroke & His Circle : The Politics of Nostalgia in the Age of Walpole*, Harvard U. P., 1968）。他方、ボリングブルックの政治・社会思想を、ウォルポー寡頭政と貨幣利害の増大による国制の均衡の破壊を、徳の腐敗として捉え抗しようとした共和主義的立場から捉える立場も存在する（Pocock, *op. cit*., pp. 477–486（前掲書、414–421頁））。ボリングブルックを「言語慣習」への着目という立場から解明しようとした高濱も、クラムニック説には批判的であり、ボリングブルックの立場を、オポジション擁護のために、多様な言語戦略を用いた存在として描くが、共和主義の言語の影響を認めてもいる（高濱俊幸『言語慣習と政治―ボーリングブルックの時代―』（木鐸社、1996年）、313–317頁）。ただ、ボリングブルックは自然法思想の研究も行っていた複雑な人物でもあっ

Thought and the Atlantic Republican Tradition, (2nd ed., Princeton U. P., 2003), pp. 423–505.（田中・奥田・森岡訳『マキァヴェリアン・モーメント―フィレンツェの政治思想と大西洋圏の共和主義の伝統―』（名古屋大学出版会、2008年）、362–438頁。）

4) 最近では、Lee Ward, *The Politics of Liberty in England and Revolutionary America*, Cambridge U. P., 2004. ただし、彼は、ロックと並んで、プーフェンドルフとシドニーの18世紀における思想的影響の強さも指摘している。

5) ジョン・トレンチャード（John Trenchard, 1662–1723）の略歴については、第一章を参照せよ。付け加えると、トレンチャードは、反教権的で三位一体に反対の立場ながら、宗教的には国教徒であったとも言われる（"John Trenchard" in *Oxford dictionary of national biography*, ed. by H. C. G. Matthew and Brian Harrison, Oxford U. P., 2000.）。

トマス・ゴードン（Thomas) Gordon, d. 1750）は、カコーディーに生まれ、スコットランドにおいて一七一六年には弁護士になっており、その後ロンドンに行き、『カトーの手紙』をトレンチャードとともに執筆する。トレンチャードが1723年に亡くなったあと、ゴードンは、ウォルポールによりワイン認可監督官となり、その職を以後生涯続けることになるが、それによりウォルポール派に転向したとも見なされることになる。タキトゥスの翻訳もしている（"Thomas Gordon" in *Oxford Dictionary of National Biography*.）。

6) 『カトーの手紙』をめぐっては、ポーコック（Pocock, *op. cit*., pp. 467–477（前掲書、404–414頁））のように、腐敗に対抗する徳を重要視したが、現実の恩顧と財政革命のなかにおいて、それよりは劣った利害の均衡としての制限君主制を受容せざるを得なかった立場とみなす見解が存在する。他方、ロックの影響を指摘する見解も存在する（Shelley Burtt, *Virtue Transformed : Political Argument in England, 1699–1740* (Cambridge U . P., 1992), p. 81 ; Ward, *op. cit*., pp. 288–304）。特にウォードは、ロックの政治理論が、『カトーの手紙』における社会契約論と抵抗権の強調という形でその国制論の核心に多大な影響を与えていることを指摘している。

また、高濱は、『カトーの手紙』とボリングブルックを、前者は国民に政治観察の意義を教えるものであり、後者は国制の原理の復興者（愛国王）への訴えかけという、二つの共和主義の型を示すものであることを明らかにした（高濱俊幸「一八世紀前半期イングランドにおける共和主義の二つの型―『カトーの手紙』と『愛国王の理念』をめぐって―」田中秀夫・山脇直司編『共和主義の思想空間―シヴィック・ヒューマニズムの可能性―』（名古屋大学出版会、2006年）、47–75頁）。

7) John Trenchard and Thomas Gordon, *Cato's Letters, or, Essays on Liberty, civil and religious, and other important subjects* , ed. by Ronald Hamowy, Liberty Fund, 1995.

8) *Ibid*., No. 59, p. 405.

9) *Ibid*., No. 59, p. 407.

10) *Ibid*., No. 59, p. 407.

11) *Ibid*., No. 60, p. 416.

12) *Ibid*., No. 59, p. 405.

3)　トマス・ホッブズ著、本田裕志訳『市民論』(京都大学学術出版会、2008年)。

4)　Pufendorf, Samuel. 1749. *The Law of Nature and Nations : Or, a General System of the Most Important Principles of Morality, Jurisprudence, and Politics*, trans. by Basil Kennet, 5thed., B. II, Chap. III, §. XIV, p. 133.

5)　*Ibid*., VII, I, V, pp. 624–625.

6)　*Ibid*., II, I, V, p. 95.

7)　*Ibid*., II, I, VI, p. 96.

8)　*Ibid*., II, I, VII, p. 97.

9)　Shaftesbury, Anthony Ashley Cooper, 3rd Earl of. *Characteristics of Men, Manners, Opinions, Times* (Cambridge U. P., 1999), p. 51。

10)　*Ibid*., p. 170.

11)　*Ibid*., pp. 221–225.

12)　Butler, Joseph. *Fifteen Sermons preached at the Rolls Chapel*, (London, 1726), pp. 38, 39, 181.

13)　Mandeville, Bernard. *The Fable of the Bees : or, Private Vices, Public Benefits,* ed.by F. B. Kaye, Clarendon Press, 1924.(泉谷訳『蜂の寓話—私悪すなわち公益—』法政大学出版局、1985年。)

14)　Hutcheson, Francis. *A System of Moral Philosophy* (London, 1755), Vol. I, p. 285.

15)　*Ibid*., Vol. I, p. 286.

16)　*Ibid*, Vol. I, p. 287.

17)　*Ibid*., Vol. I, pp. 288–289.

18)　*Ibid*., Vol. I, pp. 289–290.

19)　*Ibid*., Vol. I, p. 290.

20)　*Ibid*., Vol. I, p. 141.

21)　*Ibid*., Vol. II, pp. 214–215.

22)　*Ibid*., Vol. I, p. 37.

23)　Rousseau, Jean Jacques. *Discours sur l'origine et les fondements de l'inégalité parmi les hommes*, in *The Political Writings of Jean-Jacques Rousseau*, ed. by C. E. Vaughan, Cambridge U. P., 1915 (reprinted in 1962).(本田・平岡訳『人間不平等起源論』岩波文庫、1972年。)

24)　Smith, *TMS*, I. iii. 2. 1 ((上)、128-129頁。)

25)　*Ibid*., I. iii. 2. 8.(同上書、148頁。)

26)　Smith, *TMS*, I. iii. 3. 1–8. ((上)、163–173頁。)

第6章

1)　H. T. Dickinson, *Liberty and Property : political ideology in the eighteenth-century Britain* (Weidenheld and Nicolson, 1977), pp. 91–118.(田中監訳・中澤他訳『自由と所有—英国の自由な国制はいかにして創出されたか—』(ナカニシヤ出版、2006年)、90–117頁。)

2)　*Ibid*., pp. 121–192.(同上、120–198頁。)

3)　代表的なものとしては、J .G. A. Pocock, *The Machiavellian Moment : Florentine Political*

33) Carmichael, *op. cit.*, pp. 162–164.

34) *Ibid*., pp. 166–167.

35) *Ibid*., p. 162.

36) Pufendorf, *Law of Nature*, II, II, II, p. 101.

37) *Ibid*., II, II, II, p. 102.

38) フランシス・ハチスン（Francis Hutcheson, 1694–1746）は、アイルランドに長老派の牧師として生まれる。祖父はスコットランド出身であった。グラスゴー大学で、神学を学んだが、カーマイケルからも影響を受けた。一七一七年にダブリンの牧師となるが、1730年には、カーマイケルの後任としてグラスゴー大学の道徳哲学講座の教授になる。自然法学のほか、道徳論でも著名である（田中秀夫、「解説—ハチスンの生涯と道徳哲学」（フランシス・ハチスン著、田中・津田訳『道徳哲学序説』（京都大学学術出版会、2009年）、409–433頁。）

39) Francis Hutcheson, *On the Natural Sociability of Mankind : Inaugural Oration*, 1730 in *Logic, Metaphysics, and the Natural Sociability of Mankind*, ed. by James Moore and Michael Silverthorne（Liberty Fund, 2006）, p.202.

40) *Ibid*., pp. 203–204.

41) *Ibid*., p. 199.

42) *Ibid*., p. 201.

43) Francis Hutcheson, *A System of Moral Philosophy*（London, 1755, vol. II）, II, IV, IV, pp. 285–286.（巻章節記号は以下略す。）

44) *Ibid*., II, IV, IV, p. 286.

45) *Ibid*., II, IV, IV, pp. 288–289.

46) *Ibid*., II, IV, IV, p. 286.

47) *Ibid*., III, IV, I, pp. 214–215.

48) *Ibid*., II, XVIII, IV, pp. 146–147.

49) Smith, *WN*, IV. ix. 28, p. 674.（(三)、317頁。）

50) *Ibid*., IV. vii. b. 51, pp. 584–5.（同上、163頁。）

51) Smith, *TMS,* VI. ii. 2. 7.（(下)、137頁。）

52) *Ibid*., VI. ii. 2. 18.（(下)、145–146頁。）

53) *Ibid*., VI. ii. 2. 1. 6.（(下)、143頁。）なお、スミス以降においても、階層秩序の肯定という含意が存在する経済思想が存在したということについては、中澤信彦『イギリス保守主義の政治経済学—バークとマルサス—』（ミネルヴァ書房、2009年）。

第5章

1) ディオゲネス・ラエルティオス著、加来訳『ギリシャ哲学者列伝（中）』（岩波文庫、1989年）、272–287頁。

2) アリストテレス著、牛田徳子訳『政治学』（京都大学学術出版会、2001年）。トマス・アクィナス著、柴田平三郎訳『君主の統治について』（岩波文庫、2009年）。

ことを筆者は否定しない。だが、それに加えて、各人の意見と善の一致の不可能性、および一者に代理・体現されることの不可能性という側面がホッブズの自然状態論にはあることも事実である。利害の対立のみであれば、経済的な利益に利害論を集約することによって、各人の利害間の調和を説くことで乗り越えることもできよう。しかし、各人の目標と善のそもそもの一致不可能性というのは、それより根源的に乗り越え不可能なものである。終章で論じるように、スミスにおいてさえ、そのアポリア自体は、乗り越えられて訳ではない。スミスが成し遂げたのは、そのアポリアが当てはまらない経済社会を設定されたというのみであり、アポリア自体を解決した訳ではない。

22） Hugo Grotius, *The Rights of War and Peace*, ed. by Richard Tuck（Liberty Fund, 2005）, B. I, pp. 136–137.

23） ザミュエル・フォン・プーフェンドルフ（Samuel von Pufendorf, 1632–1694）は、ドイツの法学者であり、ライプツィヒ大学に入り、ルター派神学を学びつつ、人文学や法学への関心を深める。主著は『自然法と万民法』（1672年）であり、ハイデルベルクで最初の自然法学の教授も務めた。他に、ヨーロッパの国家間の権力関係についての比較分析や、宗教と政治の関係についての書なども執筆した（James Tully, "Introduction", in Samuel Pufendorf, *On the duty of Man and Citizen According to Natural Law*, ed. by James Tully（Cambridge U. P., 1991）, pp. xi–xiii.）。

24） Samuel Pufendorf, *The Law of Nature and Nations : or, a general system of the most important principles of morality, jurisprudence, and politics*, trans. by Basil Kennet, 5th ed.（London, 1749）, B. II, Chap. III, §. XIV, p. 133.（以下巻章節記号は略す）。

25） *Ibid*., VII, I, V, pp. 624–625.

26） *Ibid*., VII, I, VI–VII, pp. 626–627.

27） Pufendorf, *Law of Nature*, VII, I, IV, pp. 622–624.

28） *Ibid*., I, V, II–III, pp. 42–43.

29） *Ibid*., II, I, VI, p. 96.

30） ガーショム・カーマイケル（Gershom Carmichael, 1672–1729）は、スコットランドの長老派の牧師の子として生まれ、エディンバラ大学で学んだのち、一六九四年に、ハミルトン公爵一族の働きかけを通じて、グラスゴー大学に教職を得、一七二七年には、グラスゴー大学の初代道徳哲学講座の教授となり、そこで、自然法学を教えた（James Moore and Michael Silverthorne, *Foreword*, in Gershom Carmichael, *Natural Rights on the Threshold of the Scottish Enlightenment : the writings of Gershom Carmichae*l, ed. by James Moore and Michael Silverthorne,（Liberty Fund, 2002）, ix–xvi.）。

31） Pufendorf, *Laws of Nature and Nations*, p. 9.

32） Gershom Carmichael, *Natural Rights on the Threshold of the Scottish Enlightenment : the writings of Gershom Carmichae*l, ed. by James Moore and Michael Silverthorne,（Liberty Fund, 2002）, p. 17. なお、前田俊文著『プーフェンドルフの政治思想—比較思想史的研究—』（久留米大学法学会、2004年）も、この点に詳しい。

–403.（同上、588–589頁））。スミスと神の問題は、筆者の力量を超えるのでここでは取り扱わないが、少なくとも言えることは、本書の序で少し言及したように、シュナイウィンドのスミス論は、カントにおける自律的道徳の創出を終着点とし、そこへの通過点としてスミスをみなしていることから来るものである。カントを終着点とするのではなく、よりスミスを主眼に置く場合には、異なった形の自然法学の叙述も可能である。

4） プラトン著、藤沢令夫訳『国家（上）』（岩波文庫、1979年）、134頁。

5） 同上、136, 138頁。

6） 同上、143頁。

7） 同上、301–302頁。

8） アリストテレス著、朴一功訳『ニコマコス倫理学』（京都大学学術出版会、2002年）、4、32頁。

9） アリストテレス著、牛田徳子訳『政治学』（京都大学学術出版会、2001年）、132頁。

10） 同上、241–242頁。

11） アウグスティヌス著、服部英次郎・藤本雄三訳『神の国（五）』（岩波文庫、1991年）、64–76頁。

12） トマス・アクィナス著、柴田平三郎訳『君主の統治について』（岩波文庫、2009年）、20頁。

13） 同上、19頁。

14） トマス・アクィナス著、高田三郎・山田晶訳『神学大全第7冊』、（創文社、1965年）、第一部第九十六問第四項、133〜136頁。

15） Thomas Hobbes, *Leviathan*, ed. by Richard Tuck (Cambridge U. P., 1991), pp. 86–89.（水田洋訳『リヴァイアサン（一）』（岩波文庫、1992年）、207–210頁。）

16） *Ibid*., pp. 118–119.（（二）、29頁。）

17） *Ibid*., p. 119.（（二）、31頁。）

18） *Ibid*., pp. 120–121.（（二）、32–35頁。）

19） *Ibid*., p. 39.（（一）、100頁。）

20） Quentin Skinner, "Hobbes on Persons, Authors and Representatives, in *The Cambridge Companion to Hobbes's Leviathan*, ed. by Patricia Springborg, (Cambridge U. P., 2007), pp. 157–168. ただし、ここでスキナーは私的善と公共善という問題から考察した訳ではない。

21） なお、先述のレオ・シュトラウスからホーコンセンに至るまで、ホッブズにおける自然状態は、各人の利害と情念の対立として描かれている。例えば、レオ・シュトラウスの考えるホッブズの自然状態とは、各人が自分が社会において優位に立ちたいという虚栄心の結果、人々は自分が優位に立つための争いをはじめ、それが相互の戦争状態へと人間を至らしめるというものである（シュトラウス、前掲書、9–37頁）。

なるほど、ホッブズの自然状態論に、各人の利害と情念の対立という側面があるが、自然権が自然法から派生的なものであるとしたのに対して、ホッブズは自然権を自然法学の基礎に据えた点で中世的な自然法学から近代的な自然法への移行を成し遂げたと主張する（レオ・シュトラウス著、添谷・谷・飯島訳『ホッブズの政治学』（みすず書房、1990年）、i–iii）。リチャード・タックは、アダム・スミスに焦点を絞ったものではないが、17、18世紀の自然法学全般において、自然権を自然法から派生した系論と位置づけるのではなく、自然権を自然法学の土台に据えた理論が、中世末期における勃興と、ルネサンス期において衰退を経て、グロティウスにおいていかに打ち立てられたかを研究した（Richard Tuck, *Natural Rights Theories : Their origin and development,* Cambridge U. P., 1979）。

そのタックの説を踏まえつつ、初期近代の自然法学思想における、自然権を自然法の基盤に据える思想と、自然権を人間の自然的義務への手段とみなし、かつ自然法からの派生物として扱う思想の対立関係を抽出したのがクヌート・ホーコンセンであった（Knud Haakonssen, *Natural Law and Moral Philosophy : from Grotius to the Scottish Enlightenment*, Cambridge U. P., 1996.）。ホーコンセンが指摘するには、前者は個人から出発し、後者は神の与えた法と秩序への服従を目的とした。スミスは前者から個人を出発点とする思考を取り入れる一方で（*Ibid*., pp. 5–6）、自然権を、契約論的な契機によってではなく、具体的な人と人との相互交流の発展史のなかで、すなわち社会の歴史的発展のなかに基礎付けることで、自然権を社会生活とその発展構造に組み込まれたものとして描き出した（*Ibid*., pp. 133–134）。こうして、自然権に自然法を優先させる思想への対抗関係のなかから、いかにスミスが自然権思想を変容させたかを描いたのがホーコンセンであった。言うまでもなく、スミスは自然権思想論者の系譜に位置づけられている。なるほど、スミスは『法学講義』において、自然権を明瞭に認めているし（例えば、Smith, *LJ*（*B*）, 6–11.（邦訳、25–31頁））、ホーコンセンの主張を私は基本的に肯定する。しかし、それを踏まえつつも、自然権か自然法か問題意識ではなく、スミスが統治の学を自然法学に含ませる原因となる問題意識から自然法思想史を叙述することも可能であろう。

また、シュナイウィンドは、主意主義（神が道徳を創造したのであり、神の命令によって道徳は課されたとの考え）と主知主義（神は道徳を創造せず、道徳の基礎にある諸真理は、神の直接の命令なくとも理解可能である）という（Jerome B. Schneewind, The Invention of Autonomy : A History of Modern Moral Philosophy,（Cambridge U. P., 1998）, pp. 6–9.（田中監訳、逸見訳『自律の創成—近代道徳哲学史—』（法政大学出版局、2011年）、8–12頁））。神との距離感の問題が、初期近代の道徳理論と自然法学にとって重要であると指摘する。

ただし、スミスについては、自然法理論には触れず、道徳理論のみを取り扱っている。そこでは、スミス道徳理論において、外的な拘束力なく人は何をなすべきかを自ら考え行動できる自己統治ができることが想定されているが、「われわれの自己統治とは自ら作ったのではない秩序に従うことである」という認識をスミスは前提としてもいる。その秩序とは、神の統治する世界のことであるとする（*Ibid*., pp. 402

69) *Ibid*., pp. 19–23.
70) *Ibid*., pp. 29–37.
71) *Ibid*., pp. 1–13.
72) *Ibid*., pp. 193–201.
73) *Ibid*., pp.352–353,
74) *Ibid*., pp. 26–29.
75) *Ibid*., pp. 152–153.

第４章

1) アダム・スミスの統治学という観点については、フーコー以来、強調されてきたことである（Michel Foucault, "Naissance de la biopolitique", *Cours au Collège de France 1978–1979,* Gallimard, 2004.（慎改康之訳『生政治の誕生―コレージュ・ド・フランス講義　一九七八―一九七九年度』筑摩書房、二〇〇八年）、渡辺恵一「スミス分業論の基本構想―統治論としての経済学の成立」（科研プロジェクト「啓蒙と経済学の形成 II」2009年11月29日：京都大学における報告）。また、筆者は、前章において、統治を導くための学、ポリスの学という学問が、自然法学の枠外において、すでにムロンにおいて成立しており、統治学という観点をスミスが採用したのは、おそらくムロンの影響が強かったことを指摘した。

2) この点については、田中正司著『アダム・スミスの自然法学―スコットランド啓蒙と経済学の生誕―』（第二版、お茶の水書房、2003年）、とくにポリス（行政）論との関連ついては、同じ著者による『経済学の生誕と『法学講義』―アダム・スミスの行政原理論研究―』（お茶の水書房、2003年）が挙げられる。特に、後者は、分業論や自然価格論などスミスにおけるポリス論に含まれる個々の概念が、ハチスンにも含まれていることを実証的に明らかにした。

なお、新村聡著『経済学の成立―アダム・スミスと近代自然法―』（お茶の水書房、1995年）も、スミスの経済学上の諸概念の自然法上の系譜を明らかにしている。

だが、スミスの自然法学構想が、ハチスンらスミス以前の自然法学者には含まれなかったポリス論という部門、統治学という構想を明示的になぜ含むようになったのかという点を明らかにするものではない。

前田俊文著『プーフェンドルフの政治思想―比較思想史的研究―』（久留米大学法学会、2004年）は、プーフェンドルフの思想の解明に貢献した書であるが、スミスの統治学という論点に着目している訳ではない。なお、ホッブズ主義およびそのスミスとの関係については、水田洋『近代人の形成―近代社会観成立史―』（第二版、東京大学出版会、1964年）をも参照せよ。

なお、本書の序ですでにスミスと自然法学の関係の研究誌に触れたので、ここでは概略的には言及せず、ただ本書と関連のある文献についてのみ言及する。

3) 研究誌について一言述べておきたい。スミスの自然法学の思想史的文脈を考える際に有益な研究がなされてきた。レオ・シュトラウスは、ホッブズ以前の自然法学ムロンの「システム」論（1）〜（4）」一橋大学社会科学古典資料センター年報、No. 13, 14, 16, 18, 1993-1998年を参照せよ。だが、これらの研究は、ムロンの経済理論を扱うのみで、その統治の学との関連については未解明のままである。カトーリヌ・ラレールの研究（Catherine Larrère, *L'Invention de l'Économie au XVIIIe Siècle*, P. U. F., 1992）は、経済理論としてというより近代国家構築のための理論の一部としての重商主義という観点から、すなわち同時代フランス君主制体制の合理化理論として発展した重商主義という観点から、ムロンを考察した（*Ibid*., Chap. III）。ただし、ムロンの統治の学という構想の背景に、マキァヴェッリのアポリアの克服問題が横たわっているという問題は扱っていない。ホントは、領土獲得競争ではなく、経済の覇権をめぐる競争に国家理性の格率を移すべきだというのがムロンの核心にある考えであるとした（Hont, Istvan. *Jealousy of Trade : International Competition and the Nation-State in Historical Perspective*,（Belknap Press, 2006）, pp. 30-34.（田中秀夫監訳『貿易の嫉妬—国際競争と国民国家の歴史的展望—』（昭和堂、2009年）、21-24頁）。ただ、彼は国家理性の法則の貿易部門への適用という側面のみに着目し、ムロンにおける統治の学の創出という問題について扱っている訳ではない。本書での論述の独自性は、いかにムロンは、マキァヴェッリのアポリアを昇華して統治の学を導き出したのかを考察する点にある。

51） J. Bouzinac, *Jean François Melon-Économiste*,（Univerisié de Toulouse, 1906）, pp. 21-32.

52） Collins, *op. cit*., pp. 170-172.

53） Collins, *op. cit*., pp. 276-284.

54） Melon, *op. cit*., pp. 359-360.

55） マキェヴェッリ、前掲書、10頁。

56） Melon, *op. cit*., p. 81.

57） *Ibid*., pp. 80-82.

58） *Ibid*., pp. 79-80.

59） *Ibid*., pp. 88-89.

60） *Ibid*., p. 84.

61） Nicholas de la Mare, *Traité de la police, où l'on trouvera l'histoire de son établissement, les fonctions et les prérogatives de ses magistrats, toutes les loix et tous les règlemens qui la concernent....*,（Paris, 1705）, p. 2.

62） *Ibid*., preface.

63） *Ibid*., preface.

64） Melon., *op. cit*., p. 321.

65） *Ibid*., p. 318.

66） *Ibid*., pp. 319-321.

67） この点については、米田と津田の著述（米田、前掲書。あるいは、津田、前掲論文）においてすでに詳述されていることであるので、ここでは簡単に触れたい。

68） *Ibid*., pp. 13-16.

しかし、サン・ピエールにおける統治のあり方の探究という問題それ自体の背景については言及していない。なお、コーヘン（Keohane, *op. cit.*）は、サン・ピエールにおける新たな政治学の誕生を取り扱っている。現実の堕落した世俗世界において、理性なき人間によって秩序はいかに達成されるべきかをめぐって、ジャンセニストに影響を受けつつ、他者を害する方向ではなく、他者と調和する正しい方向へ利己心を振り向けることにより秩序は達成されるという人間・社会観を有していたとする（*Ibid*., pp. 365–376）。コーヘンが扱わなかった、『ディスコルシ』におけるマキァヴェッリのアポリアの提起からサン・ピエールへという流れを取り扱うところに、本章の独自性があるように思われる。

25） Saint–Pierre, *Projet*, ii.

26） *Ibid*., ii.

27） *Ibid*., pp. 3–4.

28） *Ibid*., p. 6.

29） *Ibid*., p. 7.

30） *Ibid*., pp. 10–11.

31） *Ibid*., p. 3.

32） *Ibid*., p. 19.

33） *Ibid*., p. 37.

34） *Ibid*., p. 38.

35） *Ibid*., p. 243.

36） *Ibid*., p. 248.

37） *Ibid*., p. 250.

38） *Ibid*., p. 261.

39） *Ibid*., pp. 263–264.

40） *Ibid*., p. 264.

41） *Ibid*., p. 264.

42） *Ibid*., pp. 284–291.

43） *Ibid*., p. 297.

44） *Ibid*., pp.326–327.

45） *Ibid*., p. 381.

46） *Ibid*., pp. 265–266.

47） *Ibid*., pp. 266–268.

48） *Ibid*., p. 275.

49） Jean François Melon, *Essai Politique sur le Commerce, Nouvelle Edition augmentée de sept Chapitres, & où les lacunes des Edition précédentes sont remplies*, 1736.

50） ムロンの経済理論と奢侈論については、米田昇平著『欲求と秩序』昭和堂、2005年が挙げられる。ジョン・ローの財政・金融システムとムロンとの関係、および『商業についての政治的試論』の第一版と第二版での相違については、津田内匠「J. —F.

(Gallimard, 2004), pp. 3–56.（高桑和巳訳『安全・領土・人口―コレージュ・ド・フランス講義　一九七七―一九七八年度』（筑摩書房、2007年）、3–67頁）。

8） Michel Foucault, "Naissance de la biopolitique", *Cours au Collège de France 1978–1979*, (Gallimard, 2004), pp. 3–28.（慎改康之訳『生政治の誕生―コレージュ・ド・フランス講義　一九七八―一九七九年度』（筑摩書房、2008年）、3–34頁。）

9） James B. Collins, *The State in Early Modern France* (Cambridge U. P., 1995), pp. 156–170.

10） マキァヴェッリ、前掲書、30頁。

11） 同上、29頁。

12） 同上、31頁。

13） David Armitage, *The Ideological Origins of the British Empire*, Cambridge U. P., 2000.（平田雅弘他訳『帝国の誕生―ブリテン帝国のイデオロギー的起源』日本経済評論社、2005年。）

14） Merle L. Perkins, *The moral and Political Philosophy of the Abbé de Saint–Pierre* (Librairie E. Droz et Librairie Minard, 1959), pp. 17–23.

15） 大貴族を中心にして、外務・内務をはじめとする七つの常設の顧問会議を中心として政治を行うポリシノディ（多元顧問会議）の体制（1715-18年）が行われた。サン・ピエールはその際に、現行の体制のとはその内容を大きく異にするポリシノディ改善案を提案した。

16） Castel de Saint–Pierre, Charles–Irénée, *Discours sur la polysynodie*, 1718.

17） 川出良枝著『貴族の徳、商業の精神―モンテスキューと専制批判の系譜―』東京大学出版会、1996年、118–148頁。

18） Nannerl O. Keohane, *Philosophy and the State in France* (Princeton U. P., 1980), pp. 361–363. ただ、コーヘンは、サン・ピエールにおける統治性の探究について、道徳論との関連を主軸として扱っており、マキァヴェッリからの問題意識の継承という点には触れていない。

19） Perkins, *op. cit.*, pp. 49–52.

20） Collins, *op. cit.*, pp. 170–171.

21） *Ibid.*, pp. 150–153.

22） Castel de Saint–Pierre, Charles–Irénée, *Projet pour rendre la paix perpétuelle en Europe, Utrecht*, 2nd ed., 1713 (1st ed., 1712).

23） Perkins, *op. cit.*, p. 23.

24） ここで、サン・ピエール研究の歴史について簡単に言及したい。わが国でサン・ピエールについて詳述したものとしては川出の著作（川出、前掲書）が挙げられる。川出の研究は、ポリシノディ論に的を絞ったものであり、『永久平和論』は考察の主軸から外れている。氏によると、サン・ピエール研究は内外においてあまり進んでおらず、戦後唯一のサン・ピエールの単独研究は、パーキンスによるもの (Perkins, *op. cit.*) のみであるという（川出、前掲書、141–142頁）。パーキンスの研究は、サン・ピエールの著作全体を扱っているが、とりわけその自然科学の手法の影響に詳しい。

69) *Ibid*., p. 42.
70) *Ibid*., p. 43.
71) *Ibid.,* p. 45.
72) *Ibid.,* pp. 45–48.
73) *Ibid.,* p. 48.
74) *Ibid.,* p. 51.
75) *Ibid.,* p. 52.
76) *Ibid.,* p. 54.
77) Steele, *op.cit*., p. 107.
78) Davenant, *On the Plantation Trade*, pp. 32–33.
79) *Ibid.,* p. 53.
80) Smith, *WN.*, IV. vii. c. 75.（(三)、228頁。）
81) Davenant, *On the Plantation Trade*, p. 54.
82) *Ibid*., p. 55.
83) *Ibid*., p. 55.
84) *Ibid*., p. 55.
85) *Ibid*., p. 56.
86) *Ibid*., pp. 64–65.
87) *Ibid*., p. 67.
88) *Ibid*., p. 74.
89) Davenant, *An Essay upon the Probable Methods*, p. 247.
90) Smith, *WN*, IV. vii. b., pp. 571–572.（(三)、139頁。）
91) *Ibid*., IV. vii. b., p. 584.（同上、163頁。）

第３章

1) Smith, *TMS*, advertisement.（(上)、20頁。）なお、policeを水田氏は「生活行政」と訳しているが、やや訳しすぎの観があることと、本文で後述する理由から、「行政」の語に改めた。
2) その一端は、本書第一章、第二章で取り扱った。
3) Smith,（*LJ*（*A*）), vi. 1–2.（邦訳、353頁。）原語の補足は筆者による。
4) ニッコロ・マキァヴェッリ著、永井三明訳『ディスコルシ』(筑摩書房、1999年)、10頁。
5) フリードリッヒ・マイネッケ著、菊森・生松訳『近代史における国家理性の理念』みすず書房、1960年。
6) Istvan Hont, *Jealousy of Trade : International Competition and the Nation–State in Historical Perspective*, (Belknap Press, 2006), pp. 2–5.（田中秀夫監訳『貿易の嫉妬—国際競争と国民国家の歴史的展望—』（昭和堂、2009年)、2–4頁。
7) Michel Foucault, “Sécurité, territoire, population” *Cours du Collège de France 1977–1978,*

34） Charles Davenant, *An Essay upon the Probable Methods of Making a People Gainers in the Balance of Trade*（1699）, in *Works*, vol. II.

35） *Ibid*., p. 243.

36） *Ibid*., p. 244–247.

37） *Ibid*., p. 248.

38） *Ibid*., p. 247.

39） *Ibid*.

40） 浜林正夫『イギリス名誉革命史（上）』（未來社、1981年）、227–240頁。

41） Davenant, *An Essay upon the Probable Methods*, p. 248.

42） *Ibid*., p. 248.

43） *Ibid.,* p. 244.

44） Davenant, *On the Plantation Trade*.

45） *Ibid*., p. 5.

46） *Ibid*., pp. 5–6.

47） *Ibid*., p. 6.

48） *Ibid*., p. 8.

49） *Ibid*., p. 10.

50） *Ibid*., p. 23.

51） *Ibid*., p. 24.

52） *Ibid*., p. 24.

53） Sir Josiah Child, *A New Discourse of Trade*（London, 1693）, pp. 164–208.（杉山忠平訳『新交易論』（東京大学出版会、1967年）、224–262頁。）

54） Daniel Defoe, *A REVIEW of the STATE of the BRITISH NATION,* Volume 4： 1707–8, Part Two, ed. by John Mcveagh,（Pickering & Chatto, 2006）, no. 138, pp. 716–717.

55） Defoe *A REVIEW,* Volume 1： 1704–1705, Part One, no.30, pp. 190–191.

56） *Ibid*., vol. 1, no. 31, p. 198.

57） Davenant, *On the Plantation Trade*, p. 26.

58） *Ibid*., p. 26.

59） *Ibid*., p. 26.

60） Smith, *WN*, V. iii. 92.（（四）、359頁。）

61） *Ibid*., IV. vii. c. 24–64（（三）、187–217頁。）

62） Davenant, *On the Plantation Trade*, pp. 29–30.

63） *Ibid*., pp. 31–32.

64） *Ibid*., pp. 32–33.

65） *Ibid*., p. 33.

66） *Ibid*., pp. 33, 35.

67） *Ibid*., p. 35.

68） *Ibid*., p. 41.

訴える形の共和主義的社会像が一方にあり、それと衝突する形で商業社会像が現われたとした（Pocock, *op. cit.*, pp. 425–427.（前掲書、346–365頁））。近年では、ミュルタマーキにより、財政革命や名誉革命よりも以前に、（筆者の用語では）共和主義と重商主義の結合は行われていたという研究も行われている（K. Multamaki, *Towards Great Britain : Commerce & Conquest in the Thought of Algernon Sidney and Charles Davenant*, The Finnish Academy of Science and Letters, 1999.）。しかし、ミュルタマーキの所説は事実であるとしても、実質上名誉革命・財政革命以前の先行例を少し示したというに過ぎず、ポーコックの所説を塗り替えたとは言いがたい。

14） Hilary M. Beckles, "The 'Hub of Empire' : The Caribbean and Britain in the Seventeenth Century", in *The Oxford History of the British Empire : vol. I, The Origins of Empire*, ed. by Nicholas Canny,（Oxford U. P., 1988）, pp. 227, 239.

15） J. P. Greene, *Great Britain and the American Colonies, 1606*–1763（Harper Paperbacks, 1970）, pp. xi–xii.

16） *Ibid*., pp. xiii–xv.

17） *Ibid*., pp. xv–xvii.

18） Ian K. Steele, "The Anointed, the Appointed, and the Elected : Governance of the British Empire, 1689–1784" in *The Oxford History of the British Empire ; vol. II, The Eighteenth Century*, ed. by O. J. Marshall（Oxford U. P., 1998）, pp. 105–126.

19） Charles Davenant, *On the Plantation Trade. In Part II, Discourse III, Discourses on the Public Revenues, and on the Trade of England which more immediately Treat of the Foreign Traffic of this Kingdom*（1698）in *The Political and Commercial Works of the Celebrated Writer Charles D'ave-nant*, vol. 2, ed. by Sir Charles Whitworth, Gregg Press Limited, 1967.

20） D. Waddell, "The Career and Writings of Charles Davenant（1656–1714）" unpublished D. Phil. thesis（Oxford University, 1954）, p. 277.

21） *Ibid*., pp. 294–295.

22） Charles Davenant, *An Essay upon Universal Monarchy*（1701） in *Works*, vol. 4, 1967.

23） *Ibid*., p. 5.

24） Steven C. A. Pincus, *Protestantism and Patriotism : Ideologies and the Making of English Foreign Policy, 1650–1668*（Cambridge U. P., 1996）, pp. 258, 274–5.

25） Davenant, *Universal Monarchy*, p. 6.

26） *Ibid*., p. 16.

27） *Ibid*., p. 23.

28） *Ibid*., p. 25.

29） *Ibid*., p. 26.

30） *Ibid*., p. 28.

31） *Ibid*., pp. 34–35.

32） *Ibid*., pp. 37–38.

33） *Ibid.,* p. 41.

86) *Ibid*., V. i. a. 14（同上、353頁。）
87) *Ibid*., V. i. a. 44（同上、373頁。）

第２章

1) マキァヴェッリ著、永井三明訳『マキァヴェッリ全集2　ディスコルシ』筑摩書房、1999年。
2) 新マキァヴェッリ的政治経済学とは、ポーコック John Pocock, *The Machiavellian Moment : Florentine Political Thought and Atlantic Republic Tradition*（2nd ed. [1st ed., 1975], Princeton U. P., 2003), pp. 423–424.（田中・奥田・森岡訳『マキァヴェリアン・モーメント：フィレンツェの政治思想と大西洋圏の共和主義の伝統』（名古屋大学出版会、2008年）、362–363頁）が導入した用語で、17世紀末から19世紀初頭において、イングランドの政治や経済を考察する際に、マキァヴェッリの思想を活用した立場を指す。ダヴナントもその一人として位置づけられている（*Ibid*., pp. 436–437.（同上、374–375頁））。
3) ダヴナント Charles Davenant（1656–1714）の略歴については、前章における記述を参照せよ。
4) Pocock, *op. cit*.（前掲書）。
5) Istvan Hont, “Free Trade and the Economic Limits to National Politics : Neo-Machiavellian Political Economy Reconsidered”（1986), in Istvan Hont, *Jealousy of Trade : International Competition and the Nation-State in Historical Perspective*（Belknap Press, 2005), pp. 222–233.（田中秀夫監訳『貿易の嫉妬―国際競争と国民国家の歴史的展望』（昭和堂、2009年）、168–175頁。）
6) David Armitage, *The Ideological Origins of the British Empire*（Cambridge U. P., 2000), pp. 139–145.（平田雅弘他訳『帝国の誕生―ブリテン帝国のイデオロギー的起源』（日本経済評論社、2005年）、177–184頁。）
7) *Ibid*., pp. 125–132.（同上、177–185頁。）
8) *Ibid*., pp. 139–145.（同上、193–201頁。）
9) 大倉正雄『イギリス財政思想史』（日本経済評論社、2000年）、5、47–50頁。
10) S. Ito, “Charles Davenant's Politics and Political Arithmetic”, *History of Economic Ideas*, XIII (1), 2005, p. 34.
11) 大倉、前掲書、176頁。
12) 同上、96頁。
13) 同上、170頁。なお、先述のポーコックは、財政革命（イングランド銀行と国債の発展）を、イギリスの政治イデオロギーの近代史における転換点として重視している。名誉革命後の財政革命がもたらした公信用体系は、土地に代わって新しい形態の財産の所有者（貨幣利害）による支配というイメージを打ち出した。政治体は、土地を持つことで独立を維持（他者の隷属状態にないということ）し、いざというときには武器を持ち戦う市民の徳により支えられているという封建以前的古代人に

監 Inspector–General of the Exports and Imports に任命される（D. Waddell, "Charles Davenant（1656–1714）— A Biographical Sketch," *Economic History Review*, Second Series, Vol. XI, 1958, No. 2：279–288）。

63） J. G. A. Pocock, *op.cit*., pp. 436–446.（前掲書、374–383頁。）

64） Charles Davenant, *An Essay upon Ways and Means*（London, 1695）, pp. 3–4.

65） *Ibid*., p. 3

66） *Ibid*., p. 27.

67） 世界君主（universal monarchy）とは古典古代ローマのような（ヨーロッパ人にとっての）「世界」の主要な領域を支配する国の君主のことであり、アリギエーリ・ダンテに起源があるとされる。フランスの勢力が拡大するにつれて、フランスが世界君主化するのではないかということは、一七世紀末から一八世紀初頭の当時ヨーロッパにおいて広く懸念されていた。

68） Charles Davenant, *An Essay upon Universal Monarchy*（1701）in *The Political and Commercial Works of that celebrated Writer Charles D'avenant LL.D*, ed. by Charles Whitworth, vol.4, London, 1771（reprinted in 1967）.

69） *Ibid.*, pp. 27–28.

70） Davenant, *An Essay upon Ways and Means*, p. 152.

71） *Ibid*., p. 155.

72） Charles Davenant, *An Essay upon the Probable Methods of Making a People Gainers in the Balance of Trade*（1699）, in *Works*, vol.2, London,1771（reprinted in 1967）, p. 195.

73） Charles Davenant, *Essays upon Peace at Home, and War Abroad*（1704）in *Works*, vol.4, London, 1771（reprinted in 1967）.

74） *Ibid*., p. 289.

75） *Ibid*., p. 291.

76） *Ibid*., p. 295.

77） Davenant, *An Essay upon the Probable Methods*.

78） *Ibid*., pp. 299–300.

79） Davenant, *An Essay upon Ways and Means,* pp. 3–4.

80） Charles Davenant, *Discourses on the Public Revenues*（1699）in *Works*, vol.2,（London, 1771）（reprinted in 1967）, p. 161.

81） Davenant, *An Essay upon Ways and Means*, p. 20.

82） Davenant, *Discourses on the Public Revenues,* p. 56.

83） Smith, *WN*, V. i. a. 6.（(三)、347頁。）

84） 例えば工匠が仕事場を離れればたちまち収入源が干からびるので、戦場に赴くならば、公共に扶養してもらうことが必要になることが挙げられる。*Ibid*., V. i. a. 8, 9.（同上、350頁）参照。

85） 戦争技術の発達により、戦闘が長引くと、戦争従事者を公共が扶養することが必要になる。

42)　1660年ロンドンに商人の子として生まれたダニエル・デフォー(Daniel Defoe, 1660–1731)は、自身メリヤス(1680–92年)、レンガなどの製造会社を経営しつつ、ウィリアム三世を支持するコート派的立場を採った。1702年に王が亡くなるまで王の知遇を受け、ガラス税会計官などの公職に奉ずる。その後、1704年には、ジャーナリズムの草分けの新聞『レビュー』を発刊。小説家にしてジャーナリスト、そして経済学的論説をなした人物でもあった(天川潤次郎『デフォー研究』(未來社、1966年)、52–62頁。)

43)　Daniel Defoe, *An Essay upon Projects*, London, 1697.

44)　*Ibid*., p. 3.

45)　*Ibid*., pp. 257–258.

46)　Daniel Defoe, *An Argument Shewing, that a Standing Army, with Consent of Parliament, Is Not Inconsistent with a Free Government*, &c, London, 1698.

47)　Trenchard, *An Argument*.

48)　*Ibid*., p. 17.

49)　Defoe, *An Argument*, pp. 2–4.

50)　Daniel Defoe, *A Brief Reply to the History of Standing Armies in England*, London, 1698.

51)　*Ibid*., pp. 14–15.

52)　*Ibid*., p. 16.

53)　Defoe, *An Argument*, p. 13

54)　*Ibid*., p. 13.

55)　*Ibid*., p. 14.

56)　Daniel Defoe, *Some Reflections on a Pamphlet Lately Publish'd, Emtituled, an Argument Shewing That a Standing Army Is Inconsistent with a Free Government, and Absolutely Destructive to the Constitution of the English Monarchy* (London, 1697), p. 12.

57)　Defoe, *An Argument*, p. 15.

58)　*Ibid*., pp. 16–17.

59)　Isaiah Berlin, *Four Essays on Liberty*, Oxford U. P., 1979.(小川晃一訳『自由論』みすず書房、1979年。)

60)　Defoe, *An argument*, pp. 5–6.

61)　Daniel Defoe, *The Two Great Questions Consider'd I. What the French King Will Do, with Respect to the Spanish Monarchy, II. What Measures the English Ought to Take*, (London, 1700), p. 26.

62)　チャールズ・ダヴナント(Charles Davenant, 1656–1714)は、著名な詩人ウィリアム・ダヴナント卿の長男として生まれ、1678年には内国消費税理事 Commissioner of Excise に任命された。1685年には下院議員になったものの、だが名誉革命とともに失職し、やや政権に批判的な立場になったとされている。その政治的な立場は、国王への忠誠を重視するトーリ寄りであったとも言われる。これ以後さまざまな財政、経済、貿易、政治と多岐にわたる時局的論文を発表する。一七〇三年には、輸出入総

ヨーロッパ世界経済の凝縮―』（名古屋大学出版会、1993年）、306–309頁。

22） Geoffrey Parker, *The Military Revolution : Military innovation and the rise of the West, 1500–1800*（Cambridge U. P., 1988）, Chap. I.（大久保桂子訳『長篠合戦の世界史―ヨーロッパ軍事革命の衝撃 1500–1800―』（同文館出版、1995年）、第一章）。

23） Dickson, P. G. M. *The Financial Revolution in England*, Macmillan, 1967.

24） H・T・ディキンスン、田中秀夫監訳・中澤信彦他訳『自由と所有―英国の自由な国制はいかにして創出されたか―』（ナカニシヤ出版、2006年）、20–21頁。

25） 同上、96、103–104頁。

26） イングランド南西部サマセット州の地主の子として1662年に生まれたジョン・トレンチャード（John Trenchard, 1662–1723）は、ダブリンのトリニティ・カレッジにて法学を学んだ後、1690年から数年の間に莫大な遺産を相続し、以後著作活動に励むことになる。常備軍論争で顕著な言論活動を展開したほか、迷信批判なども展開した。だが、最も著名なのは、トマス・ゴードンと共に始めた『カトーの手紙 *Cato's Letters*』における言論活動である。それは、1720年の金融危機たる南海泡沫危機での政府の対応の非難に端を発した、ロンドン・ジャーナル紙上における連載として始まった。そこで、時のウォルポール政権を激しく攻撃した。批判を避けるため、ウォルポールはロンドン・ジャーナルの経営者に、多額の補助金を渡して政府寄りの言論をするよう買収した。こうして、1722年9月からはロンドン・ジャーナルでの連載はなくなったが、新たにブリティッシュ・ジャーナル紙上での連載に移行する。なお、トレンチャード自身、1722年から翌年に亡くなるまでイングランド南西部トーントン選出の下院議員を務めている（Ronald Hamowy, “Introduction”, in John Trenchard and Thomas Gordon, *Cato's Letters*, Liberty Fund, vol.1, 1995）。

27） John Trenchard, *A Short History of Standing Armies in England*, London, 1698.

28） *Ibid*., preface.

29） *Ibid*., pp. 11–16.

30） John Trenchard, *An Argument Shewing that a Standing Army Is Inconsistent with a Free Government, and Absolutely Destructive to the Constitution of the English Monarchy*, London, 1698.

31） *Ibid*., pp. 5–6.

32） *Ibid*., p. 6.

33） *Ibid*., p. 38.

34） *Ibid*., pp. 25–26.

35） *Ibid*., p. 26.

36） マキャヴェッリ著、河島英昭訳『君主論』（岩波文庫、1998年）、90–92頁。

37） Trenchard, *An Argument*, p. 7.

38） *Ibid*., p. 8.

39） Trenchard, *A Short History,* p. 40.

40） Trenchard, *An Argument*, pp. 5–6.

41） *Ibid*., p. 11.

1800, Cambridge U. P., 1988.（大久保桂子訳、『長篠合戦の世界史―ヨーロッパ軍事革命の衝撃　1500−1800』同文館出版、1995年。）なお、デフォーを中心とするオーガスタン時代の社会・経済思想史とその歴史的背景については、林直樹『デフォーとイングランド啓蒙』（京都大学学術出版会、2011年）に詳しい。

58）　P. G. M. Dickson, *The Financial Revolution in England*, Macmillan, 1967.

59）　John Brewer, *The Sinews of Power : War, Money, and the English State, 1688−1783*, Harvard U. P., 1990.（大久保桂子訳『財政＝軍事国家の衝撃』名古屋大学出版会、2003年。）

第１章

1）　Lois G. Schwoerer, *"No Standing Armies" The Antiarmy Ideology in Seventeenth−Century England*（Johns Hopkins U. P., 1974）, pp. 2−9.

2）　*Ibid*., pp. 51−71.

3）　Chris Cook and John Wroughton, *English Historical Facts 1603−1688*（Macmillan, 1980）, pp. 141−3.

4）　辻本諭「イングランドにおける常備軍の成立―ウィリアム三世期の常備軍論争―」（歴史学研究会編、青木書店刊『歴史学研究』（第819号、2006年10月）、5頁。）

5）　Schowoerer, *op.cit.*, pp. 137−9.

6）　辻本、前掲論文、6頁。

7）　Chris Cook and John Wroughton, *op.cit.*, p. 19, 171.

8）　辻本、前掲論文、9頁。

9）　J. G. A. Pocock, *Machiavellian Moment*（Princeton U. P., 2nd ed., 2003）, pp. 423−437.（田中・奥田・森岡訳『マキァヴェリアン・モーメント―フィレンツェの政治思想と大西洋圏の共和主義の伝統―』（名古屋大学出版会、2008年）、362−375頁。）

10）　Schwoerer, *op.cit.*

11）　J. R. Western, *The English Militia in the eighteenth century,* Routledge & Kegan Paul, 1965.

12）　Istvan Hont, *Jealousy of Trade : International Competition and the Nation−State in Historical Perspective*, Belknap Press, 2006.（田中秀夫監訳『貿易の嫉妬―国際競争と国民国家の歴史的展望―』昭和堂、2009年。）

13）　*Ibid*., p. 4.（同上、2頁。）

14）　*Ibid*., p. 5.（同上、4頁。）

15）　*Ibid*.. p. 5.（同上、4頁。）

16）　*Ibid*., p. 9.（同上、7頁。）

17）　*Ibid*., p. 51, 195.（同上、38、150頁。）

18）　*Ibid*., p. 10.（同上、7−8頁。）

19）　辻本、前掲論文、9頁。

20）　村松茂美「フレッチャーとデフォー―「常備軍論争」を中心に―」（小柳・岡村編『イギリス経済思想史』（ナカニシヤ出版、2004年）所収）。

21）　I・ウォーラーステイン、川北稔訳、『近代世界システム1600−1750―重商主義と

トの「社会的なもの」を参照した例として挙げることができよう。なお、社会思想史学会の2010年度年報においても「〈社会的なもの〉の概念　再考」という特集が組まれたが、そこでの齋藤純一による特集趣旨の説明において、特集内の諸論考には、多様な切り口が含まれるものの、「社会的なものという概念の解釈において、一つの共通の理解を示しているように思われる。それは、身体・環境、必要や欲求の充足という生のマテリアルな次元への関与をめぐる問題関心によって構成される領域を指している」（齋藤純一「特集趣旨」社会思想史学会『社会思想史研究』第34号、2010年9月、7頁）。

43）　Karl Polanyi, *The Great Transformation : the political and economic origins of our time*, foreword by Joseph E. Stiglitz, with a new introduction by Fred Blocl (Beacon Press, 2001 [Originally published in 1944]), Part II.（吉沢・野口・長尾・杉村訳『「新訳」大転換―市場社会の形成と崩壊―』（東洋経済新報社、1975年）、第二部。）

44）　アダム・スミスの経済学を制度主義的に把握した研究としては、田島慶吾『アダム・スミスの制度主義経済学』（ミネルヴァ書房、2003年）がある。

45）　J. G. A. Pocock, *Machiavellian Moment* (Princeton U. P., 2nded., 2003), p. 550.（田中・奥田・森岡訳『マキァヴェリアン・モーメント―フィレンツェの政治思想と大西洋圏の共和主義の伝統―』（名古屋大学出版会、2008年）、479頁。）

46）　*Ibid*. および、田中秀夫「甦る近代共和主義」（田中・山脇編『共和主義の思想空間』（名古屋大学出版会、2006年）、8頁）をも参照。

47）　Isaiah Berlin, *Four Essays on Liberty*, Oxford U. P., 1979.（小川晃一訳、『自由論』みすず書房、1979年。）

48）　Samuel Fleischacker, *A Third Concept of Liberty : Judgment and Freedom in Kant and Adam Smith* (Princeton U. P., 1999), p. 4.

49）　*Ibid*., p. 19.

50）　Jerome B. Schneewind, *The Invention of Autonomy : A History of Modern Moral Philosophy*, Cambridge U. P., 1998.（田中監訳、逸見訳『自律の創成：近代道徳哲学史』法政大学出版局、2011年。）

51）　Joel Mokyr, "Accounting for the Industrial Revolution," in *The Cambridge Economic History of Modern Britain, Vol. I : Industrialisation, 1700*–1860, ed. by Roderick Floud and Paul Johnson (Cambridge U. P., 2004), pp. 1–3.

52）　*Ibid*., pp. 17–21.

53）　N. McKendrick, J. Brewer, and J. H. Plumb, *The Birth of a Consumer Society*, (Indiana U. P., 1982), pp. 1–4.

54）　Jan de Vries, *The Industrious Revolution : Consumer Behavior and the Household Economy, 1650 to the Present* (Cambridge U. P., 2008), pp. 44–58.

55）　*Ibid*., pp. 10–16.

56）　*Ibid*., pp. 71–133.

57）　Geoffrey Parker, *The Military Revolution : Military Innovation and the Rise of the West, 1500*–

博識に加えて存在するであろうと付け加えるだけで、基本的に18世紀における歴史哲学の誕生という、A. D. モミリアーノのテーゼを認めている。

22） Momigliano, *op. cit*., p. 43.

23） Smith, *TMS*, II. ii. 3. 3.（(上)、232–233頁。）原語の補足は筆者による。

24） Paul Veyne, *Le pain et le cirque, sociologie historique d'un pluralisme politique*,（Éditions du Seuil, 1976）, pp. 15–109.（鎌田博夫訳『パンと競技場─ギリシャ・ローマ時代の政治と都市の社会学的歴史』（法政大学出版局、1998年）、1–121頁。）

25） セネカ著、小川訳「恩恵について」（大西・小川訳『セネカ哲学全集2』（岩波書店、2006年）所収）、180頁。）

26） 同上、187–188頁。

27） Veyne, *op. cit*., pp. 51–57.（前掲書、47–55頁。）

28） E. P. Thompson, "The moral economy of the English crowd in the eighteenth century", *Past & Present*, 1971.

29） Smith, *TMS*., VI. ii. 1. 13.（(下)、119–120頁。）

30） Smith, *WN*, III. iv. 5.（(二)、235頁。）

31） *Ibid*., III. iv. 6.（(二)、237–238頁。）

32） *Ibid*., III. iv. 15.（(二)、245頁。）

33） Smith, *TMS*, VI. iv. 7–16.（(下)、371–381頁）。

34） Smith, *TMS*, II. ii. 3. 3.（(上)、232頁。）

35） ピエール・ロザンヴァロン著、長谷俊雄訳『ユートピア的資本主義─市場思想から見た近代』（国文社、1990年）、111–137頁。

36） 同上、78頁。

37） Hannah Arendt, *The Human Condition*（The University of Chicago Press, 1998 [Originally published in 1958]）, Chap. II.（志水速雄訳『人間の条件』（ちくま学芸文庫、1994年）、第二章。）

38） *Ibid*., pp. 22–33.（同上、43–54頁。）

39） *Ibid*., pp. 33–37.（同上、55–59頁。）

40） *Ibid*., pp. 38–73.（同上、59–103頁。）

41） Michel Foucault, "Sécurité, territoire, population", *Cours du Collège de France 1977*–1978,（Gallimard, 2004）, p. 3.（高桑和巳訳『安全・領土・人口─コレージュ・ド・フランス講義　1977–1978年度』（筑摩書房、2007年）、3頁。）

42） 例えば、市野川容孝は、アレントのいう「政治的なもの」それ自体には、古典古代奴隷制がそうであるように不平等を抱えこんでおり、分配的正義をいかに実現すべきかという点に弱さがあるとする。他方で、アレントの言う「社会的なもの」を福祉国家と具体化して捉えた上で、分配的正義の実現には確かに画一主義という問題点も抱えており、「社会的なるもの」をどう民主的に実現させるかが課題であると指摘する（市野川容孝『社会』（岩波書店、2006年）、vii, 208–209頁）。市野川の議論は、生命の維持過程に関わる福祉国家の抱える可能性と問題点を探る際に、アレン

注

序

1） A. Ernout and A. Meillet, “Socius”, in *Dictionnaire Étymologique de la Langue Latine*,（Librairie C. Klincksieck, 1959）.

2） Samuel Johnson, “Society”, in *A Dictionary of the English Language*,（London, 2nd ed., 1755）.

3） なお、アダム・スミスの『道徳感情論』と『国富論』の関係、および人間と社会の理論についての文献は枚挙に暇がないので、ごく一部を挙げるに留めたい。分かりやすくその全貌を知りたい人は、堂目卓生『アダム・スミス―『道徳感情論』と『国富論』の世界―』（中公新書、2008年）を参照せよ。海外においては、古典的なものとしては、Alec L. Macfie, *The individual in society : papers on Adam Smith*, Allen & Unwin, 1967.（水田洋・船橋・天羽訳『社会における個人』ミネルヴァ書房、1972年）、近年における代表的研究の一つとしては、Charles L. Griswold, JR, *Adam Smith and the Virtues of Enlightenment*, Cambridge U. P., 1999. を挙げることができよう。

4） Adam Smith, *TMS*, I. i. 1. 1.（(上)、23頁。）

5） *Ibid*., I. i. 1. 2.（(上)、24頁。）

6） *Ibid*., I. i. 3. 10.（(上)、50頁。）

7） *Ibid*., II. i. 5. 1.（(上)、193頁。）

8） *Ibid*., II. ii. 3. 10.（(上)、231–232頁。）

9） *Ibid*., II. ii. 3. 10.（(上)、232頁。）

10） *Ibid*., VI. ii. 1. 2.（(下)、110頁。）原語の補足は筆者による。

11） *Ibid*., VI. ii. 1. 7.（(下)、113頁。）原語の補足は筆者による。

12） *Ibid*., VI. ii. 2. 2.（(下)、130頁。）

13） *Ibid*., VI. ii. 2. 3.（(下)、132頁。）

14） *Ibid*., VI. ii. 2. 3.（(下)、134頁。）

15） *Ibid*., VI. ii. 2. 4.（(下)、135頁。）

16） 四段階論の史的展開については、Ronald L. Meek, *Social Science and the Ignoble Savage*, Cambridge U. P., 1976.を参照せよ。

17） 田中正司著『アダム・スミスの自然法学』第二版（御茶の水書房、2003年）、12–13頁。

18） Andrew S. Skinner, *A System of Social Science*, Clarendon Press, 1979.（田中敏弘・橋本比登志・篠原久・井上琢智訳『アダム・スミスの社会科学体系』未來社、1981年。）

19） Ronald L. Meek, *Social Science and the Ignoble Savage*, Cambridge U. P., 1976.

20） A.D. Momigliano, *Studies in Historiography*,（Weidenfeld Goldbacks, 1966）, pp. 40–43.

21） J. G. A. Pocock, *Barbarism and Religion, Vol. II : Narratives of Civil Government*（Cambridge U. P., 1999）, p. 5. なおこの箇所で、ジョン・ポーコックは、叙述という歴史手法が、

[ワ行]

[マ行]

[ヤ行]

[ラ行]

［ナ行］

［ハ行］

[タ行]

［サ行］

索引

著者紹介

野原 慎司（のはら　しんじ）

1980年　大阪府生まれ
2004年　京都大学経済学部卒業
2010年　京都大学大学院経済学研究科博士後期課程　研究指導認定退学
2012年　同課程　経済システム分析専攻修了。京都大学博士（経済学）

現在　京都大学大学院経済学研究科・関西大学経済学部・甲南大学文学部・京都第一赤十字看護学校非常勤講師

専攻
経済学、経済学史、社会思想史、経済・社会哲学

主要著作
「17世紀末イングランド常備軍論争—商業と国制—」『イギリス哲学研究』第30号、2007年3月、"Adam Smith on the cyclicity of the rise and fall of civilization", *The Kyoto Economic Review*, Vol. 79 (1), June 2010, pp. 77–89,「帝国と自治の関係をめぐって—チャールズ・ダヴナントの北アメリカ植民地論を中心に—」『思想』（岩波書店）2011年7月号。

（プリミエ・コレクション27）
アダム・スミスの近代性の根源
——市場はなぜ見出されたのか

2013年3月15日　初版第一刷発行

著　者　野原慎司
発行人　檜山爲次郎
発行所　京都大学学術出版会
京都市左京区吉田近衛町69
京都大学吉田南構内（〒606-8315）
電話 075(761)6182
FAX 075(761)6190
URL http : //www.kyoto-up.or.jp
印刷・製本　亜細亜印刷株式会社

ISBN978-4-87698-263-9 C3333　定価はカバーに表示してあります